古典文獻研究輯刊

三十編

潘美月・杜潔祥 主編

第 18 冊

《論語》新說補輯(下)

張 亞 朋 編著

國家圖書館出版品預行編目資料

《論語》新說補輯（下）／張亞朋 編著 — 初版 — 新北市：花木
蘭文化事業有限公司，2020〔民 109〕
目 2+220 面：19×26 公分
（古典文獻研究輯刊 三十編：第 18 冊）
ISBN 978-986-518-103-1（精裝）
1. 論語 2. 研究考訂
011.08 109000666

ISBN-978-986-518-103-1

9 789865 181031

古典文獻研究輯刊
三十編 第十八冊 ISBN：978-986-518-103-1

《論語》新說補輯（下）

編 著 張亞朋
主 編 潘美月 杜潔祥
總 編 輯 杜潔祥
副總編輯 楊嘉樂
編 輯 許郁翎、張雅淋 美術編輯 陳逸婷
出 版 花木蘭文化事業有限公司
發 行 人 高小娟
聯絡地址 235 新北市中和區中安街七二號十三樓
電話：02-2923-1455 ／傳眞：02-2923-1452
網 址 http://www.huamulan.tw 信箱 hml810518@gmail.com
印 刷 普羅文化出版廣告事業
初 版 2020 年 3 月
全書字數 508736 字
定 價 三十編 18 冊（精裝）新台幣 40,000 元

《論語》新說補輯（下）

張亞朋　編著

目次

十、《鄉黨篇》新說匯輯

10.8 食不厭精，膾不厭細。

食饐而餲，魚餒而肉敗，不食。色惡，不食。臭惡，不食。失飪，不食。不時，不食。割不正，不食。不得其醬，不食。

肉雖多，不使勝食氣。

唯酒無量，不及亂。

沽酒市脯不食。

不撤薑食，不多食。

何天傑：《論語·鄉黨》云：「食不厭精，膾不厭細。」楊伯峻先生翻譯為：「糧食不嫌舂得細，魚和肉不嫌切得細。」王力先生主編的《古代漢語》也把「食不厭精，膾不厭細」作為「嫌」義的例證。這樣解釋尚可商榷。

《說文解字》中「厭」作「猒」，解作「飽也，足也」，是個從甘從肰的會意字，意即狗肉甘美，所以吃得很飽足。段玉裁注：「飽足則人意倦矣，故引申為厭倦、厭憎。」這樣，「厭」就有了「飽足」「厭惡」兩義。楊、王二先生於此解「厭」為「嫌」，而「嫌」在現代漢語中表示厭惡，不滿意，其實也就是「厭倦」「厭憎」義委婉一些的講法。這樣解釋是否符合文意呢？我們知道，孔子畢生追求、宣揚「仁」、「禮」，對衣食住行倒是挺馬虎的。在《論語》中不少地方記載著孔子的原話：「君子食無求飽，居無求安」（《學而》），……孔子還特地表揚了「一簞食，一瓢飲，在陋巷」而不改其樂的顏回（《雍也》）和「衣敝縕袍，與衣狐貉者立」而不恥的子路（《子罕》）。這些例證說明：「不嫌」（意即喜歡）的解釋，不合孔子一貫的主張。

楊、王二先生的解釋實本之於朱熹《四書集注》:「不厭,言以是為善,非謂必欲如是也。」清儒劉寶楠則把「厭」解為「飽足」。他的《論語正義》引張栻之解:「厭當作平聲,言不待精細而後屬厭也。」屬厭,就是吃飽。他的理解是正確的。所以,這兩句話翻譯成「飯不一定要精米煮的才吃飽,魚肉不一定要切得很細才吃飽」,恐怕更為準確些。〔註1〕

劉金榮:根據《論語正義》:「《晉語》『民志無厭』。韋注:厭,極也。」「極」是「至」的意思,也即「到達」之意,這裏引申為追求之意。「不厭」即是「不要求」。

……大多數注釋家是以「魚和肉」或「切魚和肉」對譯「膾」,這顯然是受《說文》注釋的影響。《說文》:「膾,細切肉也。從肉,會聲。」「細切的魚肉」或者是膾字的本義,但在此二句中,膾應當不是用其本義。在「食不厭精,膾不厭細」二句之中,「膾」與「食」形成對文。《說文》:「食,一米也。」《玉篇·食部》:「食,飯也。」「食不厭精」孔穎達疏:「食,飯也。」可見,食在這裏是表示「飯」的意思。用膾之本義「細切肉」與「食」相對並不貼切,飯可吃,而「細切肉」不可吃(儘管那時可能還存在吃生肉的習俗,但一般情況還是熟吃恐為大家認同)。……《禮記·內則十二》:「大夫燕食有膾無脯,有脯無膾。」這裏「膾」是食的賓語,是吃的對象,因而,應是一種菜肴。《禮記·內則十二》:「膾,春用蔥,秋用芥。」這裏應是在說明一種菜肴的配置規則,不僅僅是將魚肉切細。用膾之本義,就無法解釋「膾炙人口」。……「膾炙」是同義連文,則「膾」與「炙」義相近。「炙」為烤肉,那麼,膾也應當是一種可食的肉食,根據對上述句子的理解,「膾」由其本義「細切的魚肉絲」,後來引申發展為一種肉食菜,由肉絲或魚絲製成的佳餚。《世說新語箋疏·識鑒第七》:「張季鷹辟齊王東曹掾,在洛見秋風起,因思吳中菰菜羹、鱸魚膾。」……韓愈《叉魚招張功曹》:「膾成思我友,觀樂憶吾僚。」此「膾」即是已經燒好的魚。也可以表示燒菜,……又《莊子》:「盜跖乃方休卒徒,太山之陽,膾人肝而餔之。」「膾炙人口」中之「膾炙」也是泛指佳餚。在此二句中,當是用「膾」之菜餚引申義與飯相對。……

……「細」在文中是與「精」相對,「精」在此是「善」的意思。孔穎達疏曰:「飯與膾所尚精細也。」《論語正義》注曰:「言不待精細者而後屬厭也。」

〔註 1〕何天傑:《「食不厭精,膾不厭細」辨》,《學術研究》1982 年第 5 期,第 101 頁。

二者均將「精」「細」連用,《漢語大詞典》「精細」條:「《論語‧鄉黨》:『食不厭精,膾不厭細。』後謂服食精美為精細。」也把「精」與「細」同義連文,表示「精美」、「精良」的意思。《漢語大字典》:「細,精美;精良。唐李白《對酒》:『葡萄酒,金叵羅,吳姬十五細馬駄。』《明成化說唱詞叢刊‧包龍圖斷曹國舅公案傳》:『肥羊細酒般般有,獐狍鹿兔滿盤成。』」其中的「細」即為「精美」之意。「膾不厭細」之「細」亦即「精美」之意。

綜合以上分析,我們認為,「食為厭精〔註2〕,膾不厭細」反映了孔子對日常飲食的態度,「飲食不要求精細」。這樣理解和翻譯,才符合孔子的一貫精神及其人生觀。〔註3〕

楊朝明:在古代典籍中,厭與饜、猒,常常通用。有研究者指出:「『厭』字在先秦時代基本上有兩個意義,一是表示憎惡、拋棄、厭倦的意義,二是『飽、滿足』的意義。《論語》中的這句話所使用的意義是『飽、滿足』的意義。」〔註4〕孔子在這裏講「吃飯不過多地追求精,食肉不過多地追求細」,意思是不要僅僅著眼於生活細節,貪求食物的精細。〔註5〕

10.24 寢不尸,居不客。

子岡:此句「容」為「頌」的假借字。《說文》:「頌,貌也」,「容,盛也」。《漢書‧儒林傳》「漢興,魯高堂生傳士禮十七篇,而魯徐生善為頌」,顏師古注曰:「頌讀與容同。」《史記‧儒林傳》作「容」。《漢書》用本字,《史記》用假借字。《論語》在記述朝聘祭祀時,都言容儀之盛,而在記述平常家居時,則說「申申如也」(安詳舒適貌),「夭夭如也」(體貌和舒狀)。「居不容」即言家居不必像朝聘祭祀時注重容儀。〔註6〕

曾永勝:除了通假用作「屍」之外,古人多將「尸」訓為「主」或「陳」。《說文解字注》「尸」下注:「祭祀之尸本象神而陳之,而祭者因主之,二義

〔註2〕原文作此,然依文意當為「食不厭精」。
〔註3〕劉金榮:《「食不厭精,膾不厭細」新解》,《沙洋師範高等專科學校學報》2002年第3期,第47～48頁。
〔註4〕原註:王功龍:《「食不厭精,膾不厭細」正詁》,《孔子研究》,2000年第1期。
〔註5〕楊朝明:《經典新讀與孔子思想再認識》,《黃河文明與可持續發展》2008年第1期,第65頁。
〔註6〕子岡:《「居不容」解》,《江西師範大學學報》1987年第1期,第53頁。

實相因而生也。」在古籍中，以「尸」表「陳」意的例子不少。《爾雅・釋詁》：
「尸，陳也。」《詩・小雅・祈父》「有母之尸饔」，毛《傳》：「尸，陳也。」
《左傳・莊公四年》：「楚武王荊尸。」《左傳・宣公十六年》：「荊尸而舉。」
《國語・晉語》：「殺三郤而尸諸朝。」這表明「尸」在實際運用中已有脫離
祭祀之尸、尸首的引申義「陳」。

　　《論語》「寢不尸」之「尸」是用引申義。言人寢時不可展布四肢。《論
語正義》引包氏注：「不偃臥四體，布展手足似死人也。」《四書集注》引范
氏注：「寢不尸，非惡其類於死也，惰慢之氣不設於身體，雖舒布其四體，而
亦未嘗肆耳。」包氏范氏已明其義，但前者拘於「似死人」，後者辯之不明，
使後人仍有「尸」「屍」之爭。〔註7〕

　　張同勝：春秋時期，即孔子所生活的年代，「祭尸」是坐著的，當時人們
的坐姿（跪式坐）與今人垂足坐不同，近乎今天的跪姿，即「兩膝著地，首
俯而背曲」。孔子所謂的「寢不尸」，指的是睡覺的時候，不要以「祭尸」之
坐姿睡，也沒有必要保持「矜莊」的姿容。〔註8〕

　　10.25 見齊衰者，雖狎，必變。見冕者與瞽者，雖褻，必以貌。
　　凶服者式之。式負版者。
　　有盛饌，必變色而作。
　　迅雷風烈必變。

　　高敏：筆者認為，「負版者」是指穿喪服的人，句意為：乘車遇到穿喪服
的人，便身體微微地向前一俯，手扶著車前的橫木，表示同情和敬意。負版，
喪服，即披在肩背上的粗麻片。此為重孝。《儀禮・喪服》：「衰長六寸，博四
寸。」賈公彥注：「前有衰，後有負版，左右有辟領。」〔註9〕前句「齊衰」，
也是一種重孝喪服。

　　日本學者豐幹《論語新注》論曰：「『凶服者式之，式負版者』，上句本文，
下句釋之。負版，見《喪服記》，鄭《注》云『後有負板，是重服之制』。蓋
夫子所式，特在重服，故與上文『見齊衰者』語次之也。孔氏曰『負版者，

〔註 7〕曾永勝：《「寢不尸」注辨》，《古漢語研究》2001 年第 1 期，第 95 頁。
〔註 8〕張同勝：《〈論語〉「寢不尸」新釋》，《西部學刊》2016 年第 9 期，第 42 頁。
〔註 9〕原註：賈公彥：《儀禮注疏》，見《十三經注疏》上冊，北京，中華書局，1980
　　　　年版，第 1125 頁。

持邦國之圖籍』，朱氏從之，而曰『故《周禮》「獻民數於王，王拜受之」』。案《周官・司民》云『皆書於版』，《司書》云『邦中之版』，皆謂戶籍也。然古昔用版記事，猶今行紙帛，非但民數書於版也，而視負版之版，必以為戶籍之版，亦甚可疑，而況本文以下句釋上句通之，則覺語意穩便，舊解不可信。」〔註10〕清王闓運《論語訓》解曰：「負版，衰之領也。《記》曰：『負版出於適，適出於衰。三年喪，衰乃有之，卒哭，受齊衰，則除矣。』上言變齊衰，嫌式凶服式齊衰以下，故特明負版乃為凶服。」〔註11〕今人黃懷信《論語新校釋》釋曰：「負版：孝服肩背上重出之布，方如平版，故曰版，簡稱負。今民間女兒為父母所服孝服多有之。」〔註12〕〔註13〕

10.26 升車，必正立，執綏。
車中，不內顧，不疾言，不親指。

賴積船：阮元《校勘記》曰：「《釋文》出『車中不內顧』，云：『《魯論》車中內顧。今從古。』案《魯論》、《古論》雖所傳不同，然究以無『不』字為是。盧文弨《鍾山札記》云：《文選・東京賦》云：『夫君人者，黈纊垂耳，車中內顧』。李善引《魯論》及崔駰《車左銘》『正位受綏，車中內顧』以為注。又《漢書・成帝紀贊》云：『升車正立，不內顧，不疾言，不親指。』顏師古注：今《論語》云『車中內顧，不疾言，不親指』，內顧者，說者以為『前視不過衡軛，旁視不過輢轂』，與此不同。然則師古所見之《論語》亦無『不』字。說者云『乃包咸注』，是包亦依《魯論》為說也。惟《集解》既從《古論》，而又採包注以附之。不知者並增『不』字，誤益誤矣。」〔註14〕

　　……事實果如阮氏之所言否？這可以從兩個方面來考察：其一，從《論語鄭氏注》、《論語集解》的情況來論定；其二，從古代同源通用系統的情況來論定。

〔註10〕原註：豐幹：《論語新注》，見《無求備齋論語集成》第 27 函，臺北，藝文印書館，1966 年版，第 94 頁。

〔註11〕原註：王闓運：《論語訓》，見《無求備齋論語集成》第 12 函，臺北，藝文印書館，1966 年版，第 98 頁。

〔註12〕原註：黃懷信：《論語新校釋》上冊，西安，三秦出版社，2006 年版，第 247頁。

〔註13〕高敏：《楊伯峻〈論語譯注〉獻疑》，《孔子研究》2015 年第 1 期，第 54～55 頁。

〔註14〕原註：見《十三經注疏》第 2498 頁，世界書局，1935 年。

　　《論語集解》經過比較，而於《論語》本文文本上採用了「車中不內顧」，於注則採用了包咸的「車中不內顧者，前視不過衡軛，旁視不過輢轂」，應當不會是隨便為之。阮校認為包注是「依《魯論》為說」，並進而論定《論語》本文當為「車中內顧」，不知所據為何。如果所據僅為顏注《漢書》的「內顧者，說者以為『前視不過衡軛，旁視不過輢轂』」，則此據不能說明問題，因為即使包注是依《魯論》為說，也只能說明《魯論》為「車中內顧」，並不能說明《論語》原貌當是「車中內顧」。如果阮校是因為《集解》的「既從《古論》，而又採包注以附之。不知者並增『不』字」來說明當為「車中內顧」的話，則阮校之結論來得實在不合邏輯。其一，何晏於《論語集解敍》中明明交代「有不安者，頗為改易」，採包注而有所改易，此亦可以反證何晏的認定正文當為「車中不內顧」。其二，即使何晏採包注為「誤」，也只能說明《魯論》當為「車中內顧」而非《論語》原貌當為「車中內顧」，由此可看出，阮校只是論證了《魯論》當為「車中內顧」而此《經典釋文》早有交代，阮校充其量不過是對《經典釋文》「《魯論》『車中內顧』」，一句的補充論證而已。阮校真正的論述《論語》原文當為「車中內顧」的話只有「究以無『不』字為是」一句，這是不能說明問題的。

　　《論語鄭氏注》雖已失傳，但自清末以來的敦煌、吐魯番的出土文物中，出現了不少《論語鄭氏注》殘卷。

　　近人羅振玉、王國維二氏於《論語鄭氏注》有不少有價值的論定。如：「《釋文》所舉鄭氏校正諸字，皆改魯從古，無一從齊者，始悟此卷所謂『孔氏本』者，乃據孔氏古論改正張侯魯論。」〔註15〕「鄭氏所據本固為自魯論出之張侯論，及以古論校之，則篇章雖仍魯舊，而字句全從古文。《釋文》雖云以齊、古正讀凡五十事，然其所引二十四事及此本所存三事，皆以古正魯，無以齊正魯者，知鄭但以古校魯，未以齊校魯也。又，鄭於禮經，或從古文改今文，或以今文改古文，而正《論語》讀五十事中，所存二十七事，皆以古改魯，無以齊改魯者。故鄭注《論語》，以其篇章言，則為魯論，以其字句言，則實同孔本。」〔註16〕

　　翟灝《四書考異》則說：「《魯論》『內顧』上無『不』字，鄭以《古論》就校增之。」

〔註15〕原註：見《雪堂校刊群書敍錄》卷下之《論語鄭注述而至鄉黨殘卷跋》。
〔註16〕原註：見《觀堂集林》卷四之《書論語鄭氏注殘卷後》。

博學而集古今學派之長的鄭玄，改《魯論》之「車中內顧」為「車中不內顧」〔註17〕，足以說明《論語》原貌當依《古論》為「車中不內顧」。

那麼，《魯論》怎麼又會是「車中內顧」呢？這不能簡單地認定為所傳的不同。在這所傳的不同背後，實在是有其必然性的。……這就需要對此處「內」的意義進行必要的考察。我們認為，此處的「內」是「退（衲、迲）」的同源通用字，表示的是「退」義。

內，上古音為泥物切，退，上古音為透物切〔註18〕，兩字在上古的讀音相近。「內」的語義特點主要是「收」、「斂」、「回入」。《說文》：「內，入也。從冂，自外而入也。」《禮記・月令》「無不務內」注曰：「內，謂收斂入之也。」「收斂」、「回入」均為「退」的表現。

《說文》：「退，卻也。」「卻，節欲也。」「卻」的其它常用義為「退，使退」、「回，返回」，如《馬王堆漢墓帛書・稱》：「內亂不至，外客乃卻。」這裏用的是「退」義；《史記・封禪書》：「平又言：『臣候日再中。』居頃之，日卻復中。」這裏用的是「返回」義。從退、卻的意義考察，退與內在意義上是相通的。

可見「退」與「內」之間構成同源關係。

……

這些通用情況說明「車中不內顧」中的「內」，也可以是「退（衲、迲）」，表示「退」義。

造成《魯論》與《古論》不同的根本原因是內、退（衲）同源通用狀態的變化。

就我們目前所掌握的資料，內、退等的同源通用多是今文學派立學官以前的，如上述所引的帛書材料都是西漢文帝以前的；或者是古文學的材料，如《說文》的「衲，或從內」。或是多「古言古義」的《漢書》之類著作中的材料。

到漢魏時期的「今文」典籍裏，「內」在使用上，與「退」之間一般而言已沒有了同源通用的用法，也不再表示「退」義。這種變化連注者也沒有察覺到，因而《魯論》乾脆刪掉「不」字，以求原文通順。鄭氏注也只好不直

〔註17〕原註：吐魯番出土的唐寫本《論語鄭氏注》《論語》本文為：「車中，不內顧，不疾言，不親指。」注為：「為其奄後人備且或眾也。疾言謂聲急。」
〔註18〕原註：此處之古音依郭錫良先生的《漢字古音手冊》。

接講解詞義而只求疏通文意，這種疏通與鄭注的著重訓詁和名物制度解釋的一貫作風是有所不同的，是鄭氏不得已而為之的疏解。

「車中不內顧」的「內」表達的是「退」義。「不退顧」與「不疾言」、「不親指」並列，以說明在車中的禮節。從句法上、語義推衍上考察，退、疾、親分別是顧、言、指的方式，處於對舉地位而性質相類，這是比較合乎情理的，而表方位的「內」與處於對舉地位的疾、親在語義上不相類。

依無「不」字之原文，則「內（內裏之「內」）顧」與「不疾言，不親指」並列，以說明在車中的禮節，這有兩個方面的不妥：其一，語義結構上不相類，顯得不和諧；其二，此時的「內顧」，只能理解為向車內看，這很難說是一種什麼重要的禮節。

依有「不」字之原文，則「不內（通「退」）顧」與「不疾言」、「不親指」並列，以說明在車中的禮節，這首先在語義結構上就顯得比較諧和。再者，不內顧，指的是在車中不退後顧視（並非顧視車內）。「退顧」與「疾言」、「親指」三者都是影響御者的行為。故朱熹《集注》說：「《禮》曰：『顧不過轂。』三者皆失容且惑人。」乘車者能做到這三個「不」確實是有利於安全的。故包注曰：「車中不內顧者，前視不過衡軛，傍視不過輢轂。」包意為：車中不退顧的原因同於「前視不過衡軛，傍視不過輢轂」。因「前視不過衡軛，傍視不過輢轂」及「退顧」都是擾亂駕車者心理的行為。這些行為可能會影響駕車者的心理，從而導致安全問題。在車中的行為與前面升車的行為相配合，都是為了強調一個問題：「所以為安也。」

《論語》原貌當依《古論》為「車中不內顧」，不當依《魯論》為「車中內顧」。〔註19〕

10.27 色斯舉矣，翔而後集。曰：「山梁雌雉，時哉時哉！」子路共之，三嗅而作。

（1）色斯舉矣

陳劍：從讀音上看，「疑」跟「色」古音相近，可以相通。它們在中古都是開口三等字，韻母是之職陰入對轉的關係。就其聲母來說，「色」中古是正

〔註19〕賴積船：《〈論語〉「車中不內顧」新考》，《古籍整理研究學刊》2003 年第 6 期，第 41、42～43、44 頁。

齒音山母（或稱生母）字，山母字跟發音方法相同的齒頭音心母字，〔註20〕都有一部分在上古的讀音跟疑母字有密切關係。〔註21〕

總之，「色」跟「疑」古音相近，在郭店簡文字中，它們有特殊的密切關係，因此「色斯舉矣」可以讀為「疑斯舉矣」。「疑斯舉矣」跟《孔叢子・抗志》的「疑之則舉」，「疑」都是「驚疑」之意，兩句可以分別翻譯為「〔鳥〕感到驚疑就飛起來了」和「使鳥感到驚疑它就會飛起來」。兩個「疑」的具體用法雖然略有區別，但無疑表示的是同一個詞。〔註22〕

徐前師：商承祚對「色斯舉矣」進行了研究，……商氏認為，……「色斯舉矣」的「斯」，其義為「即」、為「就」，為「馬上」，與《論語・先進》「聞斯行諸」的「斯」字意義相同。商氏對「色」字解釋說：「此章最難解的是色字，……我曾集中此點，幾經思索，由句義以及字義，始恍然『色』、『危』二字在形體上是大同小異的，既然筆畫相近，色為危字誤寫大有可能。因簡在不斷的舒卷，簡與簡之間彼此互相摩擦，致令某些文字部分筆畫漫漶不清，傳抄者一時粗心大意，就會造成筆誤，從此『危』之為『色』，以訛傳訛二千餘年。」〔註23〕

我們同意商氏對「斯」字的解釋，其對「色」字的解釋雖近情理，亦頗具新意，卻仍然值得討論。

今本《論語》「色」字共出現 19 次，可說是出現頻率較高的一個字。為什麼同一字形多次出現而唯獨一處筆誤？而且《論語》中「危」字出現 7 次，亦未見誤作「色」的情況〔註24〕。1973 年出土的河北定州漢墓竹簡《論語》，據考證，抄寫於公元前 55 年以前，雖為殘本，「色」字仍存數例，未見誤作「危」者，其中《先進》篇「色莊者乎」，竹簡作「仁狀者乎」。商氏云簡在

〔註20〕原註：不少古音學家主張，中古正齒二等聲母「莊初崇（或稱牀）山（或稱生）」上古應併入「精清從心」四母。如從此說，則「色」字及以下所舉山母諸字，也可以認為上古就是心母字。

〔註21〕原註：參看鄭張尚方：〈上古漢語的 S—頭〉，原載《溫州師範學院學報》（哲學社會科學版）1990 年第 4 期，收入趙秉璇、竺家寧編：《古漢語複聲母論文集》（北京：北京語言文化大學出版社，1998 年），頁 335～351。

〔註22〕陳劍：《據戰國竹簡文字校讀古書兩則》，《第四屆國際中國古文字學研討會論文集》，香港中文大學中國語言及文學系發行，2003 年 10 月，第 377、378 頁。

〔註23〕原註：商承祚. 商承祚文集〔M〕. 廣州：中山大學出版社，2004：335～338。

〔註24〕原註：統計參文獻〔7〕. 編者按：文獻〔7〕為：李運益. 論語詞典〔K〕. 重慶：西南師範大學出版社，1993.

不斷舒卷，簡與簡之間彼此互相摩擦，致令某些文字部分筆畫漫漶不清，這無疑是合理的推測，但是，我們又不應忽視這樣一種情況，即古籍的傳播，除了刻印、抄寫，還有就是口耳相傳，尤其在紙的發明之前，這種情形應當更為普遍。口耳相傳的材料，在形成文字材料的過程中最易發生的問題就是以音同音近的字相替代，這也就是我們所熟悉的古籍中多假借字的原因之一。基於上述認識，我們認為《論語》「色斯舉矣」之「色」另有本字。

王氏所舉哀六年《公羊傳》何注「色然，驚駭貌」，陸德明說：「色然，如字，本又作垝，居委反，驚駭貌，又或作危。」〔註25〕這似乎直接印證了商說，但是，阮元《校勘記》云：「唐石經、諸本同。《釋文》：『色然，如字，本又作垝，又或作危。』按：《一切經音義》引作『歃然』，此作『色』，蓋誤。」〔註26〕「歃」與「垝」、「危」形體迥異，阮說顯然動搖了「色」為「危」之誤的觀點。不過，這只是唐人所見到的資料。《一切經音義》卷四六「歃然」條：「所力反。《埤蒼》：『恐懼也。』《通俗文》：『小怖曰歃。』《公羊傳》「歃然而駭」是也。」卷四二「歃歃」條又云：「所力反，《通俗文》：『小怖曰歃。』《埤蒼》：『歃歃，恐懼也。』」卷七六「歃然」條：「《考聲》：『恐怖也。』」〔註27〕慧琳所引《通俗文》、《埤蒼》、《考聲》及上文所引《呂氏春秋》諸文說明，唐以前《公羊傳》「色然」作「歃然」，陸德明所見有作色、作垝、作危者；「歃」作「驚駭」、「恐怖」解。

《說文・欠部》：「歃，悲意，從欠，嗇聲。」段注：「玄應書云：『《通俗文》「小怖曰歃」，《公羊傳》「歃然而駭」是也。』按今《公羊》作『色然』。……合諸書考之，『歃』下當云『小怖也，從欠，嗇聲。』引《公羊傳》『歃然而駭』。」顧野王《原本玉篇殘卷・欠部》（羅本）：「歃，所力反。《說文》：『悲意也。』《埤蒼》：『恐懼也。』野王案：《公羊傳》『歃然而駭』是也。今為色字，在部。」按：許書「色」字在《卩部》，據許書，知《原本玉篇殘卷》「部」上當奪「卩」字。據野王所說，歃、色當為古今字或假借字。

歃、色上古音均為入聲生母、職部字，大徐「色」音所力切，與野王反切同，可見歃、色在上古、中古都為同音字，故可互相假借。《說文》「色」

〔註25〕原註：《十三經注疏》第 2348 頁。按：「貌」又作「皃」，「又或作危」，又作「本或作危」，《經典釋文》第 1267 頁。

〔註26〕原註：《十三經注疏》第 2350 頁。

〔註27〕原註：依次見《正續一切經音義》第 1831、第 1675、第 3009 頁。

字下朱駿聲亦云：「或曰借為歆。」枚乘《七發》：「邪氣襲逆，中若結轖。」李善注：「轖音色也。」歆、轖從嗇，此亦歆、色同音相假之證。

由上可知，《論語》「色斯舉矣」之「色」本當作「歆」，「驚駭」、「恐怖」之義。由於歆、色同音，抄寫者以同音假借，故作「色」。假借的時間應當不晚於東漢即《論衡》成書或馬融注《論語》。「歆」假借作「色」之後，因「色」、「危」形近，抄寫者「色」又誤作「危」或「垝」，故陸氏云「本又作垝，又或作危」。此《論語》、《公羊傳》歆、色、危演變之跡。

《論語》「色斯舉矣」意即「（雉鳥）稍感恐怖即飛走啊」，〔註28〕這本是極其平常的現象，而孔子觸景生情，由此聯想到人的處世原則。《論語‧泰伯》：「子曰：『……危邦不入，亂邦不居。』」何晏引包咸曰：「亂邦不居，今欲去也。」人居亂邦必生恐怖，遇恐怖當然馬上離開。皇疏引虞氏云：「色斯舉矣，翔而後集，此以人事喻於雉也。雉之為物，精儆難狎，譬人在亂世，去危就安，當如雉也。」難怪孔子要強調「多識於鳥獸草木之名」（《論語‧陽貨》）。孔子把識鳥獸草木之名，識鳥獸草木之性作為獲得知識、明白事理、寄託情感的重要途徑和方法。劉康德指出，孔子觀鳥、識鳥，旨在「借鳥（物）明理」、「借鳥抒情」。值得注意的是，《通俗文》所云「小怖曰歆」，以「小怖」釋《論語》「色斯舉矣」之「色」，比喻人去危就安要及時，不能等到大難臨頭。所以「色斯舉矣」之後，孔子緊接著以極其強烈的語氣說道：「時哉，時哉！」這既是對雉鳥的讚嘆，也是對人的告誡。邢《疏》云：「時哉，言雉之飲啄得其時。」可謂不達聖言妙旨。〔註29〕

周遠斌：胡文輝在《〈論語‧鄉黨篇〉「色斯舉矣」解》一文中考校，「色斯」即竦斯。……胡文輝根據有四：「一、『色』、『竦』二字聲母相同，『色斯』、『竦斯』有一聲之轉」；「二、『色斯』、『竦斯』都是鳥類，而且形狀都似『雌雉』」；「三、『色斯』、『竦斯』這兩種鳥都有容易受驚的習性」；「四、『色斯』、『竦斯』後來都由名詞轉化為形容詞，都有驚懼之義」。〔註30〕胡文輝的觀點

〔註28〕原註：「矣」字譯作「啊」，表示感嘆[8]359。編者按：文獻〔8〕為：楊樹達. 詞詮〔M〕. 北京：中華書局，1979.

〔註29〕徐前師：《〈論語〉「色斯舉矣」新解》，《語言研究》2006年第4期，第68～69頁。本文曾在中國訓詁學研究會2006年學術年會暨慶祝劉又辛教授從教60週年學術研討會（重慶）上宣讀。

〔註30〕原註：胡文輝：《〈論語‧鄉黨〉「色斯舉矣」解》，《中國文化》1993年第1期。

頗有價值，一、二證據是有說服力的。需要糾正的是，色、竦二字在唐作藩《上古音韻〔註 31〕手冊》中，聲母不同，前者山母，後者心母，同為齒音，屬準旁紐；韻母亦不同，前者職部，後者東部，屬旁對轉，兩字可以因音近而通假。色、竦可以音近通假，再結合「色斯」在句子中的主語位置，「色斯」就有可能是竦斯。竦斯狀似雌雉，孔子以「雌雉」稱「色斯」，一定程度上可以證明此可能性。按此解，不但語句通順，而且本章章義甚明。〔註 32〕

高敏：實際上，「色」指雉之驚色。山梁雌雉，見有人來，驚恐而飛（舉），這是十分自然的情況。斯，助詞，常用在狀語後，近似於「然」。如《詩經‧皇矣》：「王赫斯怒，爰整其旅。」（文王勃然發怒，於是要動用軍隊。）王引之《經傳釋詞》曰：「色斯者，狀鳥舉之疾也。色斯，猶色然，驚飛貌也。」〔註 33〕〔註 34〕

常彥：色，有兩解，一為色彩華麗，本句意思為，色彩華麗的野雞飛起來。雄野雞色彩華麗，被譽為「鳳凰雞」，具有觀賞價值。雖然雌野雞的羽色暗淡，大都為褐和棕黃色，而雜以黑斑，但也具有色彩華麗的成分。雌雄野雞混合而飛，色彩更具華麗狀。二是引申為性，指交尾期。從本章語義看，其記述的是野雞交尾的情境，所以本解取此義。本句意思為，交尾期的野雞飛起來。〔註 35〕

楊朝明：那幾隻野雞看到來人，便很機警地飛起來。這就是文中所說的「色斯舉矣」。〔註 36〕

廖名春：近年來，隨著出土文獻的不斷面世，為解決這一疑難又增添了新的證據。陳劍以郭店楚墓竹簡及傳世古文「色」字構形有從「〔註 37〕」聲為依

〔註 31〕 原文作此，疑「韻」字文衍文。
〔註 32〕 周遠斌：《〈論語‧鄉黨篇〉「色斯舉矣」章校釋考異》，《齊魯文化研究》2008 年第 00 期，第 69 頁。
〔註 33〕 原註：王引之. 經傳釋詞〔M〕. 南京：江蘇古籍出版社，2000：77.
〔註 34〕 高敏：《〈論語〉疑難句辨惑六則》，《齊魯學刊》2013 年第 6 期，第 12～13 頁。
〔註 35〕 常彥：《〈論語〉「色斯舉」章辨正》，《唐山師範學院學報》2014 年第 1 期，第 28 頁。
〔註 36〕 楊朝明：《〈論語‧鄉黨〉末章的意蘊》，《燕山大學學報（哲學社會科學版）》2014 年第 1 期，第 2 頁。
〔註 37〕 原文此處空一字符，疑當為「矣」。

據，認為「色斯舉矣」應讀為「疑斯舉矣」，意思就是鳥感到驚疑就飛起來。清代朱駿聲《說文通訓定聲》說「色」字從「疑省聲」，就是很好的證明。特別是跟《孔叢子・抗志》子思所謂「疑之則舉」比較，把《論語・鄉黨》篇的「色斯舉矣」讀為「疑斯舉矣」，則與文義更為接近，其繼承關係也更為明確。〔註38〕

（2）翔而後集

畢寶魁：野雞的飛行能力很有限，只能向前方飛行，雖然能夠拐一定幅度的彎，但幅度很小。大約飛行五百米到七八百米就落下，一次飛行距離大約如此。在前此注疏中，只有錢穆先生注意到這一點，他說：「雉飛僅能竦翅直前，徑落草中，不能運翅回翔。」〔註39〕可知錢穆先生熟悉野雞習性。凡是注疏為盤旋之類都不符合實際。〔註40〕

常彥：翔，只是飛行的意思，並不是傳統意義上的迴旋，因為野雞在飛行中不可能迴旋。集，聚集。翔而後集，指交尾期的野雞都飛到一起，以便求偶交尾。〔註41〕

廖名春：把「翔」譯成「回翔」，看起來文從字順，由「舉」而「翔」而「集」，都是描寫「山梁雌雉」的起落。但是，從下文孔子的「時哉時哉」之嘆，可知「色斯舉矣，翔而後集」這些行為表現的是「山梁雌雉」的知「時」。「色（疑）斯舉矣」，「山梁雌雉」受驚則就飛走，可說是知「時」。但「翔而後集」，知「時」的意思卻不明顯。我們知道，「色（疑）斯舉矣」與「翔而後集」是對舉的，「舉」與「集」，一起一落，二者是反義詞；但「色（疑）」與「翔」卻不能說是反義詞。「山梁雌雉」為什麼要「舉」？是因為「色（疑）」，受到了驚駭。為什麼要「集」？我們卻不能說是因為「翔」。所以，這裏的「翔」看起來文從字順，其實大有問題。

在我看來，「翔而後集」的「翔」應讀為「祥」。「翔」與「祥」從音韻上來說，他們的上古音都為陽部邪母，文獻中經常通用。……

〔註38〕廖名春：《〈論語〉新解——從出土與傳世文獻談起》，《人民政協報》，2017年4月10日第011版。

〔註39〕原註：錢穆. 論語新解〔M〕. 北京：三聯書店，2005：270.

〔註40〕畢寶魁：《〈論語・鄉黨〉「色斯舉矣」節本義辨析》，《瀋陽師範大學學報（社會科學版）》2010年第4期，第54頁。

〔註41〕常彥：《〈論語〉「色斯舉」章辨正》，《唐山師範學院學報》2014年第1期，第28頁。

傳世文獻中，祥有善、順的意思。……

從這一意義上說，「祥」完全可以說是「色（疑）」的反義詞。因此，「色斯舉矣，翔而後集」應讀作「疑斯舉矣，祥而後集」，也就是說：「山梁雌雉」看到危機臨近、受到驚駭就飛走，感到環境祥和、安全後才又停落下來。〔註42〕

（3）山梁

畢寶魁：「山梁」，就是山脊背上，實際就是孔子他們行路前方的一個山坡上。由於劉寶楠《正義》將其解釋為「山梁，則山澗中橋，以通人行也」〔註43〕，故後世多採用其說，野雞不太可能落在山澗的木橋上，故這裏的山梁就是通常說的山梁，即山較高的地方。〔註44〕

常彥：梁，引申為弓起或凸出的地方，指高地。山梁，指山間的一塊高地。〔註45〕

（4）雌雉

畢寶魁：「雌雉」沒有發揮餘地，就是母野雞或者母山雞。〔註46〕

常彥：雌雉，雌性野雞。這是解讀本章的核心詞。為什麼孔子在此處說雌雉而不說雄雉？或籠統地說雉？這是因為雌性代表性，就像女色代表性一樣。這個核心詞也就表明了本章記述的是野雞交尾的情形。〔註47〕

（5）時哉時哉

畢寶魁：「時哉！時哉！」一般都解釋為「得其時」，這是很明白的。

……至於這裏的「得時」，是什麼意思，難以確定。可能有兩層，一是野雞到繁殖季節，故開始求偶，便循性而動。一是野雞在春夏之間是最幸福的

〔註42〕 廖名春：《〈論語〉新解——從出土與傳世文獻談起》，《人民政協報》，2017年4月10日第011版。

〔註43〕 原註：劉寶楠. 論語正義〔M〕//諸子集成：第一冊. 上海：上海書店影印本，1986：235.

〔註44〕 畢寶魁：《〈論語・鄉黨〉「色斯舉矣」節本義辨析》，《瀋陽師範大學學報（社會科學版）》2010年第4期，第55頁。

〔註45〕 常彥：《〈論語〉「色斯舉」章辨正》，《唐山師範學院學報》2014年第1期，第28頁。

〔註46〕 畢寶魁：《〈論語・鄉黨〉「色斯舉矣」節本義辨析》，《瀋陽師範大學學報（社會科學版）》2010年第4期，第55頁。

〔註47〕 常彥：《〈論語〉「色斯舉」章辨正》，《唐山師範學院學報》2014年第1期，第28頁。

季節，可以自由自在任性生活。孔子用雌雉之自由自在、無憂無慮來反襯自己和弟子不能如意，到處奔波，辛苦勞碌。〔註48〕

常彥：時，有兩解，一是時機，指抓住時機。時哉，抓住時機繁衍後代，或不要錯過交尾的時機。二是指野雞交尾季節。時哉，意思為，是交尾的時候了，或交尾季節到了。但考慮到孔子一貫的言行及弟子子路在場的具體背景（孔子可能說得委婉一些），取前義第一解。〔註49〕

（6）子路共之

陳劍：我們傾向於解釋為「拱手」之「拱」的說法。〔註50〕

周遠斌：「共」不同拱，而同供。程樹德《論語集釋》「考異」條列舉了作「供」的不同《論語》版本：「天文本《論語》校勘記、古本、唐本、津藩本、正平本『共』作『供』。」《說文》解曰：「供，設也。」段玉裁注曰：「設者，施陳也。……凡《周禮》皆以『共』為供。」《玉篇・人部》：「供，祭也。」「子路共之」即子路祭之。《國語・魯語上》記載了一次舉國祭鳥：「海鳥曰爰居，止於魯東門之外三日，臧文仲使國人祭之。」柳下惠議論此事曰：「越哉，臧孫之為政也！夫祀，國之大節也；而節，政之所成也。故慎制祀以為國典，今無故而加典，非政之宜也。夫聖王之制祀也，法施於民則祀之，以死勤事則祀之，以勞定國則祀之，能禦大災則祀之，能捍大患則祀之，非是族也，不在祀典。」柳下惠是春秋中期魯國賢人，國人祭爰居和柳之議論，孔子師徒應該知曉，但子路仍祭之，這說明在孔子師徒心中此祭祀不但合乎祀典規則，而且是必要的。〔註51〕

畢寶魁：錢穆說：「或說：共作供，子路聞孔子美之，投糧以供。三嗅而作：嗅，本作臭，當是臭字，從目從犬，乃犬視貌。借作鳥之驚視。雉見子

〔註48〕畢寶魁：《〈論語・鄉黨〉「色斯舉矣」節本義辨析》，《瀋陽師範大學學報（社會科學版）》2010年第4期，第55、56頁。

〔註49〕常彥：《〈論語〉「色斯舉」章辨正》，《唐山師範學院學報》2014年第1期，第28頁。

〔註50〕陳劍：《據戰國竹簡文字校讀古書兩則》，《第四屆國際中國古文字學研討會論文集》，香港中文大學中國語言及文學系發行，2003年10月，第374頁。

〔註51〕周遠斌：《〈論語・鄉黨篇〉「色斯舉矣」章校釋考異》，《齊魯文化研究》2008年第00期，第70頁。

路上拱其手，疑將篡己，遂三臭而起飛。言三臭者，驚疑之甚，此即所謂見幾而作。或說：子路投以糧，雉三嗅之，不敢食而飛。」〔註52〕

　　……錢穆先生前面的意見是對的，即「子路共之：共字或作拱。子路聞孔子贊嘆此雉，竦手上拱作敬意。」〔註53〕〔註54〕

　　高敏：皇侃受何晏影響，理解為子路捕雉，「馳逐驅拍」，捕到後「煮熟而進以供養孔子」，純屬臆想。孔子既然贊美雉鳥知時，即使子路不解，也不會放任他捕之食之。孔子仁善，主張「釣而不綱，弋不射宿」，不會像皇氏解釋的那樣：靠近煮熟了的雌雉嗅了三嗅。子路捕雉吃既然乖孔子意，孔子為何不在其捕時制止，而待活雉變成了熟食才偽善地為照顧子路面子，聞一聞，而不吃呢？這不符合孔子的性格，孔子對弟子的錯誤行為，向來是當面嚴加斥責的。再設想一下：子路隨孔子周遊，路過山梁，偶遇雉鳥，雉鳥會飛，而且見人便驚恐而飛，「馳逐驅拍」是很難抓到的。難道子路隨身帶著捕鳥工具不成？無論怎樣解釋，皆於情於理難通，難圓其說。〔註55〕

　　常彥：共，同樣。之，指孔子說的話。子路共之，子路同樣附和著說孔子說的話「山梁雌雉，時哉時哉！」本句意思為，子路同樣附和著說孔子說的話。〔註56〕

　　廖名春：「子路共之」當作「子路拲之」，也就是「子路執之」，就是說子路用雙手去捕捉、去抓捕母野雞。子路聽見孔子贊嘆母野雞知「時」，生性頑皮的他便想試驗一下，於是就用雙手去捕捉，看看母野雞是不是真的知「時」，是不是真的能「疑斯舉矣，祥而後集」。所謂「拲之」表現的不是已經知道母野雞知「時」，也不是說子路已經抓到了母野雞，而是說子路想去抓母野雞，「拲之」是打算，表現的是未然之事，還並沒有成為現實。〔註57〕

〔註52〕原註：錢穆. 論語新解〔M〕. 北京：三聯書店，2005：270.

〔註53〕同上。

〔註54〕畢寶魁：《〈論語‧鄉黨〉「色斯舉矣」節本義辨析》，《瀋陽師範大學學報（社會科學版）》2010年第4期，第55、56頁。

〔註55〕高敏：《〈論語〉疑難句辨惑六則》，《齊魯學刊》2013年第6期，第13頁。

〔註56〕常彥：《〈論語〉「色斯舉」章辨正》，《唐山師範學院學報》2014年第1期，第28頁。

〔註57〕廖名春：《〈論語〉新解——從出土與傳世文獻談起》，《人民政協報》，2017年4月10日第011版。

（7）三嗅而作

陳劍：其中「嗅」字當是「昊」字之誤，前人論之已詳。〔註58〕

周遠斌：作昊，其實不如作臭合乎語境。在先秦其他典籍中，有「三臭」之用例。《荀子·禮論》曰：「利爵之不醮也，成事之俎不嘗也，三臭之不食也。」楊倞注「三臭之不食」曰：「臭，謂歆其氣，謂食畢也。……《史記》作『三侑之不食』〔註59〕。司馬貞云：『禮祭必立侑以勸尸食，至三飯而止，每飯有侑一人，故曰三侑，既是勸尸，故不自食也。』」陳暘《樂書》卷一百九十六云：「侑食至於三，禮之大成也。」「三臭」即在祭祀中三侑食。

「三嗅而作」之「作」，古今多解釋此字為飛走了或起身飛走了，從上文的分析看，這種解釋是不正確的。子路供祭，三侑食，應以跪姿，「作」應指祭畢起身，這與《說文》對「作」的解釋一致〔註60〕。〔註61〕

高敏：比較而言，唯朱熹所引劉聘君之說符合文意。句意為：子路朝它們拱拱手，那群雌雉振振翅膀飛走了。嗅應為昊（jú），鳥張兩翅。《爾雅·釋獸》：「鳥曰昊。」郭璞注：「張兩翅。」〔註62〕為確詁。

清江聲《論語竢質》曰：「昊，故書訛作臭，且加口於左，非字也。《唐石經》作『戞』，劉聘君曰：『當為昊，張兩翅也，見《爾雅》。』案：《爾雅》曰『鳥曰昊』，郭氏以為張兩翅，劉說得之。蓋子路以夫子嘆雉之得時，肅然改容，竦手上收，雌雉見之，疑將篡己，遂三振翅而起，章首『色斯舉矣』之言，正為此文張本。必如此說，方與章首意合，他說皆無當也。」〔註63〕〔註64〕

常彥：嗅，用鼻取味。這裏指用嘴相接表示親昵。動物交配大都有此舉，其意是表示親昵、友好，以達順從之目的。三嗅，表示多次嗅對方，嗅來嗅去挑選中意者的意思。但是野雞交尾並非完全如此，如「《論語》『色斯舉』

〔註58〕陳劍：《據戰國竹簡文字校讀古書兩則》，《第四屆國際中國古文字學研討會論文集》，香港中文大學中國語言及文學系發行，2003年10月，第374頁。

〔註59〕原註：《大戴禮記》亦作「三侑之不食」。

〔註60〕原註：《說文》：「作，起也。從人，從乍。」

〔註61〕周遠斌：《〈論語·鄉黨篇〉「色斯舉矣」章校釋考異》，《齊魯文化研究》2008年第00期，第70頁。

〔註62〕原註：邢昺. 爾雅注疏〔A〕. 十三經注疏〔C〕. 北京：中華書局，1980：86.

〔註63〕原註：江聲. 論語竢質〔A〕. 無求備齋論語集成〔C〕. 臺北：藝文印書館，1966：13.

〔註64〕高敏：《〈論語〉疑難句辨惑六則》，《齊魯學刊》2013年第6期，第13頁。

章釋讀」文引中央電視臺科教頻道百家講壇欄目於 2004 年 7 月 13 日播放南京大學黃成副教授《動物的社會行為》講座。在其中的《求偶行為・求偶炫耀》中，有這樣的內容：有一種山裏的野雞，叫做雉。在求偶的季節、繁殖的季節，在樹林裏找一個空曠的場地。在這個空曠的場地的周圍，有一些母野雞一起飛到樹上去，做觀眾，在看。然後，這個空曠的場地，一會兒就來了好多雄性的野雞。來了以後，在這個地方，它們不是打架，而是在比武，即比賽跳舞。有的跳得非常好看，有的跳得非常難看。有的飛到天上，在空中翻兩個跟頭。有的一個跟頭未翻就摔了個鼻青臉腫。這一番表演以後，表演最好的野雞，趾高氣昂地走出場地，有一大群的母野雞跟它跑。也有的表演很糟糕，也可能它是剛剛第一次登臺表演，剛剛性成熟，所以不行，它走出來的時候，沒有一個母野雞跟它走。因此它只好再勤學苦練，明年再來吧。這就是要暴露出求偶者的弱點，雌性個體可以做出最佳的選擇。如果按此情景解讀本章，實在有點難。酷 6 網有一段名為「山雞交配」的視頻，從此視屏〔註65〕可以看出，此種野雞交尾有兩個特點值得注意，一是雄野雞在挑選雌野雞時把頭伸向雌野雞，好像在嗅，而且反覆做此動作。所以，三嗅我們可以理解為，雄野雞低頭在雌野雞中不斷挑選中意者，本文取此義。另一個特點是為了爭奪交配權，兩個雄野雞要進行一番爭鬥，而爭鬥的情形是，兩個雄野雞用嘴互啄。因此，三嗅還可以理解為，雄野雞經過多回合互啄。因為孔子不喜歡武鬥場面，所以不取此義。作，交尾。當雄野雞選到中意者之後，開始結合交尾。〔註66〕

楊朝明：前言「子路共之」，主語為子路。後言「三嗅而作」，此語不應及於孔子。若言野雞，則蒙上「之」字而省，可以講通。

如果「三嗅而作」說的是野雞，那麼，應依《爾雅》以「嗅」當作「臭」之說更為合理。《石經》「嗅」作「戛」，謂雉鳴，雖然也能說通，但《石經》後出，而且野雞三戛也不如振翅意長。關於《石經》文字，程樹德先生的《論語集釋》卷二十一《鄉黨下》引前人《考異》已有辨析。……「嗅」應當作「臭」，為張兩翅之貌。〔註67〕

〔註65〕原文作此，疑當為「視頻」。
〔註66〕常彥：《〈論語〉「色斯舉」章辨正》，《唐山師範學院學報》2014 年第 1 期，第 28～29 頁。
〔註67〕楊朝明：《〈論語・鄉黨〉末章的意蘊》，《燕山大學學報（哲學社會科學版）》 2014 年第 1 期，第 1～2 頁。

廖名春：「三嗅而作」的主語並非孔子，而是「山梁雌雉」。所謂「三」者，形容山間的母野雞的「嗅」是多次，是在不斷地進行著，這也符合野雞的神態和狀態。〔註68〕

（8）對整章的理解

陳劍：最後，參考各家意見，按照我們對「色斯舉矣」的新解，將楊伯峻先生所作的譯文略加改動〔註69〕，《論語・鄉黨》此章全文可翻譯為：

〔孔子在山谷中行走，看見幾隻野雞。它們因為有人走過而〕感到驚疑，就飛向天空，盤旋一陣，又都停在一處。孔子道：「這些山梁上的雌雉〔能夠見幾而作〕，真是知時啊！真是知時啊！」子路向它們拱拱手〔表示敬意〕，它們又振一振翅膀飛去了。〔註70〕〔註71〕

周遠斌：從《山海經》的記載中可知，竦斯乃鳥中奇異者，如鳳凰一樣罕見。鳳凰在《山海經・南山經》也有記載：「丹穴之山，……有鳥焉，其狀如雞，五采而文，名曰鳳凰。……自歌自舞，見則天下寧。」鳳凰出現則天下安寧，屬古代鳥占語。竦斯、雌雉出現，吉還是不吉，在鳥占中沒有明確的說法。《尚書・高宗肜日》載，高宗祭成湯，有飛雉升鼎耳而鳴。《尚書大傳》載祖己解釋：「雉者野鳥也，不當升鼎。」祖己之言可以說明，雉不屬於鳳凰類的吉祥鳥。《山海經》中出現的竦斯、當扈、白鷴、象蛇，「皆雉屬」（《駢雅・釋鳥》）；故竦斯亦不在吉祥鳥之列。孔子相信占卜，因好長時間沒有再夢見周公，他就認為自己老了，以至於周公在夢中不再賦予他神聖使命（《論語・述而篇》）；因麒麟出非其時而被害，就傷心而泣（《孔子家語・辨物》）。《論語・子罕篇》中有一段更為典型的話：「子曰：鳳鳥不至，河不出圖，吾已矣夫！」鳳凰沒有出現，而類似山野雌雉的竦斯出現了，在孔子看來，這不是好的兆頭，即他從中沒有看到出現太平之世的徵兆，自己推行聖王之道的理想也就沒有了實現的可能，其挽狂瀾於既倒的信念也就崩潰了，所以，

〔註68〕廖名春：《〈論語〉新解——從出土與傳世文獻談起》，《人民政協報》，2017年4月10日第011版。

〔註69〕原註：楊伯峻：《論語譯注》，第二版（北京：中華書局，1980年），頁108。

〔註70〕原註：江聲《論語竢質》云：「子路以夫子嘆雉之得時，肅然改容，竦手上收。雌雉注之，疑將篡己，遂三振翅而起。」轉引自程樹德《論語集釋》（北京：中華書局，1990年），第二冊，頁733。

〔註71〕陳劍：《據戰國竹簡文字校讀古書兩則》，《第四屆國際中國古文字學研討會論文集》，香港中文大學中國語言及文學系發行，2003年10月，第379頁。

他以「時哉時哉」感嘆：出現「山梁雌雉」（竦斯）乃天意，自己不能推行王道，亦乃天意。「時哉時哉」之感嘆與「吾已矣夫」之感嘆相類，但在所表達的絕望程度上前者更甚。〔註72〕

　　畢寶魁：孔子和弟子們行走在山道上，色彩漂亮的幾隻野雞忽然飛了起來，飛翔一段距離後又落在前面的山梁上，聚攏在一起。孔子感嘆到：「山梁上的那幾隻母野雞，正逢其時啊！正逢其時啊！」子路聽老師如此說，向那幾隻野雞拱拱手表示羨慕，那幾隻野雞觀望著走了幾步，扇動幾下翅膀，然後又飛走了。

　　這是很精彩的一個特寫鏡頭，記錄孔子和弟子們途中見到的一個小風景以及孔子和子路的對話與表情。其實事情很簡單，就是孔子和弟子們走在山間道路上，忽然驚起幾隻野雞，飛一段距離後落在前面山梁上，地勢高，當然還在孔子師生的視野之內。看到那幾隻野雞自由自在，孔子才發出感嘆，嘆息人不如禽鳥。禽鳥可以自由自在生活。至於這裏的「得時」，是什麼意思，難以確定。可能有兩層，一是野雞到繁殖季節，故開始求偶，便循性而動。一是野雞在春夏之間是最幸福的季節，可以自由自在任性生活。孔子用雌雉之自由自在、無憂無慮來反襯自己和弟子不能如意，到處奔波，辛苦勞碌。孔子困於陳、蔡之間時曾經找子路、子貢、顏回談話，抒發同類的感嘆。可與本節互參。子路聽完老師的贊嘆，可能是向山梁上的野雞拱拱手，表示對老師話的贊同，同時也表示對野雞生活狀態的羨慕與贊美。野雞見子路衝著它們拱手，走幾步，扇動幾下翅膀就飛走了。孔子是即興感嘆，看見野雞在美好的季節過著悠然自得的生活而感嘆。與在河岸上看見河水永不停息地流淌而嘆息「逝者如斯夫，不舍晝夜」的人生感嘆類似，都是見景生情，即興嘆息。子路是個閒不住的人，最愛表態，於是最先做出反應。孔子隨行者肯定不是子路一人。而其他人則都在聽著看著。

　　至於孔門弟子為何將這一情景記入《論語》，一定會有很深寓意，因此才有學者去探討微言大義。我認為，這主要就是表現孔子對於生不逢時的感嘆。康有為的看法有啟發性，他說：「孔子嘆雌雉之或舉或集，皆能見幾審時，故稱曰：『時哉時哉』。孔子為時中之聖，……以言人有時命，雖聖人不能違也。」〔註73〕

〔註72〕周遠斌：《〈論語·鄉黨篇〉「色斯舉矣」章校釋考異》，《齊魯文化研究》2008年第00期，第69～70頁。
〔註73〕原註：康有為. 論語注〔M〕. 北京：中華書局 1984：157～158.

　　結論：本節所記是孔子師生行進途中的一個小情境，孔子即景生情，見野雞生活悠閒自在而感傷自己與弟子到處奔波的苦楚，是情不自禁發出的人生嘆息。至於聖人當見機行事，隨時而進退等都是後人理解闡發的，其意蘊在有無之間，屬於接受與闡釋的範圍，恐怕不是孔子原義。至於子路捉野雞、燉野雞、餵野雞之說，均違背基本生活常識而應該否定。〔註74〕

　　高敏：此章是在客觀描述孔子師徒路遇雉鳥時的真實情景：孔子師徒來到山梁，一群雉鳥驚恐而飛。在上空盤旋一陣，又集落於地。孔子觸景生情，嘆曰：「山梁間的雌鳥，知危而去，擇安而息，識時務呀！識時務呀！」子路聞此，有所啟發，肅然拱手致意。機警的雉鳥看到拱手的動作，振振翅膀，又飛了起來。如此理解，真實自然。〔註75〕

　　常彥：本文認為，此章是孔子在外看見交尾期的野雞而生發的感言。寓意為繁衍生息是人類延續和生命不衰的基本保障。而上好的政治環境是人類繁衍生息不可或缺的重要因素。

　　本章意思為：交尾期的野雞飛起來，而後聚集到山間的一塊高地上。孔子說：「高地上的雌野雞啊，抓住時機繁衍後代，抓住時機繁衍後代！」子路同樣附和著說孔子說的話。只見雄野雞低頭在雌野雞中不斷挑選中意者，選中後就結合交尾。

　　春秋時期，各諸侯國人煙稀少，其國家強盛的主要標誌之一就是人口眾多。而擴增人口的措施主要有二，一是用良好的治國策略吸引其他諸侯國民眾。樊遲向孔子請學稼時，孔子說：「上好禮，則民莫敢不敬；……夫如是，則四方之民襁負其子而至矣，焉用稼！」……可見，孔子強盛國家的策略之一就是用上好的政策吸引各諸侯國民眾。因為那時各諸侯國民眾可以自由往來。而歸服的人越多，國家越強盛。擴增人口的措施之二，就是繁衍後代，興旺家丁。……孔子借雌野雞抓住時機繁衍後代之事，喻國家要有上好的人類生存的政策，創造人類繁衍生息的環境，以強大自己，強大國家。〔註76〕

〔註74〕畢寶魁：《〈論語・鄉黨〉「色斯舉矣」節本義辨析》，《瀋陽師範大學學報（社會科學版）》2010年第4期，第56頁。

〔註75〕高敏：《〈論語〉疑難句辨惑六則》，《齊魯學刊》2013年第6期，第13頁。

〔註76〕常彥：《〈論語〉「色斯舉」章辨正》，《唐山師範學院學報》2014年第1期，第28、29頁。

楊朝明：我們認為，《鄉黨》此章所記是一幅很美的圖畫：孔子與弟子子路一起走在山間，不遠處有幾隻野雞停留在那裏。那幾隻野雞看到來人，便很機警地飛起來。這就是文中所說的「色斯舉矣」。《論語集釋》引王伯申曰：「漢人多以『色斯』二字連讀。『色斯』者，狀鳥舉之疾也。」《論衡・定賢》篇曰：「大賢之涉世也，翔而有集，色斯而舉。」恐與此意相同。《孟子》以孔子為「聖之時者」（《公孫丑上》），兩次說到孔子「可以仕則仕，可以止則止，可以久則久，可以速則速」（《萬章下》），對照孔子後來的議論，這種理解應當符合本意。

那幾隻野雞警覺地飛起來後，它們盤旋飛翔一陣，便在遠處飛落到了前面的樹上。孔子看到這一情景，感嘆地說到：「山梁上的這些雌雉，得其時啊！得其時啊！」孔子認為，這些野雞能夠遠害避險，能夠看到自己所處的情勢。這時，子路悟出孔子所要表達的意思，也非常感慨，遂不無俏皮地向它們拱拱手。這幾隻野雞見狀，便振振翅膀飛走了。

孔子這裏所言，深層的意思應該是人應當「知時」，知道自己所處的時空環境，應當正確把握人生。〔註77〕

陸巖軍：以上解說多由文字訓詁而入，間由臆想而出，務在自圓其說，然似均就文本說文本，乏史料以為佐證。筆者在《史記・孔子世家》中找到一條材料，或有助於解釋該文。謹錄如下：

> （孔子）而反乎衛，入主蘧伯玉家。他日靈公問兵陳，孔子曰：「俎豆之事則嘗聞之，軍旅之事未之學也。」明日，與孔子語，見蜚鴻，仰視之，色不在孔子。孔子遂行。

類似材料還見於《孔子家語・困誓》：「他日，靈公又與夫子語，見飛雁過而仰視之，色不悅。孔子乃逝。」〔註78〕

這兩條材料可與《鄉黨》「色斯舉矣」章相互發明：孔子由趙返衛後，衛靈公向其詢問排兵佈陣之事，這與孔子所倡導之禮與仁背道而馳，故孔子冷冷地說：我只知禮儀之事，至於打仗之事從沒學過。二人話不投機，不歡而散。次日，衛靈公與孔子談話時情形如故，故其對孔子厭煩不已，

〔註77〕楊朝明：《〈論語・鄉黨〉末章的意蘊》，《燕山大學學報（哲學社會科學版）》2014 年第 1 期，第 2 頁。

〔註78〕原註：王德明：《孔子家語譯注》，桂林，廣西師範大學出版社，1998 年版，第 267 頁。

只管抬頭看天上飛鳥，意在冷落孔子。孔子見狀，感慨萬千地說：這些山間的野雞很得時機啊。言下之意是自己卻時運不濟。這時站在旁邊的子路也感慨地應和起來。孔子見衛靈公無意重用自己，便連嘆幾口氣，與子路離開了。

　　如此理解「色斯舉矣」章，於詞義訓詁上的依據如下：「色」指面色、容色。據楊伯峻先生統計，「色」作此義在《論語》中共出現 13 次。「斯」猶乃，即就（《經傳釋詞》卷八「斯」字條）。「舉」，舉起、抬起之意，如「四之日舉趾」（《詩經‧豳風‧七月》）、「四海之內皆舉首而望之」（《孟子‧滕文公下》），此處特指舉首望鳥。「翔而後集」，意謂（靈公看）鳥兒飛起又落在樹上。「共」，同。《說文》：「共，同也。」《詩經‧小雅‧南有嘉魚》序：「太平君子至誠，樂與賢者共之也。」「嗅」，嘆。《四書辨證》：「《論語集說》謂『嗅』疑作『嘆』，《節孝語錄》、《書齋夜話》俱曰『三嗅』當作『三嘆』。」〔註79〕

　　此外，尚有一些理據。其一，孔子以鳥喻人，要適時而動見機而行是其常用的譬喻方式之一。如《左傳‧哀公十一年》：「孔文子之將攻大叔也，訪於仲尼。仲尼曰：『胡簋之事，則嘗學之矣。甲兵之事，未之聞也。』退，命載而行，曰：『鳥則擇木，木豈能擇鳥！』」《史記‧孔子世家》中孔子又云：「夫鳥獸之於不義也尚知辟之，而況丘乎哉！」此均言「良禽擇木而棲」之理。故「色斯舉矣」章中，衛靈公「王顧左右」而看飛鳥，孔子則由鳥而想到自己，此時眼前之鳥——心中之鳥（良禽擇木而棲）——孔子，三者在瞬間完成了一次交流。其二，子路對於孔子在衛國受到的種種非禮待遇頗不滿，已多次要求孔子趁早離開衛國。如《論語‧雍也》云：「子見南子，子路不說。夫子矢之曰：『予所否者，天厭之！天厭之！』」《史記‧孔子世家》對此亦有生動記載。故子路聽到孔子感慨不得時運時亦感慨隨之。孔子亦曾說：「道不行，乘桴浮於海。從我者，其由與？」（《論語‧公冶長》）其三，孔子去衛國時曾多次住在蘧伯玉家，對他讚賞有加：「君子哉蘧伯玉！邦有道，則仕；邦無道，則卷而懷之。」（《論語‧衛靈公》）這與孔子用之則行、捨之則藏的態度頗為契合。孔子又云：「道不同，不相為謀。」（《論語‧衛靈公》）故看到衛靈公「王顧左右」時，便決然離去。崔述亦云：「疑衛靈禮

_____

〔註79〕原註：程樹德：《論語集釋》第三冊，第 732 頁。

貌漸衰，故孔子見幾而作，亦不專因於問陳也。」〔註80〕其說近理，可揭示「色斯舉矣」之深意。

綜合上述，筆者認為《論語》「色斯舉矣」章或可作此理解：（衛靈公）抬頭看飛鳥（而故意冷落孔子），（那些鳥）盤旋一陣後落在樹上。（孔子感慨地）說：「這些山間的野雞很得時機啊（而我卻時運不濟）。」（這時站在旁邊的）子路也感慨地應和起來。（孔子見衛靈公無意重用自己）便連嘆幾口氣，與子路離開了。〔註81〕

廖名春：由此可知，《論語‧鄉黨》篇「色斯舉矣，翔而後集。曰：『山梁雌雉，時哉時哉！』子路共之，三嗅而作」當讀作：「疑斯舉矣，祥而後集。（子）曰：『山梁雌雉，時哉時哉！』子路拳之，三嗅而作。」翻譯成現代漢語就是：驚恐就飛走，感到安全後才又停落下來。孔子感慨道：「這些山間堤堰上的母野雞，得其時呀！得其時呀！」子路想用雙手去抓，母野雞嗅了嗅，感到危險，就猛地飛走了。〔註82〕

馬文增：筆者同意陸巖軍博士對舊注的分析，更認同其以史實、義理結合訓詁的分析路徑，包括認同其以「衛靈公與孔子之事」及孔子「良禽擇木而棲」為「色斯舉矣」章之背景。但在細節上，筆者認為陸文尚有可商榷之處，如將「時哉」解釋為「這些山間的野雞很得時機啊」——鳥擇木而棲和「時機」有何關係？有些牽強。

考慮到《論語‧鄉黨》篇以孔子日常生活中的表現（如坐、立、言、行、衣、食、交往）為主題的特點，筆者認為《論語》「色斯舉矣」章應分為兩章〔註83〕，即：

1.「色，斯舉矣。翔而後集，曰山梁雌雉。時哉！時哉！」子路。
2. 共之，三嗅而作。

〔註80〕原註：崔述撰，顧頡剛編訂：《崔東壁遺書》，第294頁。
〔註81〕陸巖軍：《論語》「色斯舉矣」章新解，《孔子研究》2014年第2期，第47頁。
〔註82〕廖名春：《〈論語〉新解——從出土與傳世文獻談起》，《人民協協報》，2017年4月10日第011版。
〔註83〕原註：陸巖軍博士又曰：「此章難解，故有學者認為有脫誤，如朱熹《論語集注》兩謂其『必有闕文』；也有學者認為有衍誤，如清崔述認為此章為後人所續入。另有學者認為語序有顛倒之處，故於此處語序多有調整。」筆者認為歷代學者的懷疑皆有道理，但並非所謂「有闕文」「有衍誤」等，而是因為誤將兩章之文字連讀。兩不相干之內容合在一處，自然不通順。

此兩章可分別名為「色斯舉矣」章和「共之」章，分別斷句、注解如下：

1.「色，斯舉矣。翔而後集，曰山梁雌雉。時哉！時哉！」子路。

色，臉色。《說文》：「顏氣也。」

斯，此，這。

舉，舉手，拱手，送客。《說文》：「對舉也。」

翔，飛翔，盤旋。

集，落，棲。

山梁，山與房梁。

雌雉，鳥雀。

時，時運，時機。

路，同「輅」，車，此為動詞，「上車」（乘車離開）之意。「子路」二字非人名（即孔子弟子名「子路」者），而是一個主謂結構句——「孔子登車」，即「孔子遂行」之意。《論語・微子》「子路從而後」章中，有「子路，曰……」句；《論語・先進》「顏淵死」章中，有「子之車，以為之椁……」句，兩章中的「子路」「子之車」也都是「孔子上車而行」之意。

「色斯舉矣」，意衛靈公與孔子會見時，表現出了心不在焉（即《孔子家語》所載之「靈公又與夫子語，見飛雁過而仰視之，色不悅」）的態度。

據以上分析，筆者以白話文譯之如下：

「心不在焉——這是不感興趣的表現啊！山梁上的鳥雀尚且知道擇木而棲，我該告辭了！該告辭了！」孔子遂上車而行（離開了衛國）。

需要強調的是，在《史記・孔子世家》和《孔子家語》中的兩條材料中，針對衛靈公的「色變」，對孔子反應的描述是「孔子遂行」與「孔子乃逝」，筆者以為此亦可為「子路」二字非人名，「路」的意思是「上車（而行）」，與「行」「逝」同義的佐證。

2. 共之，三嗅而作。

共，同「拱」，兩手合持，《爾雅》：「持也。」此指雙手捧杯。

嗅，吸氣，聞味。

作，《說文》：「起也。」舉起，此指飲酒。

「三嗅而飲」者，先聞酒之香氣，然後再飲，同現代人「品酒」的做法相同。

　　據上，筆者以白話文譯之如下：

　　（飲酒時）孔子雙手捧杯，嗅其氣而後飲之。

　　《論語・鄉黨》之主題乃孔子日常生活之細節，包括衣食住行等各方面，如「齊，必有明衣，布。齊，必變食，居必遷坐。」「席不正，不坐。」「入太廟，每事問。」「車中，不內顧，不疾言，不親指。」等等。將「共之，三嗅而作」理解為「雙手捧杯，三嗅而飲」，正與《論語・鄉黨》章的主題相吻合。〔註84〕

〔註84〕馬文增：《〈論語〉3章新解──兼談〈論語〉解讀中的「質疑舊說」》，《現代語文（學術綜合版）》2017年第10期，第5頁。本文作者作了新的斷句，並在此基礎上作了新解，文義支離，為完整呈現其觀點，未將各個字詞分錄。

十一、《先進篇》新說匯輯

11.1　子曰：「先進於禮樂，野人也；後進於禮樂，君子也。如用之，則吾從先進。」

張思遠：對於「野人」的理解，第一種是從野人的特徵品質而言，即從文質方面，野人即為樸質之人；而第二種是從野人的在位與否而言，即從身份地位方面，野人即為不在位之人。本文認為當從後者。因為如果「野人」一詞單獨出現上述二者皆可，而當「野人」一詞與「君子」相對出現的時候，多指「不在位者」言之。

……在不斷學習，進於禮樂，不斷進步滿足禮樂要求的過程中，不同的弟子必然不是一刀切地同步前進，其學習修行的程度必然有著先後之別，優劣之分。本文認為這便是「先進於禮樂」和「後進於禮樂」的本意。

……本文認同劉寶楠的看法，即其認為這章所說的對象為孔子弟子，因為本章所在的《先進》篇全部是在介紹孔子弟子。另外，對於「野人」、「君子」的理解，本文雖然同意從在位與否的角度理解，但是並不贊同劉寶楠等把其理解為「未有爵祿者」和「卿大夫」，因為那是從弟子的出身而言，「生而為未有爵祿者則先學習禮樂後入仕，生而為卿大夫則先入仕而後學習禮樂」。本文認為劉寶楠對於「野人」和「君子」的理解，只有在增補解釋的情況下才能夠說得通，而把「野人」和「君子」理解為孔子所看到的其弟子的現狀情況更為合適，即「禮樂學習修行的好的弟子，現在還在野，沒有入仕，而一些禮樂學習修行的不太好的弟子，則成為了在位者」。當然這裏的「後進於禮樂」者並非全為「君子」，雖然孔子說此話的時間已經無從考證，但是其

當是看到當時弟子修行禮樂和入仕在位的不均衡而言之，只是對比言之，並非針對其所有的弟子。而面對這種情況，「如用之，則吾從先進」，即是說如果孔子來選用人才，決定其弟子誰入仕誰不入仕的話，其當「從先進」，也就是讓禮樂學習修行得好的弟子步入仕途。〔註1〕

崔海東：愚析本章之義如下：

其一，「先進於禮樂，野人也」。既明孔子對古聖王的塑造，則此段文義為，首先創建、邁入禮樂文明的，是堯舜等古聖王。「禮樂」，指人類社會的制度文明。「進」，為動詞，即進行、進入之義。則「先進於禮樂」者，指的是率先創建、進入禮樂文明的人。「野人」，按傅斯年先生所釋，當為農夫：「『野人』者，今俗用之以表不開化之人。此為甚後起之義。《詩》：『我行其野，芃芃其麥』，明野為農田。又與《論語》同時書之《左傳》，記僖二十三年『晉公子重耳……出於五鹿，乞食於野人。野人與之塊。』然則野人即是農夫，孟子所謂『齊東野人』者，亦當是指農夫。」〔註2〕然此處之農夫並非泛指，而是特指堯舜禹等先王，他們剛剛從大自然中走出來，率先創造出農業耕種文明，而且其生存方式、物質條件等完全同於今之農夫，此如前文所述的禹之耕稼。

其二，「後進於禮樂，君子也」。此「後進」，指隨著堯舜禹而進入於禮樂文明的三代夏商周，此「君子」正是所謂啟、湯、文、武、成王、周公之屬。

其三，「如用之，則吾從先進」。既明先進後進、野人君子，則此節乃孔子自敘其政治理想，在唐虞之制和三代之制中，我選擇前者，也就是說，要超越周制，邁進理想政體唐虞，以開創有道人間。〔註3〕

袁媛：（一）結合「進」字，考察西周時期的人才選拔制度和培養內容

原文是「先進於禮樂」而非「先進禮樂」，從語法關係上來講，「禮樂」不宜視為動詞「進」的賓語。介詞「於」的加入使全句變成了介詞短語修飾動詞，現代漢語一般說成「於禮樂先進」。「進」，《辭源》釋其本義為「就其

〔註1〕張思遠：《〈論語‧先進〉第一章新解》，《齊齊哈爾大學學報（哲學社會科學版）》2014年第5期，第79～80頁。

〔註2〕原註：傅斯年. 民族與古代中國史〔M〕. 石家莊：河北教育出版社，2002：75～76.

〔註3〕崔海東：《〈論語〉「吾從周」、「吾從先進」兩章舊詁辨誤》，《江南大學學報（人文社會科學版）》2015年第4期，第14頁。

所處的地位向上、向前皆稱進。」本處使用的是其引申義，有人解釋為「仕進」，也有人解釋為「學」，多不甚確。聯繫《論語・先進》全篇內容和上下文關鍵字「禮樂」「野人」，筆者認為，「進」在「禮樂教化」制度下主要指通過考論被選拔。《禮記・文王世子》對西周時期的人才選拔和培養制度作了詳細的說明，茲轉引如下：

> 凡學世子及學士，必時。……恭敬而溫文。

……由此可見，在西周時期，「君子」的稱號德位合一，「郊人」指有德無位的庶人。「先進於禮樂，野人也；後進於禮樂，君子也」描述的是春秋時期的情況，但仍留有西周「禮樂教化」制度的影子。

（二）把握「野」字，縱橫聯繫，求得確解

綜合來看，《論語・先進》篇中的「野人」係由《禮記》中的「郊人」發展而來。首先，「郊」「野」語義上有相通之處。先秦時期「邑外為郊，郊外為野」，「郊」「野」同為地理名詞，二詞析言有別，渾言則通。「周代王畿內的特定地區泛稱曰野，城外五百里的範圍又各有專稱，百里曰『郊』，郊外至五百里疆域中又分『甸、稍、縣、都』，各百里。蓋對文各有專屬；散文郊、甸、稍、縣、都通謂之野。」〔註4〕「郊人」之得名緣自「郊學」，而「郊學」之「郊」是一個地理名詞，謂國都之外方圓百里。其次，「野人」係「郊人」演化而來。發展到春秋時期，「郊」仍用為地理名詞，「野」則在名詞的基礎上衍生出形容詞的用法。《漢語大詞典》列出「野」的 4 個形容詞義項：1.質樸，不浮華。與「文」相對。2.謂天然而不加修飾。3.不合禮儀；不拘禮節。4.指鄙俗；粗野。結合《論語》中的語言事實，筆者認為，先秦時期「野」的衍生義僅限 1 和 3，詞義中性偏褒。例子如：

……

（三）緊扣「先」「後」，梳理孔子以及儒家關於人格建構的途徑

……孔子認為人格塑造要分階段進行，首先是天性未泯，質樸本真，猶如渾金璞玉一般的「野人」；然後以禮樂教化之，如此則離君子不遠矣。

綜上，筆者認為，「先進於禮樂」「後進於禮樂」屬先秦漢語常見的介詞短語後置現象，正確的語序當為「於禮樂先進」「於禮樂後進」，全句的意思是：在學習禮樂之前選拔進用的人是野（郊）人，在學習禮樂之後進擢的人

〔註 4〕原註：孫詒讓. 周禮正義〔M〕. 北京：中華書局，1987：284.

是君子。如果要用人的話，我選擇（在學習禮樂之前選拔進用的）野（郊）人。〔註5〕

11.2 子曰：「從我於陳、蔡者，皆不及門也。」

高如辰：孔子晚年自衛返魯，從遊陳、蔡者多出仕為官，或隱居陋巷不仕，總之「皆不及門也」；有若、曾子以新及門之故，常侍側受教，進步尤快，於孔子歿後傳授孔子之道功勞甚大。《論語·學而》篇於孔子言論各章，先插入「有子曰」、次插入「曾子曰」，再插入「子夏曰」、「子游曰」，程頤、朱熹據此認為「《論語》之書，成於有子、曾子之門人，故其書獨二子以『子』稱」（《四書集注·論語集注·論語序說》）。梁啟超也說：《論語》「纂輯成書，當出有子、曾子門人之手；而所記孔子言行，半承有、曾二子之筆記或口述也」〔註6〕。由此而言，《論語·先進》篇第二章之傳述者，在孔門弟子中，舍有、曾二子其誰也？可能性最大的是有子。

最後，還應當指出的是，《論語·先進》此章被一分為二，也是事出有因。就傳世各本而言，當為皇疏本肇其端；以後千餘年來不乏贊同者，邢昺、劉寶楠、程樹德、楊伯峻等人並非不知鄭注本更近於古，也不是全然否認其權威性，之所以作出「鄭說未可從也」的判斷，除了前面所述各項原因之外，還有一個原因，就是看到了這段話前、後語氣和說話人身份的顯著不同。前邊「子曰」是明確記述孔子的原話，後邊記四科十哲則是弟子扼要轉述或者是再傳弟子簡要記述孔子談話的大意。因此，皇侃在分章以後即疏曰：「此章初無『子曰』者，是記者所書，並從孔子印可而錄在論中也。」所以，「德行」以下文字是不能夠視作孔子原話的。分作兩章以示明確區別，實有其客觀需要；但由於顧此失彼，遂導致了較大的失誤。〔註7〕

韓高年、劉潔：考之文獻，有關「陳蔡之厄」的記載，《論語》上引兩章〔註8〕所論最早，但古今學者囿於「皆不及門也」一句，遂認為「陳蔡章」為

〔註5〕袁媛：《〈論語〉「先進」章新解——兼論孔子人格理想的二元屬性》，《荊楚學刊》2015 年第 5 期，第 73～75 頁。

〔註6〕原註：轉引自黃懷信、李景明主編：《儒家文獻研究》，濟南，齊魯書社，2004年版，第 31 頁。

〔註7〕高如辰：《〈論語·先進〉第二章考論》，《孔子研究》2009 年第 5 期，第 64 頁。

〔註8〕指「陳蔡章」（作者此處所引「陳蔡章」包括楊伯峻《論語譯注》一書中的 11.2和 11.3 兩章）和「在陳絕糧章」（15.2 章）。

兩章。因為如果承認是一章，就等於說「德行」四科之眾弟子均非「及門」弟子，而且他們都未與陳蔡之厄。此說之不可信，首先在於《衛靈公》篇已明言子路經歷陳蔡之厄。顯然，「皆不及門」一句，並非指及門弟子。要解決此問題，需另闢蹊徑。

關於孔子困於陳蔡之事，《史記》所論最為詳盡，《孔子世家》云：

孔子遷於蔡三歲，吳伐陳，楚救陳，……然後得免。

……

「陳蔡之厄」依《孔子世家》記載，當與「吳伐陳，楚救陳」發生於同一年。又據《左傳・哀公六年》載：「吳伐陳，復修舊怨也。楚曰：『吾先君與陳有盟，不可以不救。』乃救陳，師於城父。」據此，學者們認為「陳蔡之厄」發生於魯哀公六年是可信的。

總結上述來看，前人提出的論據，共有 4 點：患難之時何必分列四科；冉有於魯哀公三年已被季氏所召，陳蔡之厄時當不在孔子身邊；《仲尼弟子列傳》記載了子張也曾經歷陳蔡之厄，為何他不在「四科」所列之中；子游、子夏當時正處年幼，將此二人列入文學一科，恐言之過早。仔細考量，以上 4 個疑點都不能成立。

首先，患難之時何必分列四科？這一觀點論據明顯不足。主張「四科十哲」跟隨孔子經歷了「陳蔡之厄」的學者言：「『從我於陳、蔡』云云，乃是事後追述之辭，當孔子說這話時，這些弟子都已學有所成而不在其門下了。」〔註9〕筆者認為追述之辭的說法更為可信。縱觀《論語》全書，諸多篇章均為事後追述之辭，這與《論語》的成書過程緊密相連。

其次，關於冉有在不在孔子身邊的問題。史載冉有於魯哀公三年為季氏之臣，此見於《孔子世家》。又依《左傳・哀公三年》載：「季孫卒，康子繼位。」又《左傳・哀公十一年》：「季孫謂其宰冉求曰：『齊師在清，必魯故也，若之何？』」據此，冉有確於魯哀公三年為季康子所召。然而孔子去魯國於陳、蔡非數日之事，《陳蔡章》只是晚年回憶往事所言，不排除冉有赴季氏之招〔註10〕前與孔子同在陳蔡。因此，這一論點也不能成立。

第三，關於子張未列入「四科」的問題。《仲尼弟子列傳》記載他曾追隨孔子經歷過陳蔡之厄。錢穆言：「余考孔門弟子蓋有前後輩之別。前輩者，問

〔註9〕原註：高如辰. 《論語・先進》第二章考論〔J〕. 孔子研究，2009（5）.
〔註10〕原文作此，疑當作「召」。

學於孔子去魯之先，後輩則從遊於孔子返魯之後。如子路，冉有，宰我，子貢，顏淵，閔子騫，冉伯牛，仲弓，原憲，子羔，公西華，則孔門之前輩也。游，夏，子張，曾子，有若，樊遲，漆雕開，澹臺滅明，則孔門之後輩也。」認為孔子去魯之時，子張、子游、子夏 3 人年歲尚幼，蓋未陪同孔子經歷陳蔡之厄。其說與前說相左。當以《論語》所載為是。「四科」概舉弟子中之特出者，未舉子張，並不能說明其未與陳蔡之厄，更不能據此證明孔子未有陳蔡之厄。

最後，子游、子夏年幼而入於「四科」之一「文學」，也不足以證明此章分章問題。孔子教學，注重因材施教，斷不會於褒揚學生時論資排輩，因年幼而無視其才華。

追本溯源，後代學者對《陳蔡章》存疑，皆因對「不及門也」一句的誤解。考漢初《論語》存有 3 種不同版本：《古論語》、《齊論語》、《魯論語》。張禹依據《魯論語》的篇目，結合其餘二者，編成後世所謂的《張侯論》。鄭玄即依據此版本，為《論語》作注。魏何晏為之作《論語集解》，成為後世流傳最廣的版本。作為今天傳世諸本所依據的最初底本，何晏等人的《論語集解》是解決這一問題的關鍵之一。有學者提出日本流傳的正文、注文齊全的單行集解本《論語》與唐陸德明《釋文》在《先進》篇題下均注有「凡二十三章」字樣，據此推斷《先進》篇分為 24 章始於皇侃《論語義疏》，即認為何晏本《論語·先進》篇第二章應包含「德行」一段。經筆者考證，確為如此。然劉寶楠《論語正義》云：「皇、邢本皆二十四章，《釋文》從鄭氏，以德行章合上『從我於陳、蔡』為一章。然《集解》本各自為章，故不引鄭說，則此所云『二十三章』三字，當為陸所改也。」〔註 11〕雖劉寶楠認為陸德明私自將「二十四」改為「二十三」，但從今日流傳的版本來看，《先進》篇應為 23 章，即陳蔡章包括「德行」一段。

綜上，從上下文關係及《論語》版本流傳兩方面考察，「陳蔡章」應包括「德行」以下部分。〔註 12〕

11.5　子曰：「孝哉閔子騫！人不間於其父母昆弟之言。」

孫景龍、劉旭芳：我以為，「人不間於其父母昆弟之言」者，謂他人無法

〔註 11〕原註：劉寶楠. 論語正義〔M〕. 北京：中華書局，1990：437.

〔註 12〕韓高年、劉潔：《〈論語·先進〉「陳蔡章」考辨》，《晉陽學刊》2013 年第 6 期，第 34～36 頁。

動搖閔子騫對父母的孝心。「間」，本義是「縫隙」，引申為「距離」「隔閡」、「挑撥使不和」等義。「人不間於其父母昆弟之言」，意即「別人無法在他父母兄弟之言中插話」，也就是說，閔子騫堅信父母兄弟之言，不信別人離間的話。蓋閔子騫後母如此，而人有不平者，但閔子騫不從也。這才是真「孝」，至「孝」，所以「夫子嘆而美之」。〔註13〕

11.8 顏淵死，顏路請子之車以為之椁。子曰：「才不才，亦各言其子也。鯉也死，有棺而無椁。吾不徒行以為之椁。以吾從大夫之後，不可徒行也。」

馬文增：筆者斷句如下：

顏淵死，顏路請。子之車，以為之椁。子曰：「才不才，亦各。」言其子也：「鯉也死，有棺而無椁。吾不徒行以為之椁？以吾從大夫之後，不可——徒行也。」

注解如下：

「請」，邀請，此指請孔子參加顏回的葬禮。

「子之車」，即「子以車之」，或「子之以車」，孔子乘車到了那裏。「之」，往，到達。

「以為之椁」，同「已為之椁」，「以」通「已」，即已為顏回做好了椁。

「才」，同「材」，木材，此指椁。

「亦各」，不一，《詩・載馳》：「女子善懷，亦各有行。」

「言」，說。

「徒行」，使「徒」行，使死者無椁而葬。「徒」，「空」「光」之意；「行」指離世，即下葬。

「從大夫之後」，指孔子身為大夫。

「不可」，不允許。

綜上，筆者以白話文譯之如下：

顏淵死，顏路請孔子參加葬禮。孔子坐車到了的時候，（同門弟子們）已經為顏淵做好了椁。孔子說：「死者是否用外椁，（按禮制）是各不相同的。」然後孔子說起自己的兒子：「孔鯉下葬的時候，有棺而無椁，我就不

〔註13〕孫景龍、劉旭芳：《〈論語〉讀解辨疑八則》，《承德民族師專學報》2009 年第 1 期，第 14 頁。

能為之置一椁而葬之？因為我身為大夫，不可破壞禮制——所以孔鯉無椁而葬。」

　　按《周禮》規定，士之葬具用一棺一椁，庶人之葬具只用棺不用椁。顏回同孔鯉的身份一樣，至死為庶人。既為庶人，則不可用椁。但春秋時已禮崩樂壞，表現在喪葬制度上，當時的風氣是庶人下葬普遍僭用「士」的身份而用一棺一椁。而「君子疾沒世而名不稱焉」（《論語‧衛靈公》）。「名實相符」乃君子一生之所遵循者，因此以士人之禮下葬顯然違背了顏回的心願。

　　《論語‧先進》曰：「顏淵死，門人欲厚葬之，子曰不可。門人厚葬之。子曰：『回也視予猶父也，予不得視猶子也。非我也，夫二三子也。』」從這段記載看，孔子事先即阻止過門人厚葬顏回的意見。顏路來請，之所以強調「子之車」，孔子乘車去，其意即在趕時間，以阻止門人為顏回做椁，但到了的時候仍遲了一步，「以為之椁」。面對這種情況，孔子無法再阻止，因此只能嘆息：「你們違背了顏回的意願！」

　　另據《論語‧子罕》記載：「子疾病，子路使門人為臣。病間，曰：『久矣哉，由之行詐也！……』」據「久矣哉，由之行詐也」推測，筆者推測為顏回製椁者乃子路。〔註14〕

　　11.11　顏淵死，門人欲厚葬之。子曰：「不可。」

　　門人厚葬之。子曰：「回也視予猶父也，予不得視猶子也。非我也，夫二三子也。」

　　宋鋼：從句法和文義兩方面看，均可知「予不得視」後脫一「回」字。〔註15〕

　　11.12　季路問事鬼神。子曰：「未能事人，焉能事鬼？」曰：「敢問死。」曰：「未知生，焉知死？」

　　〔日〕柴田篤：若如上述，則孔子所說的「焉能事鬼」、「焉知死」等話語，乃是對就「事鬼神」、「死」等問題提問的子路，表示其反彈之意，吾人

〔註14〕馬文增：《《論語》六章新解》，《孔廟國子監論叢》2016年第00期，第144～
　　　　145頁。
〔註15〕宋鋼：《《論語》疑義舉例》，《貴州大學學報（社會科學版）》2005年第2期，
　　　　第110頁。

可以將之視為是一種表示反駁的話語。亦即，針對子路問到如何事鬼神，以及子路試圖知道死亡是怎麼一回事，孔子於是反駁道：「你為何可以這麼問？」或者是：「你為何有如此問的必要？」筆者以為：孔子的此兩項回答，應該可以將之解釋為：此乃孔子面對提問者子路其個人的想法（態度）所表現出的反駁言論。因此，孔子此兩項回答的意義如下：

（四）「子路，你為何以為你可以事鬼神？」

（五）「子路，你又如何知道死亡是怎麼一回事？」

然而，孔子為何會如此來回答子路？筆者以為：在孔子如此回答子路之前所說的話，亦即所謂的「未能事人」、「未知生」兩句話，就是孔子所以如此回答子路的理由之所在。

「子路，因為你在（那個人）生前都未能事奉他，為何（在他死後的現在）你卻以為可以正確地事奉其鬼神？」

「子路，你既然不能明白（那個人）生存的意義，又為何能明白死亡本身的意義？」

筆者以為我們不妨如此來解讀孔子對子路的回答。而關於子路提問的話語，其意義如下：

「夫子，死亡了的（那個）人，要如何事奉才好？」

「夫子，那麼我想問問（那個）人死亡的意義為何？」

亦即《先進篇》第 11 章的話語，乃是在孔子與子路雙方都熟悉的人死亡之際，子路就「事鬼神」、「死」等提出疑問，孔子則就子路的提問做出回答。換言之，該章經義並不是一般以為的：是子路就「事鬼神」、「死」而來提問，然後孔子對此提問，答或不答；而是子路所問的乃是眼前發生的具體事件，而孔子對子路的回答則無非就是在表達其自身的想法。至少《論語》中可見的有關「死」的記載，皆非抽象性的「死」，幾乎都是指具體性的「人死」。而孔子回答子路的話語中包含著對子路的反感。因此筆者以為：在這層意義上，古注（疏）對《論語》該章經文所做的「皆所以抑止子路也」的解釋，是有其道理的。那麼，孔子為何會對子路表示其反感之意呢？當吾人對前文所述子路的性格做一回顧時，自然也就可以明白其中的理由。吾人不也可以設想：因為子路所提出的「要如何事奉鬼神才好」、「死亡是怎麼一回事」這兩項提問，在孔子看來根本就是子路不誠實、企圖自我粉飾缺點的言論，所以孔子才對子路加以還擊。孔子的回答表明了其對子路在死者生前，對死者

所採取的態度與行為的強烈不滿。當然，該章經義若如此解釋，則吾人亦可以將此章視為是孔子對子路的評價。

若更進一步而言，筆者以為：由於此章置於「顏淵死」等四章之後，故吾人也可以將之視為是與顏淵之死有關的記載，而來對之進行解釋。也就是說：所謂被子路與孔子視為問題的「那個人」，其實就是指顏回。當然，這終究只是筆者的推測。但是，筆者於前文第四節中分析「顏淵死」等四章時，就已經導出所謂的「關於所謂要如何接受顏回之死這一問題，吾人可以將之理解為此事與如何理解顏回之生有著密切的關聯」這一論斷。而此事在孔子回答子路提問的話語中，其實已經被表達出來，而吾人也因此更加明白「顏淵死」等四章與該章所以被連續編排在一起的意義。而筆者以為，可以將此一問題點作為日後之檢討課題。〔註16〕

11.17 季氏富於周公，而求也為之聚斂而附益之。子曰：「非吾徒也。小子鳴鼓而攻之，可也。」

陸忠發：周代國君的嗣子稱為「世子」或「太子」；太子繼位為君王，若尚未除喪，則只能自稱「予小子」。大夫之子，則不能自稱曰「余小子」。《禮記・曲禮下》：「天子未除喪，曰『余小子』。」又：「君大夫之子，不敢自稱曰『余小子』。」如《尚書》中「小子」均係君主自稱或尊稱地位極高的人：

……

先秦古籍中，稱「小子」的還有：

《詩・大雅・板》：「老夫灌灌，小子驕驕。」

此係召穆公對周厲王說的話。老夫為召穆公自稱，小子為對厲王的稱呼。

《墨子・兼愛下》「小子」兩見：一為禹自稱，禹曰：「濟濟有眾，咸〔註17〕聽朕言。非惟小子敢行稱亂。」一為湯自稱，湯曰：「惟予小子履。」

……

……可見，戰國末年之前，「小子」都是對地位極高的人的稱呼。

為什麼「小子」都是對地位極高的人的稱呼呢？子為商王的姓氏，姓子的人都有尊貴的地位，所以子引申有尊貴之義。《左傳・昭公十二年》：「鄉人

〔註16〕〔日〕柴田篤著，金培懿譯：《「未知生，焉知死」再考──以〈論語〉之生死觀為中心》，《杭州師範學院學報（社會科學版）》2008年第1期，第22頁。
〔註17〕原文作此，疑當為「咸」。

或歌之曰：『我有圃，生之杞乎！從我者子乎，去我者鄙乎，倍其鄰者恥乎！』」子與鄙對文，子當為尊貴之義。《春秋·僖公五年》：「公及齊侯、宋公、陳侯、衛侯、鄭伯、許男、曹伯會王世子於首戴。」《公羊傳》曰：「世子，貴也。世子猶世世子也。」這裏的「子」，也是尊貴之義。「小子」之「子」仍然有尊貴之義。這裏的「小」，大概含有自謙之義。《詩·鄘風·鶉之奔奔》：「人之無良，以我為君〔註18〕。」傳：「君，國小君。」孔疏：「夫人對君稱小君，以夫妻一體言之，亦得曰君。」小君蓋相對於君言，言地位低於君。君王之嗣子繼位為君王，而尚未除喪，似其父尚在，故敢自稱為「小子」。自稱「予小子」是相對其尊貴的父親的自謙之稱，表達的是我雖尊貴，但還不如父親尊貴之意。所以供職於諸侯國的大夫的嗣子，就沒有資格稱為「小子」了。大夫之子尚且不能稱為「小子」，孔子又怎麼會稱其弟子為「小子」呢？

……那麼，孔子所說的「小子」指誰呢？魯哀公時季氏專權，冉求做了季氏的家臣。我以為孔子所說的「小子」應該就是指魯哀公。再說，鳴鼓而攻之，就是討伐，這豈是幾個門人所能做的事情？〔註19〕

顏春峰：其中的「小子」，鄭玄注：「小子，門人也。鳴鼓，聲其罪以責之。」陸忠發先生《〈論語·先進〉「小子」解》〔註20〕指出：「此訓兩千年來無人知其大謬」，他認為：「《尚書》中『小子』均係君主自稱或尊稱地位極高的人，……戰國末年之前，『小子』都是對地位極高的人的稱呼。……在春秋時代，孔子是不可能稱他的門人為『小子』的。……孔子所說的『小子』應該就是指魯哀公。」

其實，「小子」訓為「門人」原本不誤，倒是陸先生斷言「在春秋時代，孔子是不可能稱他的門人為『小子』的」，乃大謬不然，因為事實恰好相反：

(1)「子在陳，曰：『歸與！歸與！吾黨之小子狂簡，斐然成章，不知所以裁之。』」（《論語·公冶長》）朱熹注：「吾黨小子，指門人之在魯者。」

(2)「子曰：『小子何莫學夫詩？……多識於鳥獸草木之名。』」（《論語·陽貨》）包咸注：「小子，門人也。」

〔註18〕原文如此，《詩經》中作「我以為君」。
〔註19〕陸忠發：《〈論語·先進〉「小子」解》，《孔子研究》2007年第4期，第122～123頁。
〔註20〕原註：載《孔子研究》2007年第4期。

（3）「曾子有疾，召門弟子曰：『启予足，……而今而後，吾知免夫！小子！』」（《論語‧泰伯》）朱熹注：「小子，門人也。語畢而又呼之，以致反復叮嚀之意，其警之也深矣。」

（4）「有孺子歌曰……孔子曰：『小子聽之！……自取之也。』」（《孟子‧離婁上》）趙岐注：「小子，孔子弟子也。」焦循《正義》：「此小子自孔子呼之，是孔子弟子也。」

（5）「孔子過泰山側，……夫子曰：『小子識之，苛政猛於虎也。』」（《禮記‧檀弓下》）

（6）「孔子在衛，……曰：『善哉為喪乎！足以為法矣。小子識之。』……子曰：『小子識之，我未之能行也。』」（《禮記‧檀弓上》）

（7）「子曰：『予欲無言。』子貢曰：『子如不言，則小子何述焉？』」（《論語‧陽貨》）邢昺疏：「子貢聞孔子不欲言，故告曰：『夫子若不言，則弟子等何所傳述？』」

（8）「宰我請問帝顓頊。……宰我曰：『昔者予也聞諸夫子曰：「小子無有宿問。」』」（《大戴禮記‧五帝德》）

第3例是曾子稱呼門人，第1、2、4、5、6五例是孔子稱呼門人，第7、8兩例是門人子貢、宰我對孔子自稱。《論語》中還有「門人」、「小子」連用之例：「子游曰：『子夏之門人小子，……』」（《子張》）皇疏：「門人小子，謂子夏之弟子也。」《先進》中孔子所說「小子鳴鼓而攻之」的「小子」，與上述「小子」同義，均指門人弟子，絕非「對地位極高的人的稱呼」，更不可能指魯哀公。

陸先生認為：「《尚書》中『小子』均係君主自稱或尊稱地位極高的人，……戰國末年之前，『小子』都是對地位極高的人的稱呼。」這是知其一不知其二，以偏概全。他所舉《尚書》八例國君自稱，俱為謙稱。為什麼「天子未除喪，曰『予小子』」（《禮記‧曲禮下》）？因為這是「謙，未敢稱『一人』」（鄭玄注），「稱『予小子』者，言我德狹小也」（孔穎達疏）。再看《禮記‧少儀》：「小子走而不趨，舉爵則坐立飲。」鄭玄注：「小子，弟子也。卑，不得與賓、介俱備禮容也。」這無疑是只可快跑（「走」）給役使而不能小步快走（「趨」）的地位低下者。〔註21〕

〔註21〕顏春峰：《〈論語‧先進〉「小子」正解》，《孔子研究》2008年第5期，第115～116頁。

洪帥：「小子」一詞在《論語》中共出現了 7 次，其它 6 例分別是：

……

從以上的分析可以看出，「小子」在《論語》中有三個意義，即：弟子；孔子對其弟子的稱呼；謙稱。其中（1）（2）是「弟子」義，（3）（4）是老師對學生的稱呼，（5）是弟子對老師的謙稱，（6）是商湯對自己的謙稱，也不能稱作是「對地位極高的人的稱呼」。而沒有一例是「對地位極高的人的稱呼」，只有例（6）好像和陸文所說的相近，但其實差別還是很大的，只不過是「地位極高的人」對自己的稱呼，且是引用前人的話，況且，地位低的人也可以自稱「小子」，例（5）即是，弟子對老師不可謂不低吧。那麼在《先進》中孔子稱呼其弟子為「小子」不是順理成章嗎？

以上是內證，我們再看看外證，即《論語》以外的文獻中「小子」的使用情況。

陸文說「《尚書》中『小子』均係君主自稱或尊稱地位極高的人。」我們再來看看他舉的《尚書》中的例子。

《湯誓》：「格爾眾庶，悉聽朕言，非台小子，敢行稱亂。」

此例中前面稱「朕」，後面稱「台小子」，其實「台小子」就是「朕」，是湯的自稱。「台」就是「我」，《爾雅・釋詁下》：「台、朕，我也。」郭璞注：「古者貴賤皆自稱朕。」「台，音怡。」《尚書・禹貢》：「祗台德生。」《楚辭・離騷》：「帝高陽之苗裔兮，朕皇考曰伯庸。」可見，「台」和「朕」都是自稱之詞。「台」和「小子」也都是自稱之詞。

……

陸先生亦言「以上皆國君自稱」，其實這就不攻自破了，對國君的稱呼和國君的自稱顯然不是一個概念，我們都知道，中國人講究自稱以謙，稱人以尊。這最多只能算作「地位極高的人的自稱」，陸先生也承認是「國君自稱」。更進一步說，是地位極高的人的「謙稱」。其實「小子」和「朕」一樣在先秦都是自稱詞。

由謙稱詞到稱呼晚輩是很自然的現象，正如自己謙稱以名，長輩亦稱晚輩以名一樣，如《論語》中孔子稱弟子皆以名。其它文獻中亦有孔子直稱弟子曰「小子」者，如：

……

　　關於《論語》以外「小子」的使用情況，陸先生也注意到了。陸文共引用《莊子》3例：

　　……

　　陸文也指出前2例「小子」都是指子貢，例3是對「旅店老闆」的稱呼。這裏的「小子」都是對地位較低的人的稱呼。可見這幾例都與作者的觀點相左。那麼作者是如何彌縫的呢？陸文說：「《莊子》一書，內篇七篇為莊子所作，疑者甚少；其餘諸篇皆為後人所撰，已成定論。《天運》、《至樂》、《山木》皆在內篇之外，斷不出自莊周之手。但據齊恩和先生所考（引者按：「齊恩和」為「齊思和」之誤。〔註22〕）其成書年代當在戰國末年至西漢初年。可見，戰國末年之前，『小子』都是對地位極高的人的稱呼。」陸先生之說恐未必盡然，事實上近半個世紀以來對於《莊子》的作者問題有過一番大討論，……可以說至今也不能說就有了定論，只能說認為內篇為莊子所作是主流，但不能說是定論。

　　《莊子》的成書年代姑且不論，對於古文《尚書》之偽卻是早有定論。……陸文所引《尚書》八條分別出自《湯誓》《湯誥》《太甲中》《說命下》《泰誓上》《泰誓下》《武成》《大誥》，除《湯誓》和《大誥》外，其餘六篇皆為偽《古文尚書》〔註23〕。《古文尚書》為魏王肅偽作〔註24〕，與《今文尚書》時代相差遠矣。陸先生生那樣強調年代問題，卻把偽《古文尚書》作為先秦古籍來引用，失之矣。

　　以上從內證和外證兩個方面都可以證明，孔子稱呼其弟子為「小子」是很正常的。

　　「攻」在這裏是不是「討伐」的意思呢？「攻」的本義的確是攻打，討伐，《說文・支部》：「攻，擊也。」但這裏的「攻」字是其引申義，是「指責」義。東漢王充《論衡・順鼓篇》：「季氏富於周公，而求也為之聚斂而附益之。孔子曰：『非吾徒也，小子鳴鼓攻之可也。』攻者，責之，責讓之也。」劉寶楠《論語正義》：「《說文》：『攻，擊也。』此訓責者，引申之義。」〔註25〕《漢

〔註22〕原註：齊思和：《〈莊子引得〉序》，哈佛燕京學社1947年版。

〔註23〕原註：李思敬：《五經四書說略》，商務印書館1996年版，第52～59頁。

〔註24〕原註：（清）皮錫瑞著，周予同注釋：《經學歷史》，中華書局2004年版，第106～107頁。

〔註25〕原註：（清）劉寶楠：《論語正義》（諸子集成本），上海書店出版社1986年版，第247頁。

語大字典》〔註26〕和《漢語大詞典》〔註27〕皆釋為「指責」。其實「攻」是比喻的說法，並不是真正的率軍討伐，陸文之誤在於把其坐實了。

又，《孟子》也有對這件事的敘述：

《孟子‧離婁上》第14章：「孟子曰：『求也為季氏宰，無能改於其德，而賦粟倍他日。孔子曰：「求非我徒也，小子鳴鼓而攻之可也。」』」東漢趙岐注：「求，孔子弟子冉求。小子，弟子也。孔子以冉求不能改季氏使從善，為之多斂賦粟。故欲使弟子鳴鼓以聲其罪而攻伐責讓之，曰：『求非我徒』，疾之也。」趙岐已指出是「攻伐責讓之」，其實，「責讓」是其實，「攻伐」只是一種形象的說法。

焦循《孟子正義》：「皇侃《論語義疏》引繆協云：『季氏不能納諫，故求也莫能匡救，致譏與求，所以深疾季也。』是也。」〔註28〕

從皇侃《義疏》更可以清楚地看出，孔子表面上是責讓冉求，實際上是憤恨季氏，責讓冉求只是一種表達方式罷了，因為老師責罰弟子還是理所當然的，從這點來說，孔子有點指桑罵槐的味道。《左傳‧哀公十一年》對此事的來龍去脈有詳細的記載：「季孫欲以田賦，……弗聽。」《哀公十二年》：「十二年王正月，用田賦。」皇侃以為「季氏不能納諫」當據此事，是說孔子的話冉求當傳之於季氏，只是季氏沒有接受罷了。

《國語》對此事亦有記載。《國語‧魯語下》：「季康子欲以田賦，……又何訪焉！」吳韋昭注：「苟，苟且也。時康子不聽，魯哀十二年春，卒用田賦。」〔註29〕韋昭亦以為是季康子不聽勸告，那麼孔子表面上責備冉求，實則是表示對季氏的不滿明矣。

可見孔子所說的「小子鳴鼓而攻之」並不是讓魯哀公派出軍隊討伐冉求，且冉求一個人需要國君派出軍隊討伐嗎？這裏只是比喻的說法，就是相當於我們現在所說的口誅筆伐，這是孔子號召他的其他弟子從道義上責罰冉求。且魯哀公畢竟是國君，孔子能那樣對他發號施令嗎？

〔註26〕原註：徐中舒主編：《漢語大字典》（縮印本），四川辭書出版社、湖北辭書出版社1993年版，第609頁。

〔註27〕原註：羅竹風主編：《漢語大詞典》（第5卷），漢語大詞典出版社1990年版，第392頁。

〔註28〕原註：（清）焦循：《孟子正義》（諸子集成本），上海書店出版社1986年版，第303頁。

〔註29〕原註：〔舊題〕左丘明撰，鮑思陶點校：《國語》，齊魯書社2005年版，第106頁。

……

由以上分析可以得出結論，「小子鳴鼓而攻之」中的「小子」就是指孔子的弟子，而不是指魯哀公。〔註30〕

孫鵬程：我們全面考察了《論語》《孟子》《左傳》《國語》《孔子家語》五部古籍，除去本例，共 13 篇，22 次出現了「小子」（其中《論語》6 例，《孟子》1 例，《左傳》4 例，《孔子家語》11 例）。其中「小子」作為一個整體稱謂名詞出現的，共 19 例，其中有 17 例表示「學生」這一含義。比如：……

由此可以發現，凡出自孔子之口，與例句分佈相同的所有例子，「小子」均具有一致傾向性地表示其學生。……

除此之外，為了保證結論的準確性，我們進一步考察了整個先秦 64 部典籍裏出現的 183 例「小子」。通過總結歸納，我們發現「小子」的使用主要有以下幾個特點：一是輩分高的人對比自己低的人稱呼（如老師對學生）；二是統治階級、地位尊貴的人的自稱或謙稱；三是地位低的人對地位高的人的一種諷刺稱呼。這樣一來，結合到具體語境，《論語·先進篇》「小子」指代孔子弟子，而非魯哀公便是板上釘釘了。〔註31〕

11.18 柴也愚，參也魯，師也辟，由也喭。

宋鋼：按：受話之客體可有可無，而發話之主體則不可或無。依文意，能如此居高臨下準確評論孔門弟子者，實非孔子本人莫屬，故疑句首奪「子曰」二字。

朱熹《論語集注》：「吳氏曰：此章之首，脫『子曰』二字。或疑下章『子曰』，當在此章之首，而通為一章。」此說甚是。因為上下文皆在評論孔門弟子，唯此處無發話主體，故可推斷此處之發話主體，當與下文同。〔註32〕

〔註30〕洪帥：《〈論語·先進〉「小子」到底指誰——兼與陸忠發先生商榷》，《船山學刊》2009 年第 3 期，第 95～98 頁。

〔註31〕孫鵬程：《〈論語〉疑義考釋二則》，《常熟理工學院學報》2018 年第 4 期，第 108 頁。

〔註32〕宋鋼：《〈論語〉疑義舉例》，《貴州大學學報（社會科學版）》2005 年第 2 期，第 109 頁。

11.19　子曰：「回也其庶乎，屢空。賜不受命，而貨殖焉，億則屢中。」

周靜、黃懷信：「貨殖焉」，本應作「質慧焉」，意思是其本身資質聰慧。本作「質慧焉」而今作「貨殖焉」，蓋因「質」既誤為「資」〔註33〕，後人遂直接改其後之「慧」字為「殖」，以成「貨殖」之詞。當然，此誤的時代可能較早，至晚也在《史記》之前。

正因為子貢「質慧焉」——本身資質聰慧，所以即使「不受命」——不聽講，猜測先生提問也每每能夠猜中——「億則屢中」。〔註34〕

張詒三：檢諸《定州漢墓竹簡・論語》，「屢」作「居」，「屢空」為「居空」，下文「屢中」為「居中」〔註35〕。這條異文資料非常重要，為我們揭開「屢空」之迷提供了重要線索。前人解釋，多認為「空」為「匱乏」、「空匱」，那麼「居」既然可以因形近訛為「屢」，那麼「空」亦可以因音近而為「窮」之假借。

據《漢字古音手冊》，窮：群母冬部；空：溪母東部〔註36〕。群母、溪母都是牙音，發音部位相同，區別僅在清濁。上古「冬部」和「東部」相近，古韻學家顧炎武、江永、段玉裁、戴震、朱駿聲等都是「東」「冬」不分，現代學者史存直仍主張「東」「冬」是一個韻部〔註37〕。總之，上古時期「窮」、「空」兩字的音韻地位相近，實際發音區別不大，具備通假的條件和可能。

「穷」繁體為「窮」，其聲符為「躬」，「躬」的諧聲偏旁為「弓」，「空」的諧聲偏旁為「工」。古文獻中，諧聲偏旁從「弓」之字與從「工」之字多有通假，如《詩經・小雅・白駒》：「在彼空谷。」《文選》班固《西都賦》李善

〔註33〕韓愈有「資權」之說，作者認為「資」誤為「貨」從校勘及詞義學的角度均有可能，但「資權」一詞則不經見，而且「權」與「殖」形既不似，聲義亦不同，互誤的可能性較小。且「資於權變」之說，與《論語》所反映的子貢形象不符。故作者認為韓愈「資權」之說不可信，但「貨」為「資」之誤的說法給了作者啟示，「資」可以指人的資質。又《論語》中無「資」字，且「資」作「資質」在文獻中出現的較晚，故作者認為把「貨」看成「質」字之誤似更妥帖。

〔註34〕周靜、黃懷信：《子貢未「貨殖」考》，《史學史研究》2013年第1期，第126頁。

〔註35〕原註：定州漢墓竹簡整理組：《定州漢墓竹簡・論語》，北京，文物出版社，1997年版，第51頁。本文只討論「居空」，至於「居中」，另文探討。

〔註36〕原註：郭錫良：《漢字古音手冊》，第459、446頁。

〔註37〕原註：史存直：《漢語音韻學論文集》，上海，華東師範大學出版社，2002年版，第57～71頁。

注和陸機《苦寒行》李善注都作「在彼穹谷」〔註38〕，「空」、「穹」通用。《周禮・考工記・輈人》：「穹者三分之一。」鄭玄注：「鄭司農云：穹讀為『志無空邪』之空。」〔註39〕「空」、「穹」通用。……

　　由上可見，上古「工」、「弓」音近，從兩聲符得聲之字同音通假的例子不鮮，「弓」、「躬」、「窮」音近，多有通假，而「空」與「穹」通假，「穹」又可與「弓」、「躬」、「窮」通假。

　　綜上，「居空」可以理解為「居窮（穹）」，和「君子固窮」之「固窮」為同一個詞〔註40〕，只是在「君子固窮」中，因「居」假借為「固」而成為「固窮」，在「回也其庶乎居空」中，傳世文獻「居」因形近訛為「屢」，「窮」因音近借為「空」，遂失本貌，令人費解。……

　　那麼，「居窮」何義？《說文・尸部》：「居，蹲也。從尸古聲。」本意為「蹲坐，坐」，後來引申出「居住」、「住所」、「處在、處於」等義項。據《漢語大詞典》，「居」有「安定、安處」義，例如《詩經・大雅・生民》：「上帝居歆，胡臭亶時。」鄭玄《箋》：「上帝則安而歆享之。」〔註41〕《呂氏春秋・上農》：「輕遷徙，則國家有患，皆有遠志，無有居心。」高誘注：「居，安也。」〔註42〕另有故訓材料：《詩經・大雅・公劉》：「匪居匪康。」朱熹《集注》：「居，安；康，寧也。」〔註43〕《玉篇・尸部》：「居，處也，安也。」《莊子・齊物論》：「何居乎？」成玄英疏：「居，安處也。」〔註44〕準此，「居窮」意思就是「安窮」、「安處窮」。「貧」和「窮」上古意思不同，經濟困難叫「貧」，時運不濟叫「窮」。《論語》中明顯體現出「安貧」思想，如以下幾章：
　　……

　　「貧」和「窮」雖然意思不同，但卻密切聯繫，「貧」應是「窮」的結果和表現，「窮」是「貧」的根源和原因。君子既然要「安貧」，自然也會「安窮」。所以，「君子固窮」是「君子居窮」，「回也其庶乎居空」是「回也其庶

〔註38〕原註：李善：《文選注》，第25、1299頁。

〔註39〕原註：孫詒讓：《周禮正義》，北京，中華書局，1987年版，第3298頁。

〔註40〕張先生認為《論語・衛靈公》篇「在陳絕糧」章中的「君子固窮」中的「固」當通「居」，故有此說。

〔註41〕原註：阮元：《十三經注疏》，北京，中華書局，1980年版，第532頁。

〔註42〕原註：陳奇猷：《呂氏春秋校釋》，北京，學林出版社，1995年版，第1715頁。

〔註43〕原註：朱熹：《詩經集傳》，上海，上海古籍出版社，1987年版，第133頁。

〔註44〕原註：郭慶藩：《莊子集釋》，北京，中華書局，2004年版，第44頁。

乎居窮」。「君子固窮（居窮）」言君子之「安窮」共性，「回也其庶乎居空（居窮）」言顏回秉君子之特質，可謂互相貫通。《史記・伯夷列傳》有「然回也屢空，糟糠不厭，而卒蚤夭」，司馬遷在「屢空」之後補充了「糟糠不厭」，或許司馬遷也正是按「居窮」來理解「屢空」的，不然他為什麼在《論語》原文的「回也屢空」之後，補充「糟糠不厭」一句呢？

孫欽善把「君子固窮」譯為「君子安於窮困」，楊朝明注「固窮」為「甘於處貧困，不失氣節」，兩家訓釋都符合文義，只是沒有闡明理由。另外要明確的是，《論語》中的「居窮」，意思是「安窮」，但這個「安」指「安處」。就是說，孔子及其弟子是勇於進取和積極入世的，並不「甘心於貧」、「甘心於窮」的處境而安於現狀、不思進取，而是「安處於貧」、「安處於窮」，不被「貧」和「窮」擾亂方寸。即是說，君子在貧困或時運不濟時，仍然保持平和進取之心，保持樂觀向上的人生態度，不被貧窮的外部環境擾亂內心，依然保持君子的人格品質、道德修養和精神境界。〔註45〕

龐光華、李鳳娥、吳珺：更考《詩經・北門》：「終窶且貧。」鄭箋：「君於己祿薄，終不足以為禮。」分明釋「窶」為「無財難為禮」。陸德明《釋文》：「窶，謂貧無可為禮。」《倉頡篇》：「無財曰貧，無財備禮曰窶。」《爾雅》：「窶，貧也。」馬瑞辰《毛詩傳箋通釋》〔註46〕引《說文》：「婁，空也」為釋，分明以《詩經》的「窶」與《說文》「婁」同源，且曰：「蓋窶與貧對文則異，散文則通」；又曰：「《論語》『屢空』當作『婁空』，婁、空皆空乏，即貧也。窶從婁聲，故為無禮居。」可見馬瑞辰已經很清楚地知道「屢」不當訓為「每、數」，而當訓為「貧」，與「窶、婁」同源。《論語》的「屢」就是《說文》訓「空」的「婁」、《爾雅》訓「貧」的「窶」、《說文》訓為「無禮居」的「窶」。孔子說顏回「屢」就是說他「貧困得無法遵守禮節」，如同《倉頡篇》所言。因此，《論語》的「屢」當讀為「窶」，這才是最精確的訓詁，不可訓為「每、數」，即不是屢次的屢。更考《禮記・曲禮上》：「客啜羹，主人辭以窶。」鄭玄注：「優賓。」孔疏：「窶，無禮也。」引述《詩經・北門》的毛傳鄭箋。鄭玄注並非以「優賓」專門解釋「窶」，而是解釋上面兩句話整體的含義。《廣韻》：「窶，貧無禮也。」《希麟音義》卷九「貧窶」條注引《切

〔註45〕張諮三：《〈論語〉「固窮」「屢空」索解》，《孔子研究》2016 年第 6 期，第 55～56 頁。

〔註46〕原註：馬瑞辰. 毛詩傳箋通釋〔M〕. 北京：中華書局，1992：152.

韻》：「窶，貧無禮也。」《詩經・邶風・北門》朱熹《集傳》：「窶者，貧而無以為禮也。」《漢書・霍光傳》：「又諸儒生多窶人子。」顏師古注：「窶，貧而無禮。」《爾雅》：「窶，貧也。」郭璞注：「窶謂貧陋。」

「屢空」的「空」當如皇侃《論語義疏》、劉寶楠《論語正義》、翟灝《論語考異》訓為「窮」。《詩經・小雅・節南山》：「不宜空我師。」毛傳：「空，窮也。」《集韻》：「空，窮也。」《孟子・告子下》：「空乏其身行。」朱子《四書章句集注》：「空，窮也。」「空」與「窮」音義皆通。另如，「空」與「穹」古音相通，而「穹」與「穷（窮）」都從「弓」聲（窮從穹）；二者古音相同。《詩經・小雅・白駒》：「在彼空谷。」《文選・西都賦》李善注、《文選》陸機《苦寒行》李善注都引「空」作「窮」；《周禮・考工記》：「穹者三之一。」鄭玄注：「鄭司農云『穹讀為志無空邪之空』。」因此，「空」與「窮」必能相通。

「窮」當訓「困」。如《戰國策・秦策二》：「公孫衍欲窮張儀。」高誘注：「窮，困也。」《荀子・富國》：「亂則窮矣。」楊注：「窮，困也。」《戰國策・趙策四》：「而窮臣也。」鮑彪注：「窮猶困也。」《尚書・蔡仲之命》：「終以困窮。」蔡沈《集傳》：「窮，困之極也。」或如《廣雅》：「窮，貧也。」《荀子・大略》：「多有之者富，少有之者貧，至無有者窮。」《左傳・昭公十四年》：「分貧振窮。」孔疏：「窮謂全無生業。」可見「窮」是貧困之極。

綜上所述，「屢空」當讀為「窶窮」，意思是生活極度貧窮，難以遵守正常的禮節。〔註47〕

11.26 子路、曾皙、冉有、公西華侍坐。

子曰：「以吾一日長乎爾，毋吾以也。居則曰：『不吾知也！』如或知爾，則何以哉？」

子路率爾而對曰：「千乘之國，攝乎大國之間，加之以師旅，因之以饑饉；由也為之，比及三年，可使有勇，且知方也。」

夫子哂之。

「求！爾何如？」

〔註47〕龐光華、李鳳娥、吳珺：《〈論語〉「屢空」新考》，《常熟理工學院學報（哲學社會科學）》2018年第4期，第105～106頁。

對曰：「方六七十，如五六十，求也為之，比及三年，可使足民。如其禮樂，以俟君子。」

「赤！爾何如？」

對曰：「非曰能之，願學焉。宗廟之事，如會同，端章甫，願為小相焉。」

「點！爾何如？」

鼓瑟希，鏗爾，舍瑟而作，對曰：「異乎三子者之撰。」

子曰：「何傷乎？亦各言其志也。」

曰：「莫春者，春服既成，冠者五六人，童子六七人，浴乎沂，風乎舞雩，詠而歸。」夫子喟然嘆曰：「吾與點也！」

三子者出，曾皙後。曾皙曰：「夫三子者之言何如？」

子曰：「亦各言其志也已矣。」

曰：「夫子何哂由也？」

曰：「為國以禮，其言不讓，是故哂之。」

「唯求則非邦也與？」

「安見方六七十如五六十而非邦也者？」

「唯赤則非邦也與？」

「宗廟會同，非諸侯而何？赤也為之小，孰能為之大？」

陳彬、世英：東漢王充在《論語〔註48〕‧明雩》和東漢鄭玄混合《魯論》《齊論》《古論》等二十篇所集成的鄭本《論語》，認為「詠而歸」是「雩祭時，一邊歌舞，一邊把祭品獻給神靈」。這樣理解才符合史實記載。

「歸」在這裏當理解為「饋」，乃同音假借。鄭本《論語》中特將「歸孔子豚」，「齊人歸女樂」改成「饋」是有其根據的。《一切經音義》云：「魯讀饋為歸。」此即明證。而先秦時期稱「進物於尊者為饋」。神乃古時至尊者，上至帝王，下至黎庶，無不頂禮膜拜。

「雩」，是求雨的祭名，古時盛行祈雨的雩祭活動，有專事唱歌舞蹈的扮演者，文中的「冠者五六人，童子六七人」，即雩祭時的所謂「樂人」。……「風」這裏指「歌」。王充《論衡‧明祭〔註49〕》裏說得很清楚：「魯設雩祭

〔註48〕原文作此，疑當為「論衡」。
〔註49〕原文作此，疑當為「明雩」。

於沂水之上……風，歌也。」可佐證。那「浴乎沂」的「浴」呢？不是指下沂水洗澡，而是到水邊洗洗臉、洗洗手，以求吉祥的所謂「被〔註50〕濯」，即「臨水被除不祥」。此乃肅穆莊重地虔誠敬神之舉，也是象徵性的潔身奉天的禮儀行動。王充在同一書中還說：「暮春，四月也，周之四月，正歲二月也，二月之時，龍星始出，故傳曰：『龍見而雩』。」句中「周」指周曆，與魯曆無大差別。如此看來，暮春實比農曆要早一兩個月，因而主充才會提出暮春「安得浴而風乎身？」從引文裏可看出，由時令上使人明白，求雨多在暮春之時，古人迷信龍司雨。曲阜之地的求雨壇，包括沂水地域，即使是暮春之時，也實為正月二月，從這時的氣溫看，該地的人是不能下水洗澡的。……

其實，「冠者五六人，童子六七人」，正是指雩祭時唱歌、跳舞的青少年，他們只是樂人（扮演者）而已。故這幾句應理解為：暮春時節，身著夾衣，春旱苦民，我和參加祈雨敬神的歌舞者，先莊重虔誠地在沂水邊洗手淨面，潔身奉天，然後在祈雨的祭壇上，一邊歌舞，一邊把祭品獻給神靈。〔註51〕

鄭星象：「方」是古代計算土地面積常用的術語。《戰國策・秦策》：「〔張儀南見楚王曰〕『大王苟能閉關絕齊，臣請使秦王獻商於之地方六百里』。……張儀知楚絕齊也，乃見使者曰：『從某至某，廣從六里。』使者曰：『臣聞六百里，不聞六里。』」張儀誘騙楚國跟齊國絕交，目的達到後便把原先許諾的「方六百里」說成是「廣從六里」，楚國的使者省去「方」和「廣從」，只說「六百里」、「六里」，可見「方」和「廣從」同義，都是計算土地面積的術語。「從（从）」的後起字作「縱（纵）」，所以「廣從」就是「廣縱」，也就是今天所說的「縱橫」，指土地東西、南北的長度。《禮記・明堂位》：「是以封周公於曲阜，地方七百里。」鄭玄注：「上公之封，地方五百里，加魯以四等之附庸方百里者二十四，並五五二十五，積四十九，開方之，得七百里。」鄭玄的注是要說明周公擁有「方七百里」土地，比通常公爵封地「方五百里」多「方二百里」的原因。其計算方式如下：周公按公爵封地是「方五百里」，五百里乘五百里等於二十五百里平方。附庸地二十四倍的「方百里」，即二十四乘一百里再乘一百里，等於二十四百里平方。兩數相加，和是四十九百里平方。將四十九百里平方開方，得「方七百里」。從「方五百里」化為百里平

〔註50〕原文作此，疑當為「被」，此文中下同。
〔註51〕陳彬、世英：《談〈子路曾皙冉有公西華侍坐〉的一則注釋》，《北京師範大學學報》1987 年第 6 期，第 112 頁。

方要「五」自乘，「四十九百里平方」化為方若干里要開方，說明方若干里就是縱橫若干里。再看同義詞：「方」除與「廣從」同義外，還與「廣袤」、「廣運」等同義。如：《史記‧楚世家》「秦齊交合，張儀乃起朝，謂楚將軍曰：『子何不受地？從某至某，廣袤六里。』楚將軍曰：『臣之所以見命者六百里，不聞六里』」，「廣袤」與上述《戰國策‧秦策》「廣從」異文；《國語‧越語上》「勾踐之地，南至於句無，北至於禦兒，東至於鄞，西至於姑蔑，廣運百里」，韋昭注「東西為廣，南北為運」。因此「方六七十，如五六十」，即「縱橫六七十里或五六十里的小國」，與楊先生說的「每邊長六七十里」的國家意思相同。計算土地面積，截長補短，把土地割補為正方形來計算，所以縱橫若干里，實際上也就是每邊長若干里。《古代漢語》釋「方」為「周圍」，《先秦文學史參考資料》釋「方」為「平方」，都是不恰當的。〔註52〕

楊寶忠、陳劍：「加之」之「之」，舊多不釋，王力先生主編的《古代漢語》注云：「加，加到……上。之，指千乘之國。」郭錫良先生主編的《古代漢語》注同。此說不確。「加之以師旅」、「因之以饑饉」，兩句句式一律，兩「之」字用法相同。今釋「之」為代指「千乘之國」，則「因之以饑饉」句不可通。

「加之以……」是古代漢語常見句式，其中「之」字用法有二：一是代指施加之對象，如《論衡‧幸偶篇》：「韓昭侯醉臥而寒，典冠加之以衣，覺而問之，知典冠愛己也；以越職之故，加之以罪。」「加之以衣」，謂把衣服加在韓昭侯身上；「加之以罪」，謂把罪名加在典冠頭上。兩「之」字分別代指「加」所涉及到的對象韓昭侯、典冠。二是「之」字代指上文所提及的情況，如《左傳》僖公九年：「臣竭其股肱之力，加之以忠貞。」「之」代指「竭其股肱之力」的情況，謂在竭盡自己股肱之力的情況下再加上忠貞。……「加之以師旅」中的「之」字當屬後一種用法。「因之以饑饉」中的「之」字與「加之以師旅」中的「之」字用法相同，「之」字亦可指上文提及的情況。例如《漢書‧五行志》：「於是鄰國不和，伐其三鄙，被兵十有餘年，因之以饑饉，百姓怨望。」「因之以饑饉」，謂在被兵十餘年的情況下接著發生饑荒。又《西域傳》：「民力屈，財用竭，因之以凶年，盜寇並起，道路不通。」「因之以凶年」，謂在民力屈、財用竭的情況下，接著出現凶年。……

〔註52〕鄭星象：《訓詁札記六則》，《福建師範大學學報（哲學社會科學版）》1988年第3期，第65頁。

　　又「師旅」二字，前人訓詁亦多不能得其確解。朱熹《集注》云：「二千五百人為師，五百人為旅。」楊伯峻《論語詞典》：「師旅，即軍旅，軍隊。」王力先生主編的《古代漢語》注云：「師旅，指侵略軍隊。」郭錫良先生主編的《古代漢語》注云：「師旅：古代軍隊編制的單位。五百人為一旅，二千五百人為一師。這裏指大國來侵犯的軍隊。」「師旅」訓古代軍隊編制單位，蓋本《周禮》，《周禮・地官・小司徒》云：「五人為伍，五伍為兩，四兩為卒，五卒為旅，五旅為師，五師為軍。」鄭玄注：「旅，五百人。師，二千五百人。」引申之，「師旅」連用，泛指軍隊。例如《漢書・元帝紀》：「加以邊境不安，師旅在外。」其中「師旅」即指軍隊。雖然「師旅」古代可用指軍隊編制，可用指軍隊，但是，「加之以師旅」中的「師旅」既不是軍隊編制單位，也不是軍隊之義，此兩種訓釋，考之文意，皆有未安。劉寶楠正義云：「加之以師旅者，渭〔註 53〕己國有爭討及他國來侵犯者也。」「己國有征討及他國來侵犯」，即泛指戰爭，劉說甚是。「師旅」有軍隊之義，引申之，則指戰爭，古書多有用例。《荀子・王制篇》：「故喪祭、朝聘、師旅一也，貴賤、殺生、與奪一也……」其中「師旅」與「喪祭」、「朝聘」並列而言，「師旅」當訓戰爭，若訓軍隊，則與喪祭、朝聘之事不類。又《禮論》：「凡禮：事生，飾歡也；送死，飾哀也；祭祀，飾敬也；師旅，飾威也。」「師旅」與「事生」、「送死」、「祭祀」相對為文，亦指戰爭。……古書又常以「軍旅」連文，「軍旅」本義亦為軍隊編制單位，五百人為旅，一萬二千五百人為軍，「軍旅」連用，可指軍隊，也可指戰爭。《韓非子・十過》：「軍旅薄城，吾知子不違也，其表子之閭，寡人將以為令，令軍無敢犯。」「軍旅薄城」，謂晉軍兵臨曹城，此「軍旅」用指軍隊者。《韓非子・八姦》：「其於勇力之士也，軍旅之功無逾賞，邑鬥之勇無赦罪，不使群臣行私財。」「軍旅之功」與「邑鬥之勇」相對為文，謂戰功也。……「軍旅」連用，由軍隊編制單位引申為軍隊，復由軍隊之義引申為戰爭；「師旅」由軍隊編制單位引申為軍隊，復由軍隊之義引申為戰爭，是謂「同步引申」。由「軍旅」可用指戰爭，知「師旅」亦可指戰爭。古人以為戰爭過後，必有凶年。如《老子》三十三章：「大軍之後，必有凶年。」又《漢書・嚴助傳》：「臣聞軍旅之後，必有凶年。言民之各以其愁苦之氣，薄陰陽之和，感天地之精，而災氣為之生也。」是其證。故古書多以戰爭與饑荒並言，如上文所見《漢書・天文志》：「被兵十有餘年，因之以饑饉。」《詩・

〔註 53〕原文作此，實當為「謂」字。

苕之華序》：「師旅並起，因之以饑饉。」皆是也。《論語》「加之以師旅，因之以饑饉」，亦此意也。「師旅」指戰爭，謂人禍；「饑饉」謂天災。古人戰爭、饑饉並言，猶今人天災人禍並言，「師旅」、「饑饉」皆言事，今若釋「師旅」為軍隊、「侵略軍隊」、「大國來侵犯的軍隊」，則是指人，而非指事；「加之以師旅」便成了把敵人加給千乘之國或在上述情況下再加上敵人，於意皆不可通，其說不可從。

「千乘之國」，小國也，小國夾在大國之間，其國難治，可知也；在這種情況下，再加上戰爭，則其國更加難治；戰爭過後，接著又發生饑荒，則其國極為難治。而子路卻說，這種極為難治的國家，讓他去治理，等快到三年的時候，可以使這個國家的百姓有勇，而且懂得禮義。子路的話說得過大，一點兒也不謙讓，故為孔子所「哂」也。

「加之以師旅」，謂在上述情況下再加上戰爭，其中「之」字代指上述情況，「師旅」義為戰爭。如此訓釋，不僅合乎文法，而且貼近文意，似較他說為勝。〔註54〕

張帆：《周禮・春官・司巫》云：「若國大旱，則師〔註55〕巫而舞雩。」注：「雩，旱祭也。」疏：「雩者，吁嗟求雨之祭。」《說文》亦云：「雩，夏祭樂於赤帝以祈甘雨也，從雨亏聲。」諸家並稱，「雩」為古代祈雨儀式，而且是直接服務於民的「春祈穀雨，秋祈穀實」的宗教儀式，因伴有樂舞，故稱「舞雩」。把握了這個關鍵，筆者認為，曾點之志在於：暮春時節，帶著一群人登上舞雩祭壇，為百姓主持雩禮，以求風調雨順，因種種複雜的原因與孔子心境暗合，故獨得孔子贊許。茲將其理由陳述如下：

（一）與「儒」的歷史淵源有關。關於「儒」，考之上古典籍僅有《周禮・太宰》記曰：「儒，以道得民。」但「儒」的來源如何，仍使人不得而知，後世因之而眾說不一。本世紀30年代胡適《說儒》已注意到「儒」的概念經歷了一個歷史演變，他認為最初的「儒」是殷民族禮教的教士，殷被周往〔註56〕服以後，他們漸漸變成了教師，其職業除治喪、相禮、教學外，也從事祈神、求雨等巫祝活動。70年代徐中舒用甲骨文資料也證實了最初的「儒」即殷民

中主持宗教活動的迷信職業者。他認為原始的「儒」即甲骨文中的「需」，而「需」字在甲骨文中正象人在淋浴時水自頭頂上沖洗而下之形。〔註57〕這說明原始的「儒」與沐浴濡身的關係至為密切。從其他有關的文獻資料也能得出類似的結論，如《禮記‧儒行》：「儒有澡身而浴德。」《孟子‧離婁》：「雖有惡人，齋戒沐浴則可以事上帝。」《論語‧憲問》：「陳成子弒簡公，孔子沐浴而朝。」研究成果不僅表明，以孔子為代表的儒家直接來源於巫祝卜史，而且在他們主持宗教活動之前為示敬誠是非常注重齋戒沐浴的。如是觀之，曾點志在祭祀，祭祀前必先「浴乎沂」就有了可靠的歷史依據。

（二）孔子本人曾深受巫祝文化的影響。「儒」的文化內涵是隨著時代的變遷而演變的，周代以降，殷的「天命」觀念逐漸向人文主義方向轉化，「儒」也逐漸由宗教的祝人轉化為人文的術士。其宗教色彩的淡化，文化教育內涵的強化，無疑是孔子起了舉足輕重的作用。但與此同時，我們也應看到，儘管孔子本質上是重人道、輕天道的思想家，並深通天文、地理、歷史，但他畢竟生活在那個特定的時代，傳統的巫祝文化的氛圍，不能不對他產生深刻的影響。

……

孔子的言行不能不影響其學生，尤其是他用以教授學生的「六經」，更是學生們思想的淵源。儘管其主要目標是培養為政治國的人才，但弟子師承先生往往各有側重，接受「六經」中巫祝文化的影響也必然各不相同。因此，當孔子問志時，曾點表現出的遲疑、述志時的委婉以及異乎三子之志而獨在祭祀就完全是順乎情理的了。

（三）與孔子師徒這段對話的時間有關。關於這點，史料雖無確切記載，但可以推知一個大致時限，首先，在座的公西華比孔子小四十二歲，孔子離開魯國前他最多只有十一歲，是不會講出「願為小相」那番話來的。其次，曾點沒有參加孔子周遊，因為孔子在陳想念魯國學生，其中就有曾點。〔註58〕因此，這段對話只能發生在孔子周遊列國之後。此時的孔子已經清醒地認識到推行「仁政」的渺茫，其志亦由「行道」轉入「宏道」。所謂「宏道」，筆者認為除整理古代文獻與教授學生外，其「仁愛」思想的含蘊當更廣博與深厚。何況儒家歷來倡導「民惟邦本」、「民以食為天」，孔子本人亦稱道古代賢君「所重民、食、喪、祭」，足見「食」與「祭」也是他「宏道」思想的組成

〔註57〕原註：《甲骨文中所見的「儒」》，載《四川大學學報》1975年第4期。
〔註58〕原註：《孟子‧盡心下》。

部分。曾點志在「舞雩」,「雩之禮,為民祈穀實也」〔註59〕,三子之撰都不過「各言其志也已矣」,唯有曾點與孔子「宏道」精神相契,怎不令他欣慰而發出「吾與點也」的贊嘆呢。另一方面,經歷了遊說慘敗的孔子「睹麟而泣,哀道不行,德澤不洽」,心靈深處的淒惶是可以想見的,他亦應知,弟子們縱有蓋世才華,縱有「如或知爾」之時,於「無下無道〔註60〕」的局面又有何補?他們既然不能挽狂瀾於既倒,不能施展政治才能,退而主持祭祀總是可行的吧,因而孔子「喟然」而「與點」。……

（四）與曾點身世密切相關。關於曾點,現有古籍雖不能詳考,但從一些零散的記載及其子曾參的材料可以瞭解幾點。其一,家居魯國。《宗聖志·世系》載:曾點先祖為夏朝時少康子曲烈的後代,曲烈封於鄫。春秋時鄫被莒所滅,鄫世子巫公奔魯,三傳而至曾點。另外,史料並無曾點做官的記載,他又未從師出遊,可見其常居魯國。其二,家境貧寒。《弟子列傳》正義引《韓詩外傳》云:曾參曾做過小吏,能謀斗升之粟養親就知足了。又據《孔子家語·六本》載:「曾子(參)耘瓜,誤斬其根。」曾被曾點痛打一頓。這固然可視其為教子甚嚴,但同時也說明父子均非不勞而獲的闊老闊少。再有《戰國策》卷二和《新語》都記載了曾點妻聽到曾參殺人後「織自若」的故事,可見其妻亦為勞動婦女。如此種種已足以推知曾點家並不富裕,而且還要親自耕織才能維持生計。其三,篤信孔學,「疾時禮教不行,欲修之,孔子善焉」〔註61〕。這是至關重要的一點。在當時,「禮教不行」雖多指政治制度而言,但雩禮不行無疑也是「禮教不行」之一種。作為儒生的曾點,既受巫祝文化的影響,又深知稼穡之艱難,其價值取向自然不同於旁人,對「雩禮」不行,想必更有切膚之痛。對此劉寶楠云:「自是勤恤愛民之意,其時或值天旱,未行雩禮,故點即時言志,以諷當時之不勤民者。」〔註62〕劉說不僅指出了曾點祭祀的目的,而且將曾點的祭祀與公西華的「願為小相」區別開來。此說雖有猜測之嫌,但結合孔子「喟然」「與點」和曾點身世綜合分析,當不應排除這種可能。尤其是曾點終生不仕,久居故鄉,又是孔門狂士。〔註63〕因此,當他在「侍坐」中說出一番務實可行的志向時,孔子眼見弟子的長進也會由衷地予以贊嘆。

〔註59〕原註:《論衡·明雩篇》。
〔註60〕原文作此,疑當為「天下無道」。
〔註61〕原註:《家語·弟子解》。
〔註62〕原註:劉寶楠《論語正義》。
〔註63〕原註:《孟子·盡心下》。

（五）可能是曾點、孔子拍合的原因。有關的文字訓釋也可說明曾點志在祭祀的可能。「浴乎沂」已如前述，當為祭祀前的準備。「風乎舞雩」的「風」，上古通「諷」，《周禮‧春官‧瞽矇〔註64〕》：「諷誦詩」注曰：「謂暗讀不依詠也。」又《漢書‧藝文志》：「太史試學童，能諷書九千字以上乃得為史。」「諷」訓為「背誦」。因此，在曾點述志的語境中可釋為「默誦」（祝語）。「詠而歸」中的「歸」，上古通「饋」。鄭注云：「饋，饋酒食也，魯讀『饋』為『歸』，今從古。」劉寶楠云：「鄭君此處注，雖殘佚不完，然以饋訓酒食觀之，當以雩祭有酒食事矣，『饋』『歸』字通用。」〔註65〕又《史記‧弟子列傳》「詠而歸」，徐廣曰：「一作饋。」另外，古人對「冠者」、「童子」的闡釋，也能作為筆者觀點的旁證。如《太平御覽‧禮儀部‧漢舊儀》曰：「舞者七十二人，冠者五六，三十人；童子六七，四十二人，為民祈農報功。然則冠者童子，皆是舞人，而五六六七，則合七十二人之數。」又《春秋繁露‧求雨篇》云：「春雩之制，祝服蒼衣，小童八人，服青衣而舞之，是也。」劉寶楠曰：「由《繁露》文觀之，此冠者疑即祝類，童子即雩舞童子也。」〔註66〕王充的解釋則更加鮮明，他說：「魯設雩祭於沂水之上，暮者晚也。春謂四月也，春服既成，謂四月之服成也，冠者童子，雩祭樂人也。……風乎舞雩，風，歌也。詠而饋，詠歌饋祭也，歌詠而祭也。」〔註67〕這分明是一個完整的祭祀過程。

綜上所述，曾點不求為政治國，卻願以儒生之長為民祈天福佑，這在後人看來是不可思議的，但在當時人們的觀念中則可算是使國泰民安的一條途徑。應該說，這就是孔子「與點」的根本所在。〔註68〕

樊彩萍：這段話自漢以來學者異說最多。我們先看曾點的話，其中，「莫春」有夏正二月、三月、四月幾說，今人多從夏正三月說；「浴」有浴身、盥濯、浴禮、雩祭樂人涉水幾說，今人多取浴身說；「風」則多釋為風涼、乘涼之意。然而，把以上解釋聯繫起來看，則不難發現：「莫春」之時，水寒風冷，到沂水洗澡，再到舞雩壇風涼，似乎不大可能。有學者意識到了這一點，便盡量將「莫春」的時間往後拖，但是，早夏到河中洗澡的尚且不多，何況暮春！

〔註64〕原文作此，當為「瞽矇」。
〔註65〕原註：劉寶楠《論語正義》。
〔註66〕同上。
〔註67〕原註：《論衡‧明雩篇》。
〔註68〕張帆：《〈論語〉「侍坐」難句新解》，《西南民族學院學報（哲學社會科學版）》1997年第4期，第88～90頁。

　　既然在時間上做文章有不通之處，那就只能另闢蹊徑。俞樾首先在《群經平議》中指出：「浴」字當依韓愈《論語筆解》之說，定為「沿」字之誤，「浴乎沂」即「沿乎沂」。這一新說，朱熹、金履祥也曾注意到，可惜被他們視為謬說而輕易否定了。而「風」字，俞樾認為：「風與放一聲之轉」，「風之言放也」，「放，至也」。試比較「浴乎沂，風乎舞雩」與「遵海而南，放乎琅琊」（《孟子·梁惠王上》），兩者相近是顯而易見的。說至此，我們才發現，原來曾點的話就是這麼簡單：沿著沂水漫步，一直走到舞雩壇。

　　接著我們再看孔子為什麼說「吾與點也」，又為什麼會「喟然而嘆」呢？以往比較有代表性的解說，一是孔子「善點獨知時」，亦即「善其獨知時而不為求政」；二是「孔子所以與點者，以點之所言為太平社會之縮影也」。聯繫「語境」來看，當以前一說為較接近孔子的原意。

　　「語境」包括話語的地點、時間、內容、人物及其心態等等，某些話語只有放在它的語境裏才可以被理解。「吾與點也」出自《論語·先進·四子侍坐章》。從侍坐的四子與孔子的年齡關係來看，公西華少孔子 42 歲；而再從公西華言志的內容——「非曰能之，願學焉。宗廟之事，如會同，端章甫，願為小相焉」來看，其時公西華對禮樂已有相當的熟悉，可以說基本上學成了，這時他的年齡大概不會少於 25 歲，以此推算，孔子當在 67 歲左右，亦即孔子即將結束周遊而歸魯的前後。孔子周遊列國十幾年，意在尋找從政的機會，干七十餘君而無所遇，並且歷盡艱辛與危難，拘畏於匡，伐樹於宋，絕糧於陳蔡；再加上途中與隱者長沮、桀溺、荷蓧 〔註 69〕丈人及狂者接輿的幾番接觸，這些都能讓孔子看清自己仕途上的無望，由此萌生歸魯的念頭，回去過一種平淡的聚徒講學的生活。這時，恰恰在這時，四子侍坐，孔子讓他們各言其志，而子路、冉求、公西華講的都是從政之志，唯獨曾點表達了一種淡泊不仕之樂，有意無意中與孔子此時的心態正好相通，不但引發出孔子的「喟然而嘆」，而且得到了孔子的極大贊同：「吾與點也！」〔註 70〕

　　魯洪生：歷代學者對曾點所言之志的理解分歧很大，大致以時代為序歸納一下，其具有代表性的解說先後有：

〔註 69〕原文作此，疑當為「荷蓧」。
〔註 70〕樊彩萍：《〈論語〉辨惑三則》，《孔子研究》1999 年第 2 期，第 119～120 頁。

1. 上巳祓除說，認為曾點志向是盥濯祓除。如何晏《論語集解》云：

……

2. 雩祭說，認為曾點志向是主持雩祭。如王充認為：

……

3. 為師說，認為曾點志向是繼承師業，授業解惑。如：

漢《唐扶頌》：「四遠童冠，摳衣受業。五六六七，化道若神。」此以童
冠為曾點弟子，是《魯論》之說。〔註71〕

4. 遊春說，認為曾點志向是不問政治，與友遊春。如皇侃《論語義疏》
云：

……

5. 太平社會說，認為曾點志向是憧憬太平社會。如楊樹達《論語疏證》
云：

……

曾點所言究竟何意？我們按照解讀作品的一般順序，先考察文本意脈，尋找
內證、直證；再考察跟孔子與弟子言志相關的時代背景、孔子思想以及曾點
其人，尋找外證、旁證。考察的結果，我們以為曾點流露消極意緒的可能性
偏大。下面依次析之。

先從文本內部尋找內證、直證。

從孔子所問言，「如或知爾，則何以哉？」孔子問的是在現實社會中如果
有人瞭解你，你將做什麼？問的是在現實社會中的理想抱負，若以迂遠的理
想「太平社會」作答，是否答非所問？

從弟子所答言，子路、冉有、公西華都明白孔子的用意，並且直接回答
老師的問題，曾點也當明白老師的問題，不太可能答非所問，其所言沂水遊
春也正是當下暮春時節具體的想法；更重要的是，「三子」所言之志，雖大小
不同，但都是儒家積極進取人生觀的體現，都是要入世進仕，以禮樂治國，
而曾點明言己志，「異乎三子者之撰」，與入世進仕的積極進取相異者，會是
什麼呢？故孔子「善其獨知時而不求為政也」。

從孔子的評價標準言，孔子評志中流露出理性與感性的兩種不同的價值
評判標準。孔子「與點」，並非就意味著否定「三子」。孔子「哂」子路，只

〔註71〕原註：劉寶楠. 論語正義〔A〕. 諸子集成：第 1 冊〔C〕. 北京：中華書局，
1954：260.

是「哂」「其言不讓」，並非哂其為政之志。所以冉有、公西華在孔子哂子路之後，仍舊繼續言為政之志。從孔子所言「唯求則非邦也與」、「唯赤則非邦也與」、「赤也為之小，孰能為之大」中，可以感受到孔子對弟子為政之志的充分肯定。孔子對子路三人志向的評價，反映了孔子積極入世，主張治國以禮、為政以德的政治觀念；而對曾點志向的評價則表現出孔子當時的處境及思想性格中的消極意緒。這兩種不同的價值評判標準代表著兩種截然不同的人生觀，存在深刻的矛盾，卻又有機地糅和一處，真實而深刻地體現出理想與現實的尖銳衝突，這也許就是「儒道互補」的根本原因。

從文本的意脈及孔子的感情變化言，孔子問志，「三子」言為政之志，恭奉並躬行「知其不可而為之」的孔子本應對「三子」所言欣然贊許，卻為何「喟然嘆曰：『吾與點也』」？原因在於：「三子」所言雖也正是孔子的抱負，但那在當時卻是難以實現的理想，一旦回落現實，難免感慨徒有才志，生不逢時，不為世用，難免心傷而流露出逃逸意向。袁枚《小倉山房文集》對孔子當時的心理分析很有道理：

> 聖人無一日忘天下，子路能兵，冉有能足民，公西華能禮樂，倘明王復作，天下宗予，與二三子各行其志，則東周之復，期月而已可也。無如轍環天下，終於吾道之不行，不如沂水春風，一歌一浴，較浮海居夷，其樂殊勝。蓋三子之言畢，而夫子心傷矣。適曾點曠達之言，泠然入耳，遂不覺嘆而與之，非果與聖心契合也。如果與聖心契合，在夫子當莞爾而笑，不當喟然而嘆。〔註72〕

「喟然嘆曰」一般都帶有無可奈何、消極感傷的色彩，與欣然贊許不同，準確地表現出孔子直面現實時無可奈何的感傷。

再從文本外部尋找外證、旁證。

從時代背景說，孔子周遊列國時，兼併戰爭愈加頻繁，諸侯崇尚武力，王道仁學得不到重視，孔子長久奔波在外，不見成功，「累累若喪家之狗」之時，感傷意緒油然而生，這是完全可以理解的。人同此心，心同此理，聖人也難超越。

從孔子思想體系說，其思想體系的主流是積極進取，「知其不可而為之」（《憲問》），同時又有多種思想側面，如「飯疏食飲水，曲肱而枕之，樂亦

〔註72〕原註：袁枚. 小倉山房詩文集〔A〕. 小倉山房文集〔C〕. 上海：上海古籍出版社，1988：1671～1672.

在其中矣」(《述而》),「用之則行,舍之則藏」(《述而》),「天下有道則見,無道則隱」(《泰伯》),有時還流露出「道不行,乘桴浮於海」(《公冶長》)之類無可奈何的消極意緒,尤其是在周遊列國四處碰壁之時,偶有消極意緒的流露不僅是可能的,而且是更加真實全面地反映了當時的處境與心境。夫子「喟然嘆曰:『吾與點也』」,深刻表現出孔子內心深處的消極意緒,或者說是思想性格的另一個側面——無力回天,無可奈何,但能安貧自守,安貧樂道。

從曾點其人說,曾點在孔子弟子中是個特立獨行的人,他恬淡放達,超脫世外,遠離政治,不慕榮利。孟子稱之為狂:「如琴張、曾皙、牧皮者,孔子之所謂狂矣。」〔註73〕《禮記・檀弓》載:曾點不滿於魯國大夫季武子的專權,「及其(季武子)喪也,曾點倚其門而歌」(《檀弓》),以致《史記・仲尼弟子列傳》分述曾參、曾點事跡,以致有學者懷疑《史記・弟子列傳》不言皙、參一家,此別一曾點也。考曾點行事為人,知其所言志非關政教禮樂,非關從政為官,非關儒學教義。朱熹《論語集注》曾給予曾點之志極高的評價,說:「曾點之學,蓋有以見夫人欲盡處,天理流行,隨處充滿,無少欠闕。故其動靜之際,從容如此。而其言志,則又不過即其所居之位,樂其日用之常,初無捨己為人之意。而其胸次悠然,直與天地萬物上下同流,各得其所之妙,隱然自見於言外。視三子之規規於事為之末者,其氣象不侔矣。」〔註74〕後漸知曾點之為人,漸知自己偏離儒學之誤讀,「朱子易簀之前,悔不改此節注,留後學病根」〔註75〕。

據以上分析,總體感覺曾點流露消極意緒的可能性偏大。若是,前列諸種解說中,雩祭說、太平社會說似與曾點所言不合。

若主持雩祭,也就是以禮樂為政,也就無所謂「異乎三子者之撰」了。再者,從雩祭時間言,雩祭非定時春季之祭,而是由天氣情況決定的一種祭祀,「司巫掌群巫之政令,若國大旱,則率巫而舞雩」,故鄭玄注曰:「雩,旱祭也。」〔註76〕春澇則不雩祭,雩祭與春季無必然關係。倒是夏秋天熱多旱,

〔註73〕原註:趙氏注,孫奭疏. 孟子注疏〔A〕. 阮元校刻. 十三經注疏〔C〕. 北京:中華書局,1980:2779.

〔註74〕原註:朱熹. 論語集注〔A〕. 四書章句集注〔C〕. 北京:中華書局,1983:130.

〔註75〕原註:楊慎. 升庵全集〔A〕. 王雲五. 萬曆文庫〔C〕. 上海:商務印書館,1935:460.

〔註76〕原註:鄭玄注,賈公彥疏. 周禮注疏〔A〕. 阮元校刻. 十三經注疏〔C〕. 北京:中華書局,1980:816.

故古籍所載雩祭多在夏秋，如《左傳‧桓公五年》云：「秋，大雩。書不時也。凡祀，啟蟄而郊，龍見而雩。」杜預注曰：「龍見，建巳之月。」「建巳之月」乃夏曆四月，周曆六月。《說文》也說：「雩，夏祭樂於赤帝以祈甘雨也。」《禮記‧月令》則云：「仲夏之月……大雩帝，用盛樂。」鄭玄注曰：「雩之正常以四月。凡周之秋三月之中而旱亦修雩禮以求雨。……周冬及春夏雖旱，禮有禱無雩。」若依此言，春無雩祭矣；從雩祭之人言，雩祭主要由女巫承擔。《周禮‧春官‧女巫》職下云：「掌歲時祓除釁浴，旱暵則舞雩。」鄭玄注曰：「使女巫舞。旱祭，崇陰也。鄭司農云：『求雨，以女巫』。」從雩祭方式言，主要是由女巫「舞而呼雩」，「雩，吁嗟求雨之祭也。」既然雩祭與春季無必然關係，且雩祭主要由女巫承擔，那麼，曾點所說的「浴乎沂」就與雩祭無關。其實「風乎舞雩」之「舞雩」，只是曾點「風」之地點而已。酈道元《水經注》云：「沂水北對稷門。」〔註77〕杜預云：「本名稷門，僖公更高大之，今猶不與諸門同，故名高門也。其遺基猶在，地八丈餘矣，亦曰雩門，《春秋左傳》莊公十年，公子偃請擊宋師，竊從雩門蒙皋比而出者也。門南隔水有雩壇，壇高三丈，曾點所欲風舞處也。」〔註78〕可見「舞雩」實乃地名，與雩祭無必然關聯。

太平社會說，與孔子所問「如或知爾，則何以哉」不合，答非所問。

其他解說之間則並不存在本質的區別，諸說只是解讀的角度不同而已。「莫春者，春服既成，冠者五六人，童子六七人，浴乎沂，風乎舞雩，詠而歸。」曾皙與前三人不同，他不想從政，不想做官，只想隱居鄉間做一教師，而這既是繼承師業，從事教育（職業）；又是狂狷之士，避世隱居，不問政治（人生觀），而狂狷或儒家安貧自守之道與道家無為又相近，古代士人所以兼備儒道，就是因為儒、道在「窮則獨善其身」這一點上是相似的，故曰：濠梁秋水我知魚，東魯春風吾與點，古人將曾點之志與莊子之學並列而言是有道理的；同時又可能是原本就有關聯的修禊祓除或踏春遊樂（具體的方式、目的）。

總言之，《侍坐》中體現出兩種截然不同的價值評判標準，孔子對子路三人志向的評價，反映了孔子積極入世，主張治國以禮、為政以德的政治理

〔註77〕原註：酈道元. 水經注〔M〕. 成都：巴蜀書社，1985：419.
〔註78〕原註：沈炳巽. 水經注集釋訂訛〔A〕. 四庫全書‧史部‧編年類〔C〕. 上海：上海古籍出版社，1987：第 574 冊，卷二十五。

想；而對曾點志向的評價則表現出孔子在社會現實中的處境及思想性格中消極避世的意緒。我們本著實事求是的態度探尋曾點本意，既不能為尊者諱，也不能簡單否定，因為所謂消極避世，只是沿襲表述的習慣，與積極入世相對而言，實際上安貧樂道、知時遊春中也包含淡泊功名、珍惜生命的積極因素。〔註79〕

　　王瑞來：子路、冉有、公西華的回答都毫無例外地選擇了以不同方式的參政治國。三個人的回答可以說是完全反映了孔子歷來的教導，他們試圖順著老師的思路回答，以期博得稱讚，因此才會有這樣的不約而同，但為什麼主張學生參政的孔子不滿意三人的回答，說「吾與點也」，贊同了曾皙的主張呢？我想這似乎與當時孔子對政治失望的心緒有關。不惟主張消極出世的道家，在儒家鼻祖孔子那裏，積極入世的另一面，也存在著出世隱逸的心曲。曾皙的飄逸出世的主張，與孔子所言「道不行，乘桴浮於海」（《論語・公冶長》）正相呼應。〔註80〕

　　任鵬：子路等三人的理想僅僅在「政事」的層次上表明了各自的抱負，卻沒有從根本上揭示儒家施行教化的理想境界，因此儘管其層次逐漸提升，孔子仍不許其「仁」。曾點的理想僅以「舞雩」作為範例，但是其中蘊含的教化方略則深得儒家傳統的精髓，擴而大之，這種潤物無聲般的和諧與悅適頗近似於「恭己正南面」的「無為而治」。是以在論述為政的主線上，四者由刑政而禮樂，逐層推進，漸而至於圓滿；但是專就「仁」的獲得而言，後者卻又明顯地超越了前面三者的層次。曾點的理想境界並沒有否定前三者理想的意義，也沒有轉換方向、另作他圖，而是涵括了前三者的努力繼續前行，並將其提升到更高的境界；因此，四者的關係依然符合《論語》的整體語境和行文通則。正是在這樣的語境中，曾點為孔子所深深賞識，獲得了「吾與點也」的至高評價。〔註81〕

　　董楚平：根據《侍坐》所寫，孔子當時已入風燭殘年，應該已結束周

〔註79〕魯洪生：《〈論語・侍坐〉曾點之志本意考辨》，《學術論壇》2008年第3期，第158～160頁。

〔註80〕王瑞來：《〈論語〉開篇發覆》，《現代哲學》2008年第5期，第107～108頁。

〔註81〕任鵬：《從「吾與點也」到「顏淵問仁」——〈論語・先進〉「侍坐」章小議》，《原道》2008年第00期，第278～279頁。

遊列國。孔子是 69 歲回到魯國，74 歲去世〔註 82〕。假設《侍坐》裏的孔子是 71 歲，那麼，子路少孔子 10 歲〔註 83〕，已 61 歲，正在衛國當官，參與衛公父子爭位的激烈搏鬥。再有少孔子 30，當時 41 歲，正在魯國擔任當權上卿季孫氏家宰，承擔魯國朝政重任。公西華少孔子 43 歲，當時才 28 歲，只有他可能在孔子身邊。孔子晚年有一句傷心話：「從我於陳蔡者，皆不及門也。」（《論語・先進》11.2）跟隨孔子在陳國、蔡國受難的那些學生，都沒有時間上門來看望孔子。60 多歲的子路與 40 多歲的冉有，當時正忙於仕途奔波，哪能與 20 多歲的小青年公西華一起坐在孔子身邊閒聊。至於曾皙，更不可能「及門」。他是曾參的父親，是孔子的早期學生，是個莊子式的「狂士」，早已與孔門分道揚鑣，故在《論語》裏，他的名字只在《侍坐》裏出現一次。《孟子・盡心下》說：「如琴張、曾皙、牧皮者，孔子之所謂狂矣！」據《禮記・檀弓下》記載，魯國最有權勢的執政大臣季武子去世時，曾皙靠在他家大門唱歌（「倚其門而歌」）。如此目無禮儀的狂士，怎麼可能參加孔門的侍坐活動？

即使讓曾皙參加侍坐，曾皙的表現也絕對不可能得到孔子的稱贊。「夫子」在與其他三個學生討論問題時，曾皙卻在「鼓瑟」。如此無禮，在古代是絕對不可能的，何況是在最講究禮儀的孔門。即使在現當代，也是不允許的。但是，有些生活中不允許的事，在藝術領域裏卻可能允許。侍坐期間，曾皙「鼓瑟」，這樣寫正可突出他的「狂」，這是藝術誇張，不是生活實錄。

《侍坐》如果是生活實錄，裏面還有個硬傷：曾皙不可能最後發言。按古代禮節，四個弟子年齡相差那麼大，發言一般應以年齡為序（特殊情況例

〔註82〕原註：孔子卒於魯哀公十六年夏四月己丑（十一日）即公元前 479 年，載於《春秋》經傳，無異說。孔子生年有二說：一、《史記・孔子世家》說是魯襄公二十二年（前 551 年）；二是《公羊傳》與《穀梁傳》，說是魯襄公二十一年（前 552 年）。《公羊》與《穀梁》都說孔子出生前發生日蝕。今據天文史專家江曉原研究，公元前 552 年有日蝕，次年無日蝕。江曉原先生因此認為孔子生於公元前 552 年 10 月 9 日。（江曉原：《孔子誕辰：公元前 552 年 10 月 9 日》，載《文匯報》1999 年 7 月 10 日。）江說有文獻與天文二重證據，更可信從。古今學者多從《史記》，本文改從江說，孔子享年 74 歲（虛齡），比流行說法多一歲。

〔註83〕原註：據《史記・仲尼弟子列傳》，子路少孔子 9 歲。《史記》以孔子享年 73 歲，而本文採取《公羊》、《穀梁》說法，孔子享年 74 歲，比《史記》說法早生一年。因此《史記・仲尼弟子列傳》裏的諸弟子與孔子的年齡差距，本文都增加一歲。

外）。曾皙是孔子早期學生，年齡比子路還大。子路是個粗魯的急性子，「夫子」沒有點他的名，他就搶先發言。既然如此，子路發言完畢，「夫子」應該指名曾皙發言，不應該叫冉有發言。作品把曾皙安排在最後發言，雖然不符合生活真實，卻符合藝術需要。因為第一，可以讓他在「三子」發言時滿不在乎地「鼓瑟」，充分顯示他的「狂士」風度；第二，把他安排在最後發言，使他的言論異軍突起，後來居上，便於「夫子」立即給他頒獎，凸顯夫子對他的傾心之情。由此可見，把曾皙安排在最後發言，雖違背生活真實，卻符合藝術需要。

《論語·公冶長》的第 8 章與第 26 章，是《侍坐》的創作素材，這兩章都沒有寫到曾皙，而在《侍坐》裏，曾皙是主角。把曾皙寫成主角，是《侍坐》的最重要創作，也是《侍坐》的最大破綻。我們說《侍坐》不是生活實錄，而是藝術創作，曾皙是最主要的把柄。〔註 84〕

張光裕：其中「夫子哂之」及「夫子何哂由也」，平壤本亦及見之，惟用字稍異：

> ……也。〔孔〕子訊之「求！璽（爾）何如？」（簡 33）

> 曰：「吾子何訊由也？」（簡 25）

「哂」，皆書作「訊」。至於「〔孔〕子」，今本及定州本《論語》則作「夫子」；「吾子」，今本作「夫子」，定州本《論語》亦作「吾子」，此固版本之異，惟驟視之，「訊」、「哂」形義各殊，無論讀「哂」為「訊」，抑或讀「訊」為「哂」，皆頗耐人尋味。

「訊」，楚簡書作「誎」，與《說文》所引古文「訊」同。而「如誎」之「誎」讀為「如訊」，〔註 85〕正可與平壤本《論語》之「訊」字互為印證。而且「如誎（訊）」云者，又可為傳世本《論語·先進》篇「公西華侍坐」章中「夫子哂之」、「夫子何哂由也」諸字之使用有所啟發，甚至可從中尋求不同之釋義。

〔註 84〕董楚平：《〈論語·侍坐〉真實性獻疑》，《浙江社會科學》2009 年第 3 期，第 77～78、79 頁。

〔註 85〕原註：讀《相邦之道》簡 4「如誎」為「如訊」，首見孟蓬生：《上博竹書（四）閒詁》，「簡帛研究網」發表文章（http://www.jianbo.org/admin3/2005/mengpengsheng001.htm），2005 年 2 月 15 日；又見卜憲群，楊振紅主編：《簡帛研究 2004》，桂林：廣西師範大學出版社，2006 年，頁 68～78。

　　而考其源，「誶」、「哂」或應本為一字之分化，縱非本為同字，其分別僅「言」、「口」偏旁之異，漢字中「言」、「口」偏旁互換情況並不鮮見，如「諭、喻」、「譖、喑」、「詠、咏」皆然。今本《論語》公西華侍坐章「哂」字三見，注家多以微笑或譏笑義作解。從「哂」、「訊」兩字出現年代作比較，「訊」字之出現實遠較「哂」字為早，且「哂」既不見於《說文》，或當未見用於春秋之世，今本《論語》所用之「哂」似應係後起字。今平壤本得見今本《論語》公西華侍坐章「哂」字書作「訊」，正可對「哂」、「訊」二字關係，重新探索。

　　「訊」、「哂」二字形體迥異，無由誤書，倘轉從音韻求之，「訊」，息晉切，古韻入真部；「哂」，先稽切，古韻入脂部，兩者古音俱屬「心」紐，兼且真脂有對轉關係，〔註86〕「訊」、「誶／哂」得以通用，自可理解。前引《詩經‧大雅‧皇矣》：「執訊連連，攸馘安安。」《經典釋文》：「訊，字又作誶。」陸氏所言，亦必有見故也。

　　結合商晚及西周之甲骨、金文，以及新近出土之戰國古文字資料，「訊」字形、義之發展，頗為清晰，而從聲類求之，「訊」、「誶」、「哂」三者關係，皆緒然可尋。今復比對《上海博物館藏戰國楚竹書（四）‧相邦之道》簡4「子贛曰：『吾子之答也何如？』孔子曰：『如誶（訊）』」句中陳述語意，確有理由懷疑今本《論語》公西華侍坐章「哂」字，或當為「訊」字古文之誤書，若然，「夫子哂之」、「夫子何哂由也」、「是故哂之」云者，未可遽以「微笑」、「譏諷」作解。

　　至於「哂」平壤本書作「訊」，則應與戰國「訊」字之古文字形書寫有關。……

　　從「訊」、「誶」、「哂」諸字形出現年代，字義發展脈絡及使用辭例作充分瞭解後，知「訊」字本有審問人犯，套取口供之義，進而賦予「審問」、「問訊」、「偵訊」、「質問」等不同程度的義涵。及「訊」字多用為「提問」義後，則未必涉及「審」、「偵」、「質」等元素。如上引《相邦之道》子贛與孔子對話，「子贛曰：『吾子之答也何如？』孔子曰：『如誶（訊）』」，「如訊」云者，當隱含雖聆答案，仍未滿意（不以為然），故仍堅持所詢，希望對方能作進一步說明。即孔子對前此有關解釋不以為然，故云「如訊」，意謂「我的回答就像早前所提問訊（提問）一樣」。孟蓬生於《上博竹書（四）閒詁》一文中說

〔註86〕原註：上古真、脂二部是否能夠運用對轉理論解釋，可留待聲韻學家進一步探究。

解云「如訊（訊）」的意思是說，君問我相邦之道，我即以相邦之道來回答他，意亦相若。〔註87〕同理，今本《論語》公西華侍坐章「夫子哂（訊）之」、「夫子何哂（訊）由也」、「是故哂（訊）之」諸語，則因平壤本書「哂」為「訊」之啟示，大可釋讀為「夫子仍有所提問」、「夫子何以再向子路提問」、「故此再加提問」。以此參讀全文，亦怡然理順。〔註88〕

王泗原：《論語・先進》：「『點，爾何如？』鼓瑟希，鏗爾，舍瑟而作，對曰：……」《集解》引孔曰：「思所以對，故音希。」說是。希者稀疏，朱注云「間歇」非是。又引孔曰：「置瑟起對。……鏗者投瑟之聲。」《說文》引《論語》此文說摼字音曰：「讀若鏗爾舍瑟而作。」（鉉本）是兩漢人以鏗爾義屬下。

按：鏗非投瑟聲。記舍瑟，不必寫投瑟聲。此其一。以鏗為投瑟聲，則必鏗爾舍瑟連讀，如今語鏗然地放開瑟，此則今語句法，非古語文也。此其二。鏗爾上接鼓瑟希，而在舍瑟之前，是鏗之聲發，然後舍瑟。果為投瑟聲，當云舍瑟鏗爾，作而對曰。此其三。坐而鼓瑟，必有所以置承之，曾點罷瑟即對，不必投瑟。此其四。鏗，狀清亮之聲，而投瑟聲不合。此其五。

鏗爾，狀曲終最末一聲弦聲。孔子發問，曾點且鼓瑟且聽，未輟瑟也。問及己矣，猶不輟瑟。思所以對，故音希。思得矣，撥弦鏗然一聲，輟而起對。作者起也，由坐而起，則為長跪，非起立。

前引《說文》摼解鍇本作「讀若《論語》鏗爾舍瑟而作」，段玉裁因以《論語》瑟為誤字。且云《說文》「讀若二字衍文也」，則又以《論語》鏗為誤字，本作摼。《說文》引舊籍乃以證本字本義，而摼為擣頭，安得引鏗爾證之？段之輕改字也如是。皆非也。《釋文》「舍瑟音捨」，明為瑟字。即使鏗爾下作「投瑟聲」，而泛指多習言琴，以投琴聲解鏗爾，豈遽為非？其時瑟亦常彈之樂器，《論語・陽貨》記孔子「取瑟而歌」，即其例也。

此章表見孔門教學氣氛，如畫。孔子之問，曰「以吾一日長乎爾，……」曰「何傷乎？……」辭氣溫潤如玉。而弟子則或率爾而對，或鼓瑟而不輟，

〔註87〕原註：孟蓬生：《上博竹書（四）閒詁》，「簡帛研究網」發表文章（http://www.jianbo.org/admin3/2005/mengpengsheng001.htm），2005 年 2 月 15 日發佈。

〔註88〕張光裕：《澹煙疏雨──張光裕問學論稿》，上海：上海古籍出版社，2018 年版，第 264、267、268～270 頁。本文曾首發於復旦大學出土文獻與古文字研究中心網站，2012 年 11 月 18 日，http://www.gwz.fudan.edu.cn/Web/Show/1961

了無拘束，亦必平居習然。孔門師生關係，親和若是，觀止矣。〔註89〕

劉煥文：宋代學者胡仔在《孔子編年》中將此章繫於魯哀公十二年，即孔子六十九歲之時，我們認為最為合理。

子路隨孔子周遊列國歸魯後可能並未出仕，據《左傳》記載哀公十四年春季康子曾派子路與邾國人談盟約之事，但被子路拒絕，大約在同年離魯赴衛，擔任孔悝的邑宰，因此，孔子六十九歲時他應該可以參加四子侍坐。

冉求於魯哀公三年即孔子六十歲在衛的時候被召回魯國，不久擔任季氏宰，魯哀公十一年因在郎戰勝齊軍，趁機說服季康子迎孔子回路〔註90〕。孔子歸魯後，繼續擔任要職，推行田賦改革。有學者認為「四子侍坐」發生時間之所以不能定在孔子周遊列國之後就是因為歸魯後，子路、冉求都忙於政務，不可能有閒暇時間「侍坐」。《論語‧冉子退朝》關於孔子和冉求的對話包含重要信息：「冉子退朝。子曰：『何晏也？』對曰：『有政。』」錢穆先生認為：「冉子仕於季氏，每退朝，仍亦以弟子禮來孔子家」〔註91〕，我們認為如此解讀更為合理。因此冉求雖然政務繁忙，但仍然會抽空向孔子請教和學習。可見冉求是可能參加四子侍坐的。

關於公西華，胡仔在《孔子編年》中將公西華使於齊的時間定在魯哀公十一年，即孔子歸魯的當年。公西華與〔註92〕孔子歸魯後即拜孔子為師，時年二十六歲。在經過一段時間的學習後，可能具有外交禮儀方面的天賦或者有過從事外交禮儀活動的實踐經驗，孔子認為其在這些方面是可造之才，於是對他進一步鍛煉，派他替自己到齊國參加活動。……

……但同時因為跟隨孔子學習不久，雖然能背誦「禮經三百」、掌握「威儀三千」，但是還沒有完全理解孔子的思想內涵、未抓住治國根本。所以「四子侍坐」章中公西華回答「非曰能之，願學焉」，既是因為年齡小、入門時間短而謙虛，又是因為公西華已經認識到了自己存在的問題，還需要進一步學習。

根據孟子所說，曾點屬於「魯之狂者」，《論語‧子在陳》中記載孔子在陳思念「魯之狂者」，主要擔心弟子「過中失正，而或陷於異端耳，故欲歸而

〔註89〕王泗原：《古語文例釋（修訂本）》，北京：中華書局，2014年版，第24頁。
〔註90〕原文為「路」，疑當為「魯」。
〔註91〕原註：錢穆. 孔子傳〔M〕. 北京：三聯書店，2005：88.
〔註92〕原文作此，疑當為「於」。

裁之也」〔註 93〕，其中思念和擔心之人就應該有曾點。因為狂簡之人或狂者的顯著缺點就是性情激進、志大言誇、行有不掩。孔子歸魯一年後眾弟子言志，曾點的表現和所言之志打消了孔子的擔心和顧慮，如此理解，孔子「吾與點也」也就順理成章了……

　　總而言之，將「四子侍坐」章的時間斷限在魯哀公十二年可能更符合事實。……

　　「四子侍坐」章中關於曾點有「鼓瑟希，鏗爾，舍瑟而作」的描寫，關於這短短九個字，歷來也爭議不斷。……「四子侍坐」中曾點鼓瑟，應該得到了孔子的允許。若其未得到孔子允許，公然違反禮儀，那也不會浪費「鼓瑟希，鏗爾，舍瑟而作」這九個字來描寫他違禮的情況。因此，此處曾點鼓瑟並不違禮。具體情況應該是這樣，即四子本應以年齡大小言志，但因為曾點需要鼓瑟，因此孔子最後才問他志向，其他三子言志過程中都有曾點的瑟聲相伴。

　　在認真研究當時魯國時空環境以及對比雩祭與後世及外國各民族祈雨民俗的基礎上我們認為，真實的曾點之志就是組織參加一次雩祭活動。

　　……春秋末年禮崩樂壞，魯國「不時之雩」見於《春秋》者多達二十餘次，連孔子都感嘆：「魯之郊、禘，未禮也！周公其衰矣！」〔註 94〕而雩祭正好是與郊禘並列的重要祭祀活動。當「疾時禮教不行，欲修之」的曾點表達出復興周禮的志向時，必然得到孔子的贊賞，此處與子游弦歌化武城而得到孔子贊同在本質上是一致的。〔註 95〕

　　王逸之：孔子畢生以重建周禮為己任，並援仁入禮、以仁釋禮。《論語》一書記載了較多的傳統禮典，總結或揭示了較為系統的傳統禮制〔註 96〕，故唯有從禮的角度來解析「吾與點也」，才是最為契合語境的。……

　　……子路、冉有、公西華三者所言之志雖不盡相同，但皆側重於政治方面。唯有曾皙通過「舞雩」禮儀場景的象徵性描繪，不僅僅是在動作上表述演示雩禮，更為重要的是，通過其語言表述流露出了參與雩禮的充實感和愉

〔註 93〕原註：〔宋〕朱熹. 四書章句集注〔M〕. 北京：中華書局，1983. 80.

〔註 94〕原註：〔漢〕鄭玄注，〔唐〕孔穎達疏. 禮記正義〔M〕. 北京：北京大學出版社，1999. 791.

〔註 95〕劉煥文：《〈論語〉「四子侍坐」章研究》，曲阜師範大學，2015 年碩士學位論文，第 23～24、29～30、35、38 頁。

〔註 96〕原註：陳冠偉、胡彬彬：《試論孔子對華夏禮樂文明的貢獻》，載《湖南大學學報（社會科學版）》2015 年第 3 期。

悅感，這就進而將具有外在強制特徵的禮升格成了內在的精神要求，淋漓盡致地踐行了孔子「仁」為禮之本的禮樂思想。故曾皙言「異乎三子者之撰」，正是在於他將政治（「禮」）和道德（「仁」）的兩種理想熔為一爐。加之孔子諳熟三代禮制的精神，並終生以繼文武周公禮樂教化之志為使命。關於「舞雩」之禮的深刻歷史意蘊，孔子自然是瞭然於胸。他對曾點的「喟然而嘆」，蘊含著對「舞雩」背後禮樂秩序的高度肯定，同時也凸顯了曾點對「禮」心馳神往的基本立場。曾點的志向從根本上浸漬「禮儀」的性質，皆是以孔子一以貫之的「尊禮」為旨歸的。「仲尼祖述堯舜，憲章文武，生值亂時而君不用。三子不能相時，志在為政。唯曾皙獨能知時，志在澡身浴德，味懷樂道，故夫子與之也」〔註97〕。故「浴於沂，風乎舞雩，詠而歸」正是禮樂之事的象徵，「侍坐」章乃是以尊禮為導向的。……

……即「風」不是「乘涼」「吹風」之意，乃雩祭所用之歌舞、音樂。所謂「冠者五六人，童子六七人」，亦指雩祭所用的「樂人」，即參祭的歌唱者、伴舞者〔註98〕。

……而「詠而歸」之「歸」，《史記集解》引徐廣曰：「一作饋。」「歸」與「饋」通，這在《論語》中不乏其例〔註99〕。《論語鄭氏注》中的解讀為：「饋，饋酒食也，《魯》讀饋為歸，今從《古》。」〔註100〕「饋」正是進食、奉祭的意思。此外，「莫春者，春服既成」，這裏的「春服」並不是季節性服裝，《禮記・王制》謂：「天子諸侯宗廟之祭，春曰礿，夏曰禘，秋曰嘗，冬曰烝。」《春秋繁露・四祭》又云：「祠者，以正月始食韭也；礿者，以四月食麥也；嘗者，以七月嘗黍稷也；烝者，以十月進初稻也。」故「春服」乃「單袷之衣」〔註101〕，即祭祀禮儀中所穿的專用服裝。

……「舞雩」即「雩祭」。……

〔註97〕原註：《論語注疏》，第156頁。

〔註98〕原註：賈公彥進一步解釋：「若四月正雩，非直有男巫、女巫。案《論語》，曾皙云：『春服既成，童子六七人，冠者五六人』，兼有此等，故《舞師》云『教皇舞，帥而舞旱暵之祀』。舞師謂野人能舞者，明知兼有童子、冠者可知。」

〔註99〕原註：《論語》中的「詠而歸」、「歸孔子豚」、「齊人歸女樂」等，《孟子・滕文公》和《論衡・知實》引用時，皆把「歸」字改作「饋」。

〔註100〕原註：高尚榘：《論語歧解輯錄》，北京，中華書局，2011年版，第646頁。

〔註101〕原註：包咸注：「暮春者，季春三月也。春服既成，衣單袷之時，……而歸夫子之門。」參看《論語注疏》，第154頁。編者按，作者原注釋中摘錄較詳，此處以省略號代替部分內容。

最後，歸結到對「浴乎沂」之「浴」的訓解問題上來。通過「侍坐」章的尊禮思想，以及雩祭禮儀的分析，我們可知，曾晳所言乃是描繪雩祭之禮的活動場景。而舉行祭祀之禮，則須齋戒沐浴。……故「浴乎沂」的「浴」當解釋為「沐浴」，但並不是慣常的「在沂水中洗澡」。……「浴乎沂」如果僅僅是在沂水裏洗澡，也顯然有悖於情理，而應是在沂水旁一處建有專門洗浴設施的場所，並有沐浴相關的器皿和如香草之類輔浴之物。……由此可見，沂水某處的溫泉應被時人予以開發建設，並有著一套完備的沐浴設施，「浴乎沂」當即在此。……

綜上所述，包咸「沐浴說」、王充「涉沂說」、韓愈「沿乎沂」說、朱熹「盥濯說」等，貌似差之毫釐，實則謬之千里。對於孔子思想的詮釋，應當從文本的「全意」這個角度來思考，因為孔子提出一個富含真理的命題時，我們無法確定其言論內含有幾層意蘊，如果只是一味追求「浴」字的本意，而不考慮《論語》全書及「侍坐」章的全意，包咸「沐浴說」則難見其謬誤，但若以《論語‧先進》「侍坐」章的全意（尊禮）來反觀「浴乎沂」，自然會發現「裸浴非禮」，並會進一步思考「沐浴」場所設施的問題。故而貴在知「侍坐」章之尊禮，方能因文而求「浴」義。〔註102〕

陳晨捷：通過以上梳理可以發現，「郊遊說」之所以備受挑戰，肇始於當時不宜浴水之節令。眾人往往糾結於「暮春」究竟是二月、四月還是三月，而忽略了古今氣候的差異。不管是幾月，「暮春」為春夏之交大致可斷。古人以孟、仲、季紀四時，因此包咸所言「季春三月」為春末月。「暮」者末也，「暮春」為春末，皇侃曰：「季春是三月也。不言季春而言暮春者，近月末也。」〔註103〕竺可楨先生於 1972 年發表的《中國近五千年來氣候變遷的初步研究》一文，從物候學的角度研究公元前 1100 年～公元 1400 年中國氣候的變化。竺氏雖然稱此文為初步研究，然而學者們普遍認同其中的論點並且不斷地引用。竺氏認為在周朝早期一、二個世紀的寒冷期之後，到了春秋時期（公元前 770～481 年）天氣就暖和了，此即仰韶文化以後中國歷史上的第二個溫暖期，比如《左傳》經常提到山東魯國過冬，冰房得不到冰，在公元前 698 年、前 590 年和前 545 年更是如此。此外，像竹子、梅樹這樣的

〔註102〕王逸之：《貴在知禮 因文求義──「浴乎沂」新解》，《孔子研究》2017 年第 6 期，第 60、61、62～63、65～66 頁。

〔註103〕原註：〔魏〕何晏集解、皇侃義疏：《論語集解義疏》，第 160 頁。

亞熱帶植物，《左傳》和《詩經》中葉〔註104〕經常提到，尤其是梅樹所結的「梅子」，在商周時期是象鹽一樣重要的生活必需品，用來調和飲食，一直要到宋代以後，華北梅樹才不復存在。這種溫暖的氣候一直延續到西漢，直到東漢時代即公元之初，氣候才又趨寒冷，迎來又一個寒冷期。〔註105〕儘管無從考證春秋戰國時期的氣溫能比現代同期高多少度，但以現在亞熱帶地區春夏之交的氣溫來看，浴水吹涼應該不成問題。

……

愚以為，「服」應訓為「事」，《爾雅・釋詁》云：「服，事也。」《詩・國風・關雎》：「求之不得，寤寐思服。」鄭元〔註106〕箋：「服，事也。求賢女而不得，覺寐則思己職事當誰與共之乎！」孔穎達疏：「箋以《釋詁》文『服，事也』，本求淑女為已〔註107〕職事，故易之也。」《詩・大雅・板》：「我言維服，勿以為笑。」箋云：「箋云〔註108〕：服，事也。我所言，乃今之急事，女無笑之。」「服」既解為「事」，則「春服已成」便意為「春天的工作或者事務已經完成」，其具體所指內容或如《禮記・月令》所載孟春、仲春、季春對應的諸般職事。

……

子路、冉有、公西華三子之言，均志在為政，孔子對三人為政之志及其能力頗為贊賞（儘管子路因「其言不讓」而為夫子笑）。而對照曾點之答，及其事後待三子出獨問孔子「夫三子者之言何如」，可見其自知所答不合孔子本旨，為此深感不安，同時對於為何能得到孔子的贊同更是出乎意料，也不得其解，故而才有此旁敲側擊之問。曾點如果是表示「知時」之意，便不必如此忐忑，因而曾點本意應為春末郊遊，尋求身心泰適。據《禮記・檀弓下》記載，魯國執政大臣季武子去世時，曾皙「倚其門而歌」。孟子亦以曾點為「狂者」，對於一位疏狂之士，如此放浪行迹不足為奇。孔子喟然而嘆，而非莞爾而笑，萬般感慨之意躍然於紙上，亦可見其對於曾點之志雖表贊同

〔註104〕原文作此，疑當為「也」。
〔註105〕原註：竺可楨：《中國近五千年來氣候變遷的初步研究》，《考古學報》1972年第1期。
〔註106〕原文作此，疑為避諱字，今當改用「玄」。
〔註107〕原文中，上處謂「求賢女而不得，覺寐則思己職事當誰與共之乎！」，此處謂「本求淑女為已職事」，疑當為「己」。
〔註108〕原文作此，疑為衍文。

但尚有所保留，大概是受曾點觸動而感慨自己「不遇時」。需要注意的是，孔子所想與曾點所言不必完全一致，曾點郊遊與孔子感時不遇並無矛盾。錢穆先生認為「此章問答應在孔子五十出仕前」〔註 109〕，如果屬實，則該章問答完全符合孔子當時的心境。儘管孔子說過「用之則行，捨之則藏」（《論語‧述而》），似乎豁達圓融、絲毫無礙，然而年近五十猶未能實現抱負，心下難免抑鬱感傷。今人總把孔子當聖人看，認為其不應如常人般心境起伏跌宕，甚至不該有這類「消極思想」，不免失之刻板。南宋黃震辨之曰：「四子侍坐，而夫子啟以『如或知爾則何以哉』，蓋試言其用於世當如何也。三子言為國之事，皆答問之正也。曾晢，孔門之狂者也，無意於世者也，故自言其瀟灑之趣，此非答問之正也。夫子以行道就世為心，而時不我與。方與二三子私相講明於寂寞之濱，乃忽聞曾晢浴沂歸詠之言，若有得其浮海居夷之意，故不覺喟然而嘆，蓋其所感者深矣。所與雖點，而所以嘆者豈惟與點哉！繼答曾晢之問，則力道三子之美，夫子豈以忘世自樂為賢，獨與點而不與三子者哉？」〔註 110〕可謂論之至深。〔註 111〕

〔註 109〕原註：錢穆．《孔子傳》．北京：三聯書店，2002 年，第 20 頁。
〔註 110〕原註：〔清〕黃震：《黃氏日抄》，轉引自程樹德《論語集釋》，第 812 頁。
〔註 111〕陳晨捷：《〈論語〉「侍坐」章曾點之志辨詮》，《中國文化研究》2018 年第 1 期，第 152～154 頁。

十二、《顏淵篇》新說匯輯

12.1 顏淵問仁。子曰:「克己復禮為仁。一日克己復禮,天下歸仁焉。為仁由己,而由人乎哉?」

顏淵曰:「請問其目。」子曰:「非禮勿視,非禮勿聽,非禮勿言,非禮勿動。」

顏淵曰:「回雖不敏,請事斯語矣。」

楊逢彬:清代毛奇齡在其《論語稽求篇》中說:「『歸仁』即『稱仁』,與上句『為仁』『為』字同。《禮記·哀公問》『君子也者,人之成名也。百姓歸之名,謂之。』則百姓之歸亦只是名『謂之』義,此真善於釋『歸』者。」〔註1〕按《禮記·哀公問》原文為:「公曰:『敢問何謂成親?』孔子對曰:『君子也者,人之成名也。百姓歸之名,謂之君子之子。是使其親為君子也,是為成親之名也已。』」毛說影響較大,如劉寶楠《論語正義》、楊伯峻先生《論語譯注》都採此說。楊先生並謂:「朱熹《集注》謂『歸,猶「與」也。』也是此意。」〔註2〕我們認為毛說是不可靠的。第一,《禮記》這段文字講的是「成親」,即成就父母,與「克己復禮,天下歸仁」不是一回事。第二,「歸之名」,即「歸之以名」也就是錢玄先生所謂「把美名送給他」〔註3〕。按,錢先生所譯「送給」,這裏的動詞「歸」和「歸」的基本義位「歸還」及其他義位一樣具有「移動」的義素;所以錢譯大致尚可,較之不具有「移動」義素的「稱」為可靠。關於這點,下文還將涉及。第三,郭錫良先生說:「訓詁

〔註1〕原註:《十三經注疏》,第1612頁。
〔註2〕原註:宋祚胤等:《十三經今注今譯》,嶽麓書社,1994年,第948頁。
〔註3〕原註:楊伯峻:《孟子譯注》,中華書局,1960年,第171頁。

學上的『互文見義』用在詞義訓釋上有它的局限性，不能任意比附、闡發」；而毛說顯然是將「百姓歸之名」的「歸之」與「謂之君子之子」的「謂之」加以比附闡發的。第四，動詞「歸」在先秦乃至後世，並沒有「稱」的義位及義位變體。所以，所謂「稱仁」的說法，儘管在「貴專」的「經書的訓詁」上尚可勉強說得過去，仔細推求起來卻是沒有根據的。

我們認為，「一日克己復禮，天下歸仁焉」的「歸」是「歸附」（歸向）的意思。……

……

根據以上論述，「天下歸仁」就是「天下之民歸向仁德之人」。〔註4〕

郭勝團、葛志毅：首先，「克」，《說文解字》曰：「肩也。象屋下刻木之形。」段玉裁《說文解字注》云：「肩也。……肩謂任，任事以肩，故任謂之肩，亦謂之克，《釋詁》云：『肩，克也。』又曰：『肩，勝也。』鄭箋云：仔肩，任也。許云：勝，任也。任，保也。保，當也。凡物壓於上謂之克。今蘇常俗語如是。《釋言》曰：『克，能也』，其引伸之義。」可見，克、肩、任、勝可以互訓。

再看「己」，《說文解字》云：「中宮也。」段玉裁注云：「中宮也。……《釋名》曰：『己，皆有定形可紀識也。』引申之義為人己，言己以別於人者。己在中，人在外，可紀識也。《論語》：『克己復禮為仁。』克己言自勝也。」

段玉裁此所云「克己言自勝也」，即是「克己」一詞的達詁。何謂「自勝」？簡言之，即「自己勝過自己」，通俗言之，理解為「自己超越自己」亦未嘗不可。這種「自勝」指「今日之己勝過昨日之己」、「後日之己勝過今日之己」。此「自勝」，結合「克己復禮為仁」整句來看，即指的是道德之仁的實現，而非指「知識、技能」而言。……

其次，「復」，《說文解字》云：「往來也。」段玉裁注云：「往來也。彳部曰：返，還也。還，復也。皆訓往而仍來。」據此，「復禮」即「往來以禮」，意即在人際交接中要「往來以禮」。《禮記‧曲禮上》曰：「太上貴德，……來而不往，亦非禮也。」此處所記就是人際交往要堅持以「禮」為原則，並且以相互往來過程中交接雙方都遵循「禮」為「貴」，如果僅是單方面行禮、守禮，這種交際過程將不會有進一步的發生。……

〔註4〕楊逢彬：《〈論語〉三辨》，《中國哲學史》2011年第4期，第127～129頁。

「克己復禮為仁」中的「為仁」一詞，意為「謂之仁」或者「即是仁」。……《左傳》昭公十二年，仲尼曰：「古也有志：『克己復禮，仁也。』信善哉。」此處即是說，「克己復禮」就是仁。此外，本章首句「顏淵問仁」，應該是《論語》的整理者編次《論語》時，針對孔子弟子各人所記內容所作出的核心觀點的歸納和概括，其後面標點應該用句號，而非用逗號。否則，斷不會出現顏淵自稱「顏淵」者。……

「一日」，注疏無注解，似無需費言。當解作本義「一天」。……

「天下」，當依孫景壇說：「天下即國家。……事實上，『天下』在春秋以前是個專有名詞，與今天的『國家』同義。……即是其證。」〔註5〕其說亦可從其他文獻中得到確認。如，《韓非子・外儲說右上》記載，孔子對子路說：「夫禮，天子愛天下，諸侯愛境內，大夫愛官職，士愛其家，過其所愛曰侵。」阮元釋此句含義為：「克己復禮則國家必仁。」〔註6〕即以「天下」為「國家」。……

「歸」，《廣雅》云：「往也。」「返、還，歸也。」「歸、饋，遺也。」皆有「趨向於」之義，即「……至……、……到……、……入……」之義。「天下歸仁焉」即是「天下」之人皆趨向於、熱衷於「仁」的道德取向，進而皆行仁。《論語・泰伯》載，子曰：「君子篤於親，則民興於仁。」《禮記・大學》云：「一家仁，一國興仁；……其機如此。」「興仁」即是喜好仁，追求仁，進而行仁之義。與「歸仁」之義相合。

「一日克己復禮，天下歸仁焉」，…… 孔子是在「克己復禮為仁」的基礎上對其積極效果的展望，上句所言，是一人能自覺做到「仁」，「克己復禮」如果能夠在一人處主動得以體現，與之交接之人，必受惠其中，以成互動行仁之勢，……如果能由此而人人自覺「克己復禮」，達成多方交流互動以行仁，於此交流互動之中，「天下」之人皆得益於「仁」且成就「仁」。即是說「一國」的人都能做到仁，即「天下歸仁」。…… 孔子在此闡釋的是每個人皆有「為仁」之可能，途徑之一是「克己復禮」，若果能「天下」之人皆「為仁」，將會出現「天下歸仁」的效果。……

「由」字，不是「在」、「在於」之意，也不是「憑」、「靠」之意〔註7〕。《爾雅・釋詁》云：「由，自也。」郭注：「自猶從也。」「為仁由己，而由人

〔註5〕原註：孫景壇. 仁是孔子思想核心新證〔J〕. 南京社會科學，1991，(5)．
〔註6〕原註：阮元. 揅經室集〔M〕. 北京：中華書局，1993：182．
〔註7〕原註：楊伯峻. 論語譯注〔M〕. 北京：中華書局，1980：123．

乎哉」，意為「克己復禮」，或「為仁」，應當從自身做起，難道指望從別人開始？……

綜上所述，整章的含義，大意如此：孔子說：「能夠做到自己勝過自己，並且在人際交往過程中依禮而行就是仁。如果有一天，人人都能自覺主動地『克己復禮』，人人亦皆受惠其中，也就會出現『天下』之人皆以仁為價值取向、並且身體力行於仁的效果。『為仁』應當主動自覺地從我做起，難道指望從別人開始？」顏淵問於孔子：「請問為仁的具體條目。」孔子說：「視、聽、言、動皆依禮而行。」顏淵說：「我雖然不聰明，但是我會致力於老師所說的話。」〔註8〕

崔海東：句讀當作：克己復禮，為仁。

一則因為先秦漢語係動詞不發達，主係表結構鮮見。若依楊譯〔註9〕，則此句表述當如《左傳》：「仲尼曰：『古也有志：克己復禮，仁也。』」（《昭公十二年》）故此句句讀當從劉氏《正義》：「克己復禮，所以為仁。『為』猶『事』也。謂用力於仁也。下句『為仁由己』義同。」〔註10〕即此「為」非「是」義，「為仁」是「行仁」義，同於後面「為仁由己」之「為仁」。二則此中有體用之分，「仁」指性體，「為仁」則指工夫發用。仁，性之本體，為愛、為生，仁體之發用，則為愛人、生物。此發用之完成，乃一同心圓，由我→宗（家）族→鄉黨→邦國→天下→萬物→天。仁者生生之心無大小，然愛之發用有差等，故義之推行亦有遠近，然終其目的，則包舉天人，遍該萬物。三則本章「為仁」同於「孝弟也者，其為仁之本與」（《學而》）。楊氏譯為：孝順爹娘，敬愛兄長，這就是「仁」的基礎吧！亦是以「為」為係動詞「是」。其實，若依楊譯，當說成「孝弟也者，其仁之本與」，查日本正平本正是如此〔註11〕，《管子》「孝弟者，仁之祖也」（《戒第二十六》）亦足證之。〔註12〕

〔註 8〕郭勝團、葛志毅：《〈論語・顏淵〉「克己復禮」章辨析——〈論語〉及孔子思想研究之一》，《管子學刊》2013 年第 1 期，第 106～108、109 頁。

〔註 9〕楊指楊伯峻先生。

〔註10〕原註：劉寶楠. 論語正義〔M〕. 北京：中華書局，1990：483.

〔註11〕原註：黃永年點校. 論語〔M〕. 瀋陽：遼寧教育出版社，2000：1.

〔註12〕崔海東：《楊伯峻〈論語譯注〉句讀商榷》，《江蘇科技大學學報（社會科學版）》2013 年第 3 期，第 28 頁。

12.7 子貢問政。子曰：「足食，足兵，民信之矣。」

子貢曰：「必不得已而去，於斯三者何先？」曰：「去兵。」

子貢曰：「必不得已而去，於斯二者何先？」曰：「去食。自古皆有死，民無信不立。」

張中宇：首先需要指出，這一段討論「足食，足兵，民信」，其涉及的主體是「官府」，即官府要儲備充足的糧食、積累充足的軍備、取得人民的信任。也就是說，這一段討論的主題是「為政」，主體是「官府」，它的主題不是「化民」，主體不是「民」，是討論官府作為的，不是討論民眾修養的。其次，以此為前提，可知「去兵（去掉軍備）」指官府「去兵」，民不可能「去兵」，其對應的是前面提出的正常狀況下「足兵」。宋邢昺說：「以兵者凶器，……財用之蠹也，故先去之。」〔註13〕就是說軍備佔用了很多財稅，在非常時期應先去掉。軍賦在周代是一個單獨的稅種，在迫不得已的情況下，官府應首先免除軍賦，減少或停止軍備。同理，「去食」也應指官府「去食」，其對應的是前面提出的正常狀況下「足食」。「足食」歷代注本均指官府儲備充足的糧食，則「去食」就應是停止儲備糧食，所涉行為主體也是官府。也就是如果免除軍賦還不足以應對特殊情況，則需要官府減免田稅，停止或暫緩國家的糧食儲備。

單獨看「民信」或「民無信」，可以解釋為人民有（無）信仰，或者人民（不）講信義。皇侃、邢昺、朱熹等傾向於從「民」需要講信義角度進行闡釋，所以才斷章取義提出捨生取義、「從化」「教化」之說。針對「子貢問政」，孔子回答「足食，足兵，民信之矣」，這個語境非常充分，討論的主題、涉及的對象，都非常清晰。而且「民信」後面帶有賓語「之」，因而「信」只能闡釋為「信任」，不能闡釋為「講信義」，否則無法帶賓語「之」，所以這句應譯為：（官府）儲備充足的糧食，積累充足的軍備，人民就信任官府了，歷代注本都沒有分歧。「足食」「足兵」「民信之」是與下文的「去兵」「去食」「民無信」一一對應的，所以「民無信不立」只能闡釋為：人民不信任官府，官府是立不起來的。皇侃、邢昺、朱熹等脫離上下文語境，孤立闡釋「自古皆有死，民無信不立」，本為大忌。現代主要注家如辜鴻銘、楊伯峻、楊逢彬、劉毓慶等對這兩句的闡釋大都不信從皇侃、邢昺、朱熹的「教化」說，如楊伯

〔註13〕原註：論語注疏〔M〕．上海：上海古籍出版社，1990：106.

峻譯為:「自古以來誰都免不了死亡。如果人民對政府缺乏信心,國家是站不起來的。」

　　現在回到「自古皆有死」的陳述主體。楊伯峻確定「自古皆有死」的陳述主體為「誰」,即「所有的人」,不只是「民」,也不只是「政府官員」,與本文上述第三種假設吻合。這是符合孔子原意的。問題是,既然「去食」可能指官府免賦稅、賑濟民眾,為何還要說「自古皆有死」?似乎只有老百姓失去糧食(口糧),下文才需要提及「自古皆有死」。其實不然,因為在當時的生產力條件之下,在發生極端災禍的情況下——如《周禮》中提及的天災與嚴重疾疫同時發生,官府免賦稅、濟民眾都只能減輕人民的痛苦,自古以來,無論中外,都沒有政府能保證極端條件下人民沒有傷亡乃至大量傷亡。但是,官府積極盡力的態度和作為,足以取信於民,國家也足以站立起來。可以說,對「去食」及「民無信不立」的闡釋發生如此巨大反差,關鍵之處恰恰就在於對「自古皆有死」的闡釋。這裏必須指出,孔子說「自古皆有死」,其根本立足點在於子貢所說的「必不得已(而去)」的極端條件,而非「去食」。皇侃說:「言人若不食,乃必致死。」〔註14〕朱熹從皇侃注:「民無食必死。」〔註15〕把「去食」闡釋為「人若不食」已誤,又把「自古皆有死」與「去食」作為直接甚至唯一的因果關係立論,經邢昺、朱熹進一步發揮,歷代都承襲這一思路。但現代學者注意到其中的矛盾,已經發生了微妙的變化。例如,現代主要注本「去食」後都使用句號,在語義上拉開「去食」與「自古皆有死」之間的距離。楊伯峻等都沒有譯「食」為「口糧」而改譯為「糧食」,留有闡釋空間,似乎有所考慮。

　　基於上述討論,「去食」若譯為「免除賦稅,不徵收儲備糧食」,不但更符合西周政治、經濟制度和儒家「民惟邦本」的主張以及本章討論「為政」(而非「化民」)主題的語境,而且後文按目前主要注譯本譯為「如果人民對政府缺乏信心,國家是立不起來的」,前後文意也極為順暢、協調。但如果「去食」闡釋為去掉口糧,就會與「如果人民對政府缺乏信心,國家是站不起來的」尖銳矛盾。因為在「必不得已」的極端情況下還要去掉口糧,民眾已瀕於餓死,如何信任官府?〔註16〕

〔註14〕原註:皇侃. 論語義疏〔M〕. 北京:中華書局,2013:305.
〔註15〕原註:朱熹. 四書章句集注〔M〕. 北京:中華書局,1983:135.
〔註16〕張中宇:《〈論語〉「禮讓」「去食」考釋——兼評儒家政治理想》,《重慶師範大學學報(社會科學版)》2018 年第 6 期,第 49～50、51 頁。

12.10　子張問崇德辨惑。子曰：「主忠信，徙義，崇德也。愛之欲其生，惡之欲其死。既欲其生，又欲其死，是惑也。『誠不以富，亦只以異。』」

張琴：我們認為，《論語》「子張問崇德辨惑」章不存在「錯簡」問題。今略陳理由如次：

第一，從《論語》引《詩》之例而證本章之非錯簡。《論語》引《詩》之例總有 7 處，然所引詩句，均與《論語》正面所闡發的觀點或相呼應，或相表裏，或相輔成，無有全然與《詩》句本文意義相斷裂者。如《論語・學而》引《衛風・淇澳〔註17〕》「如切如磋，如琢如磨」，喻君子人格之養成須得生活磨練與道德踐行而日臻完善。「切磋琢磨」，乃以琢璞成器而為喻，其義正相輔成。……凡此數例，所引詩句皆尊重《詩》句原義而有所引申，皆未脫離詩句原義而另創新說。

就《論語》引《詩》之統例觀之，「誠不以富，亦祇〔註18〕以異」也不應例外，其內容意義是必與「子曰」的主旨相互應合或相互發明的。而如按照程頤的「錯簡論」，認為「誠不以富，亦祇以異」在《顏淵》中為「錯簡」，當置於「齊景公有馬千駟」之上，那麼其文本就是：

　　（子曰）「誠不以富，亦祇以異。」齊景公有馬千駟，死之日，

民無德而稱焉。伯夷、叔齊餓於首陽之下，民到於今稱之。其斯之

謂與？

如依程頤之說，那麼「富」者為齊景公，「異」者為伯夷、叔齊，「異」就必然被解釋為值得贊賞的殊於流俗之「卓異」，而非原詩中所謂「悖離人道」之異，也非朱熹於《詩集傳》中所解釋的「見異思遷」之異。這樣一來，在「錯簡論」的語境之下，所引詩句的意義實際上就已經完全脫離了原詩的基本語義，這是與《論語》引《詩》必借詩以興、借詩以發明其義的常例全不相合的。

更為有趣的是，朱熹在《論語集注》中對此句的解釋竟然與其《詩集傳》中的解釋大相徑庭。在《論語集注》中，因其主程頤的「錯簡論」，「異」就只好被解釋為卓異之美德；而在《詩集傳》中，朱熹則據詩的整體語境而將「異」解釋為見異思遷的不忠厚行為。毫無疑問，若就《詩》義而論，則朱熹於《詩集傳》中的解釋為得其旨，而在《論語集注》中，為牽合程頤的「錯

〔註17〕原文作此，當為「淇奧」。
〔註18〕原文作此，又可寫作「祇」，二者為異體關係。

簡論」，便只好割裂《詩》義，強為說「異」。此正可反證「錯簡論」非但與《論語》引《詩》之例不合，更與《詩》句的本義不合。

第二，從《詩》之本旨而證本章之非錯簡。原《我行其野》一詩之旨，蓋在表現「我」被詩中之「女」拋棄之後的淒慘境況，末二句「誠不以富，亦祇以異」，則為「我」對「女」在愛情上見異思遷、背棄婚約而使自己陷入於孤獨離索之困境的控訴。原先「女」對「我」的「愛」轉而為「惡」，「極愛」而至於「極惡」，終至於「我」雖輾轉於溝壑而彼略無掛懷，有甚於陌路。就這一詩旨而言，「女」對「我」的態度可謂前後顛倒錯亂之甚，若前之「言就爾居」為是，則今之「爾不我畜」為非；若今之「我行其野」為是，則前之「言就爾宿」為非。需要特別指出的是，詩中之「女」的這種前後反復、顛倒錯亂，正為「惑」的顯著證明，故孔子引之，以證其所言「愛之欲其生，惡之欲其死」之愛惡無常即為「惑」，此原與詩之本旨有著極為密切的內在關聯。而所謂「錯簡論」者，則不顧詩之本旨，恰好割裂了「辨惑」與詩義的本然聯繫。孔子引詩，原以此詩中之「女」的愛惡無常之行以證「惑」，更不是如毛子水所說的那樣，此兩句詩在「是惑也」之下是「毫沒有意義的」，而是原有其必不可分割的內在意義關聯的。

如取鄭玄以來的古注，《詩》中之「女」不顧舊姻而見異思遷的行為，實不足以使家庭富足，反而是違反人倫常道的異端，而孔子引之，以為「愛之欲其生，惡之欲其死」之「惑」乃是異於人倫之常的行為，則前後文義皆通暢無礙，詩句在原詩中的語義能夠很好地有助於理解何者為「惑」的問題。所以「誠不以富，亦祇以異」在「子張問崇德辯惑」章的引用，是以詩句的本義為依據的，在《論語》中則是文完意足的，非但不是「錯簡」，而且是必不能刪去的，否則便語意有缺而不完整。

第三，從詩句與「辨惑」的思想聯繫而證本章之非錯簡。《論語》「子張問崇德辯惑」章旨在「辨惑」〔註19〕，故需要瞭解何者為「惑」。好在《論語‧顏淵》篇還有一處論「辨惑」曰：

> 樊遲從遊於舞雩之下，曰：「敢問崇德、修慝、辨惑。」子曰：「善哉問！先事後得，非崇德與？攻其惡，無攻人之惡，非修慝與？一朝之忿，忘其身，以及其親，非惑與？」

〔註19〕其原文中即作「辯、辨」，前一個「辯」當屬誤字。

「一朝之忿,忘其身,以及其親」,所謂「惑」也。而所謂「忿」者,乃情感之發而不得其中,若因一時之憤怒而危及人倫之大體,是可謂「惑」之甚者也。值得注意的是,「子張問崇德辨惑」章,孔子所為「辨惑」之論,同樣是就「愛惡」之情的失中而論,「愛之欲其生,惡之欲其死」,是「愛惡」而失其中,亦「惑」之甚也。可見在《論語》之中,所謂「惑」者,實專就情感而論,凡喜、怒、哀、樂、愛、惡、欲七情之發而不得其中,甚或背禮棄義,皆謂之「惑」。

就「子張問崇德辨惑」章之引詩而言,我們實在沒有絲毫理由去懷疑孔子對於《詩》之內容的熟悉程度。在他看來,詩中之「女」的「不思舊姻,求爾新特」,前之對「我」愛極而後之對「我」惡極,是正所謂「愛之欲其生,惡之欲其死」之鮮活例證,而其愛惡之無常,也正孔子之所謂「惑」也;而若明白了「惑」的表現,其實也就明白了何者為「非惑」以及如何「辨惑」了。大抵說來,「惑」乃就情而論,情之發越而得其中正,則為非惑;其發而過或不及,甚或任情恣欲,前後反復,是皆為「惑」。「誠不以富,亦祇以異」,作為《我行其野》之詩的結句,無疑有總括全詩之意的作用,故孔子引之,乃是以詩旨而為「愛之欲其生,惡之欲其死」、「既欲其生,又欲其死」之「惑」做意義內涵上的補充與注釋。就本章之旨而論,則所引詩句乃強化了「辨惑」的觀點,如此方為文完意足。故「誠不以富,亦祇以異」之詩句引用,於本章是必不可少的。

第四,就「齊景公有馬千駟」章反證本章之非錯簡。據程頤之說,「誠不以富,亦祇以異」當置於「齊景公有馬千駟」章之首,上文已略及之,如若遵循其說,則詩句之釋義必與原詩之旨有重大割裂,而不合於《論語》引《詩》之統例。這一問題實則早已引起學者的關注。如張栻既不取「錯簡論」,而針對程頤所謂「齊景公有馬千駟」章中「其斯之謂與」之前存在「闕文」的問題,而提出了另一種解釋:應將「齊景公有馬千駟」章併入前一章中,兩章合併之後,其文如下:

> 孔子曰:「見善如不及,見不善如探湯。吾見其人矣,吾聞其語矣。隱居以求其志,行義以達其道。吾聞其語矣,未見其人也。齊景公有馬千駟,死之日,民無得而稱焉。伯夷、叔齊餓於首陽之下,民到於今稱之。其斯之謂與?」

……我們且不論張栻合二章為一之說是否足取，其不以「誠不以富，亦祇以異」為錯簡，又不以置二句於「齊景公有馬千駟」章為是，則其意明甚。

清代毛奇齡論「齊景公有馬千駟」章說：「今程子欲加『誠不以富，亦祇以異』八字於此章之首，而安定胡氏又欲加八字於『其斯之謂與』之句之上，遂改『德』字為『得』字，則何可矣！按正義曰：此章貴德也。齊景公雖有馬千駟，及其死而無德可稱，夷、齊雖窮餓而到今稱之，其稱『何謂』，豈非其德之謂與？……況『誠不以富』似於千駟有合，若『亦祇以異』句仍是費解，豈夷、齊是異與？抑異於齊景公與？」（《論語稽求篇》卷七，文淵閣四庫本。）毛氏實際上已經從「誠不以富，亦祇以異」若加於「齊景公有馬千駟」章必造成文義之割裂後果，而論述程頤之非是。據以上學者的論證，程頤「錯簡論」便也不得成立。

基於張栻等學者提出的質疑以及以上四個方面的相關論證，「誠不以富，亦祇以異」二句在《顏淵》篇的「子張問崇德辨惑」章中不以錯簡問題處理實則可行。程頤之所以謂本章為「錯簡」，或恐對所引詩旨與「辨惑」之內在聯繫間有失察之故。「誠不以富，亦祇以異」的意義，無論是依鄭玄《毛詩箋》之說還是依朱熹《詩集傳》之論，實皆可與「辨惑」有內在的思想關聯。若循《詩集傳》之說，則朱熹本不當從「錯簡」之論，而其在《論語集注》中以為「錯簡」者，亦其過信程子之失歟？高明如朱子尚不免自抑其心而牽合其所尊崇者之說，至於後世學者，既有程朱之說在前，而又無暇詳考所引詩句與「辨惑」之內在的思想與意義關聯，遂致「錯簡」之論幾為定說，是亦「惑」歟！〔註20〕

12.11 齊景公問政於孔子。孔子對曰：「君君，臣臣，父父，子子。」公曰：「善哉！信如君不君，臣不臣，父不父，子不子，雖有粟，吾得而食諸？」

楊朝明：傳統上，都理解此句為強調君、臣、父、子各行其道，有的譯作「君要像君，臣要像臣，父親要像父親，兒子要像兒子」〔註21〕，一般說

〔註20〕張琴：《〈論語〉「誠不以富，亦祇以異」非錯簡說》，《蘇州大學學報（哲學社會科學版）》2014年第3期，第60～62頁。
〔註21〕原註：楊伯峻：《論語譯注》，北京：中華書局，2007年，第177頁。

來，這樣的今譯並不錯誤，但這種理解容易產生歧義：既可以理解為孔子強調尊君卑臣、尊父卑子，強調等級差異，也可以理解為孔子強調修身、修己，強調君、臣、父、子都要恪盡其責，按照自己身份所應當承擔的義務做好該做的事情。

我們認為，在孔子那裏，他突出強調的是「正己」。孔子認為，人在不同的位置上有著不同的社會責任，人們身份不同，社會責任和義務也不同，故君、臣、父、子都應當「做好本職工作」〔註22〕，使個人行為符合自己的身份。〔註23〕

12.12 子曰：「片言可以折獄者，其由也與？」子路無宿諾。

劉育林：據文揆意，「片言」即隻言詞組〔註24〕的意思，《說文》：「片，判木也」，段玉裁進一步注解曰：「謂一分為二之木。」將一根木頭劈開成兩片，故「片」有「半」義，朱熹將之理解為「半言」是有一定道理的，但太過拘泥，而且其後解為「子路忠信明決，故言出而人信服之，不待其辭之畢也」又太過武斷，言辭未完，語意未明，怎可斷案？其實根據段玉裁的解釋，「片」雖為一分為二之木，但並不是半片木頭，在意義上仍是完整的一片，只是更短更小，因而此處可以將「片言」理解為「簡短的一句話」，《文賦》有「立片言而居要，乃一篇之警策」〔註25〕，其中「片言」就是此義，故而我們可以這樣理解：子路為人正直明察，判決案件直接果敢，一針見血，一言決斷，從不拖泥帶水，所以判案效率極高，沒有案件積壓，故「子路無宿諾」。這樣訓解文承意順，使上下句銜接嚴密，也恰恰和子路耿介直爽的性格相符，更可見孔子知人之明。〔註26〕

趙宗乙：今人多從孔安國「片，猶偏也。聽訟必須兩辭以定是非，偏信

〔註22〕原註：有學者譯之為「君盡君責，臣盡臣責，父盡父責，子盡子責」（金池：《〈論語〉新譯》，北京：人民日報出版社，第211頁），義近。

〔註23〕楊朝明：《經典新讀與孔子思想再認識》，《黃河文明與可持續發展》2008年第1期，第61、62頁。

〔註24〕原文作此，疑當為「隻言片語」。

〔註25〕原註：〔晉〕陸機. 文賦〔A〕. 昭明文選〔M〕. 北京：京華出版社，2000：463.

〔註26〕劉育林：《〈論語〉歧解成因類析及選例辨正》，曲阜師範大學，2009年碩士學位論文，第34頁。

一言以折獄者，唯子路可也」，而釋「片言」為訴訟雙方中一方的訟辭，甚或解釋為「片面之辭」，而把「片言可以折獄」，理解為「聽」片言即可以折獄。如：……是說甚為可疑。

　　所謂兼聽則明，偏聽則暗，子路難道不明此理乎？《周禮・秋官・大司寇》云：「以兩造禁民訟，入束矢於朝，然後聽之。」鄭玄注云：「訟謂以財貨相告者。造，至也。使訟者兩至，既兩至，使入束矢乃治之也。不至、不入束矢，則是自服不直者也。」又云：「以兩劑禁民獄，入鈞金，三日乃致於朝，然後聽之。」鄭玄注云：「獄謂相告以罪名者。劑，今券書也。使獄者各賫券書，既兩券書，使入鈞金，又三日乃治之，重刑也。不券書、不入金，則是亦自服不直者也。」兩造即訴訟的雙方，原告和被告。兩劑即訴訟雙方所立的契券。《尚書・呂刑篇》曰：「兩造具備，師聽五辭。五辭簡孚，正於五刑。」是《周禮》規定，訟獄必得雙方之辭，方可斟酌定案，而於定案之前必當審其「五辭」，從五個方面詳細考察案情，才能正定刑罰。若子路僅憑「兩造」中的一方即一面之辭就定案，是子路不僅有違禮制，且有輕視刑律即不「重刑」之過，以子路之賢，必不至如此妄為也。

　　前人已有不從孔安國之說者。宋・錢時《融堂四書管見》卷六云：「獄者，兩詞情偽，亦難決矣。一言折之，非剛明者不能。」云「兩詞情偽」，則非一面之辭明矣。宋・劉敞《公是七經小傳》卷下云：「子曰：『片言可以折獄者，其由也與？』此言『非佞折獄，惟良折獄』也。子路信義著於人，人服之。所右也，則信以為右，所左也，則亦信以為左，兩俱無憾，是能以片言折獄者也。故曰『千乘之國，可使不信其盟，而信子之言』。若由是推之，片言折獄尚其小者也。」「非佞折獄，惟良折獄」，亦語出《尚書・呂刑篇》，文以「非佞折獄，惟良折獄，罔非在中」為句，孔傳云：「非口才可以斷獄，惟平良可以斷獄，無不在中正。」意思是說，斷獄不須多言，惟求平良中正。故子路「片言折獄」蓋即「非佞」而「惟良」，且「罔非在中」者也。宋・戴溪《石鼓論語答問》卷中云：「折獄與聽訟不同。何謂折獄？蓋治獄之官，輕重出入，各有私見，而獄不能決。徐以一言定其可否，莫敢不聽。此之謂『折獄』，非聽訟之謂也。《書》所謂『非佞折獄，惟良折獄』是也。子路『無宿諾』是其平日未嘗欺人，故一言而人莫不信之。」戴溪的意思是說，子路有一言九鼎的信譽，有明斷是非的能力，所以他說一句話就可以定罪，人無可疑者。是子路「說」「片言」，而非「聽」「片言」。朱熹此注

亦從孔說,云:「片言,半言。折,斷也。子路忠信明決,故言出而人信服之,不待其辭之畢也。」元‧陳天祥《四書辨疑》卷六駁之曰:「『明決』二字是,『忠信』二字非。忠信固能令人信服,然非可以折獄也。舜與周公,忠信至矣,猶不能使四凶、管蔡聞半言而自服其罪,子路雖賢,豈能過於舜與周公哉?凡其所謂片言隻字者,皆其言辭簡少之稱。折猶挫折也,如云『折其銳氣』、『面折其非』是也。折之使服,非信服也。『片言可以折獄者,其由也與』,蓋言能以一二言折其罪人虛偽之辭,使之無所逃其情,惟子路為然也。尹材曰:『子路言簡而中理,故片言可使罪人服。』此說為是。」謂子路斷獄言簡意賅,能切中要害,令人折服。

綜合上述諸家之說,此「片言」謂子路說出「片言」,而非聽到「片言」。子路為政果決幹練,敢作敢為;折獄明於是非,不須辭費,是即所謂「由也果」之明證。故孔子於此褒之也。〔註27〕

寧全紅:關於「折獄」,鄭玄訓「折」為「斷」〔註28〕。「折,斷也。」(《說文‧艸部》)在有關獄訟的場合作此引申,比較合理,⋯⋯關於「折」的解釋當以鄭注為是。

⋯⋯在古代漢語中,「以」常訓為「用」,而罕有訓為「根據」、「依據」者。「片言可以折獄」的本意為可以用片言折獄,而不是說可以根據片言折獄。

⋯⋯從語法的角度而言,「片言可以折獄者,其由也與」的正常語序應為,「由可以片言折獄」。孔子的表達係採取倒裝的方式加以強調,這在古代漢語中比較常見,孔子極有可能是用這種方式高度贊揚子路斷獄之能。

⋯⋯鄭玄將「片」讀為「半」是正確的,解釋為「單辭」則不甚合理。朱熹認為,「片言,半言」〔註29〕。陳天祥亦認為,「凡其所謂片言、隻字者,皆其言辭簡少之稱」〔註30〕。這樣的話,「片言可以折獄」可以解釋為,子路能夠用隻言片語裁斷獄訟,解決紛爭。作為孔子對其學生的評價,這樣理解也比較合理。

〔註27〕 趙宗乙:〈「片言」、「正名」正解——讀〈論語〉札記二則〉,《泉州師範學院學報》2011年第1期,第65～66頁。
〔註28〕 原註:「《御覽》六百三十九引鄭注云:『片讀為半,半言為單辭。折,斷也。』」參見劉寶楠:《論語正義》,第501頁。
〔註29〕 原註:朱熹:《四書章句集注》,第136頁。
〔註30〕 原註:(元)陳天祥:《四書辨疑》,第418頁。

……在目前資料條件下，「片言可以折獄，其由也與」最為合理的解釋應該是：三言兩語就能裁斷獄訟者，一定是由吧！〔註31〕

12.13　子曰：「聽訟，吾猶人也。必也使無訟乎！」

廖名春：在承認「聽訟，吾猶人也」，是孔子自認其「聽訟」能力「同別人差不多」的前提下，《禮記・大學》為了維護孔子的權威，引入禮本刑末說，將「聽訟」與「無訟」對立起來，以「聽訟」為末，以「無訟」為本。這樣，孔子雖然在末節上表現平平，但在根本上卻遠遠高出於眾人。表面上看，孔子自認其「聽訟」能力不突出的問題得到了解決，但實質上既從事理上卻陷入了歸謬法，否定了孔子出仕的必要性；又有悖於歷史的記載，得不到文獻的支持。所以，《禮記・大學》這種禮本刑末說的詮釋，看似高明，其實卻經不起分析。

筆者認為，長期以來以「聽訟，吾猶人也」，是孔子自認其「聽訟」能力「同別人差不多」的解釋純粹是一種誤讀。「聽訟，吾猶人也，必也使無訟乎」，其實當讀作「吾猶人也，聽訟，必也使無訟乎」。為了突出「聽訟」，孔子特意將其前置，放到了「吾猶人也」之前。這種前置或者說倒裝，其實是一種修辭的方法，上古文獻習見。比如說《論語・憲問》載「子曰」：「君子哉若人！尚德哉若人！」即「若人君子哉！若人尚德哉！」是謂語前置。又《論語・顏淵》：「何哉，爾所謂達者？」即「爾所謂達者，何哉？」是賓語前置。……

……「聽訟，吾猶人也，必也使無訟乎」，其實是兩個句子，一個是「吾猶人也」，一個是「聽訟必也使無訟乎」。「吾猶人也」可以說是因，「聽訟必也使無訟乎」可以說是果。因此這可以說是一個因果複句。而作為結果分句的「聽訟必也使無訟乎」，可以有兩種理解：一種是假設語氣，即「若吾聽訟，必也使無訟乎」。「聽訟」是條件，「必也使無訟乎」是結果。這樣的話，此時孔子尚未「聽訟」，尚未成為司寇，是在向魯君或執政的季氏求職。另一種是陳述語氣，即「吾聽訟，必也使無訟乎」。是說我「聽訟」，追求的、致力的是「使」人「無訟」。這樣，孔子則是在解釋自己正在進行的行為，說明孔子正在「聽訟」。楊伯峻分析：「孔子這話或許是剛作司寇時所說。」其實可修正為：孔子這話當是其作司寇時所說。……

〔註31〕寧全紅：《〈論語・顏淵〉「聽訟」章新解》，《孔子研究》2015 年第 2 期，第 59～60、61 頁。

　　從形式邏輯的角度看，這一段話其實是省略了大前提的三段論推理。「人皆欲『使無訟』」可以說是大前提，在此省略了。「吾猶人也」是小前提。結論是「吾」「聽訟」「必也使無訟乎」。由此可知，此章孔子的本意是說：我跟大家一樣，聽訟斷獄，一定要致力於使訴訟不再發生。「吾猶人也」，是說人同此心，心同此理，我自不能例外；「聽訟，必也使無訟乎」，是說我「聽訟」是為了息訟，是為了止訟。這裏的夫子自道，是強調其治訟的目的和特色，並非檢討自己治獄水平一般。完全用不著來貶低孔子的治獄水平，也完全用不著引進與禮本刑末說，製造「聽訟」與「無訟」的矛盾。因此，可以說，《禮記・大學》是在誤讀「聽訟，必也使無訟乎」句基礎上增字解經，從而對《論語》「聽訟」章做出了錯誤的詮釋。〔註32〕

　　寧全紅：在「必也使無訟乎」一語中，「必」為副詞，「一定」之意。比如，「何其久也，必有以也」（《詩經・邶風・旄丘》）。「也」為句中語氣助詞，無需贅言。「無」與「不」通，這樣的語言現象在《論語》中比較常見。……故而「必也使無訟乎」之「無」也應作「不」，其大意為，一定要讓人們不再爭訟。聯繫「聽訟，吾猶人也」觀之，則孔子在申明自己聽訟方式與眾無異之後，話鋒一轉，強調自己與眾人不同。具體地說，他人斷獄，往往會裁斷是非、分出勝負，孔子卻努力設法讓爭訟停止。比如，「孔子為魯司寇，有父子訟者。孔子拘之，三月不別，其父請止」（《荀子・宥坐》）。其他典籍之記載與之類似：在孔子與季康子交換意見後，「於是訟者聞之，乃請無訟」（《說苑・政理》）。上述記載出自離孔子時代較近之荀子以及先秦文獻整理者劉向，在一定程度上可以作為上述解釋的旁證以及孔子所採取措施的例證。尤其值得注意的是，「乃請無訟」係孔子聽訟個案的結果，若將其理解為消除爭訟或者沒有爭訟明顯不甚合理。與通常的聽訟往往導致爭訟者失和相比，孔子的聽訟方式能夠讓爭訟者之間的關係回歸正常，從而更加有利於社會和諧。若此，孔子不無自矜之意，難道不很正常嗎？〔註33〕

〔註32〕廖名春：《〈論語〉「聽訟」章與〈大學〉篇的誤讀》，《社會科學戰線》2014年第 6 期，第 22、23 頁。

〔註33〕寧全紅：《〈論語・顏淵〉「聽訟」章新解》，《孔子研究》2015 年第 2 期，第 63 頁。

十三、《子路篇》新說匯輯

13.1　子路問政。子曰：「先之勞之。」請益。曰：「無倦。」

孫景龍：「勞」有「憂」義。《詩經・北風・雄雉》：「展矣君子，實勞我心。」《論語・里仁》：「事父母，幾諫。見志不從，又敬不違，勞而不怨。」《論語・憲問》：「愛之，能勿勞乎？」這些句中的「勞」都是「憂」的意思。《說文》：「勞，劇也。從力，熒省。」段玉裁說：「恐是許書本作『勮』，用力甚也。」用力甚則堪憂，故引申為「憂」。

據此，我覺得孔子答子路之「先之勞之」，是「做民表率，為民憂慮」的意思。「先之」和「勞之」並列二事，「先之」意即為民先，「勞之」意即為民憂。「先之」蓋即夫子所謂「其身正，不令而行」（《論語・子路》）、「子帥以正，孰敢不正」（《論語・顏淵》）之意，朱注甚是，錢穆、楊伯峻、李澤厚三位先生譯文大體不錯；「勞之」蓋即孟子所謂「憂民之憂」（《孟子・梁惠王下》）之意，何晏、邢昺、朱熹都沒注對，錢、楊、李三位先生也沒譯對。「先之」，身為天下先；「勞之」，心為百姓謀。「先之勞之」是孔子心中領導者為政的兩個硬指標，所以子路「請益」，孔子說「無倦」，有了這樣一顆心，如此做去，永不倦怠就夠了。〔註1〕

王泗原：《論語・子路》記子路問政，子曰：「先之，勞之。」請益，曰：「無倦。」（無，《釋文》作毋）俞樾《群經平議》：「先之勞之四字作一句讀，猶《陽貨篇》曰『使之聞之』，不得因有兩之字而分為二事也。《詩・縣蠻篇》

〔註1〕孫景龍：《〈論語〉文義新解六題》，《孔子研究》2012 年第 4 期，第 26 頁。

『為之載之』,《孟子‧滕文公篇》『與之食之』,句法皆與此同。先之勞之,謂先民而任其勞也。天子親耕后親蠶之類皆事矣。……告以無倦,蓋先任其勞則易倦。」(卷三一)

按:俞說誤。所舉三證皆非。

《陽貨》之「使之聞之」,原文云:「孺悲欲見孔子,孔子辭以疾。將命者出戶,取瑟而歌,使之聞之。」謂使孺悲聞瑟。

《緜蠻》之「謂之載之」,原文云:「道之云遠,我勞如何。(第二章相當此二句作:「豈敢憚行?畏不能趨。」第三章作:「豈敢憚行?畏不能極。」)飲之食之,教之誨之,命彼後車,謂之載之。」「謂之」猶今語叫它,之代指後車。「載之」之代指行遠道而畏不能趨不能極(至)之勞者。俞引謂誤作為,為之載之,則所為者人,所載者物,非詩意矣。

《滕文公》之「與之食之」,原文云:「其(陳仲子)母殺是鵝也,與之食之。」謂與(給)仲子食鵝。

此三句,兩之字所代指各不同。第一之字作上一動詞之受語,下一動詞之主語,今所謂兼語式。而「先之,勞之」則為並列之兩個動詞受語結構,兩之字皆代指民。是三證句法皆非與此同也。

「先之,勞之」,勞當從孔讀如字(《釋文》)。先與勞皆及物動詞。先之,以民為先。勞之,使民勞。以民為先,隨季梁所謂「聖王先成民」(《左傳》桓六年)也。使民勞,魯敬姜所謂「聖王……勞其民而用之」(《國語‧魯下》)也。孔子答子張問從政,舉五美,其二曰「勞而不怨」,「擇可勞而勞之」(《論語‧堯曰》)。子夏亦曰:「君子信而後勞其民。」(又《子張》)先之勞之,其意如是。果如俞說,先民而任其勞,如親耕親蠶者,則庶事焉得不廢?且親耕親蠶,僅為儀式,有何任勞之可言?

「無倦」,謂毋倦怠。倦即「為之不厭,誨人不倦」(《論語‧述而》)、「學不厭而教不倦」(《孟子‧公孫丑上》)之倦,亦即「明而動,晦而休,無日以怠」(《國語‧魯下》)之怠。俞云「先任其勞則易倦」,是以為疲乏之意,失之。且勞而疲乏,理之自然,安能云「無(毋)倦」也?〔註2〕

〔註2〕王泗原:《古語文例釋(修訂本)》,北京:中華書局,2014年版,第25～26頁。

13.2 仲弓為季氏宰，問政。子曰：「先有司，赦小過，舉賢才。」曰：「焉知賢才而舉之？」子曰：「舉爾所知；爾所不知，人其捨諸？」

廖名春：《論語·子路》篇仲弓問政章有「仲弓為季氏宰」的記載，但此「宰」是「家相」還是「邑宰」，歷來就有不同的說法。

梁皇侃《義疏》：「仲弓將往費為季氏采邑之宰。」〔註3〕是為「邑宰」。而宋李如圭《儀禮集釋》卻說：「仲弓為季氏宰，家相也。」〔註4〕

案：《左傳·定公十二年》有「仲由為季氏宰」說、《禮記·禮器》有「子路為季氏宰」說、《孟子·離婁上》有「求也，為季氏宰」說。《史記·仲尼弟子列傳》說：「冉求字子有，少孔子二十九歲。為季氏宰。……子路為季氏宰。」《公羊傳·定公八年》：「陽虎者，曷為者也？季氏之宰也。季氏之宰則微者也，惡乎得國寶而竊之？陽虎專季氏，季氏專魯國，陽虎拘季孫，孟氏與叔孫氏迭而食之。」《新序·雜事》：「孔子侍坐於季孫，季孫之宰通曰：『君使人假馬，其與之乎？』」可見單稱「宰」當為「家相」。如《論語·雍也》：「原思為之宰，與之粟九百，辭。」「孔子為魯大夫而原思為宰」，是為孔子的「家相」〔註5〕。而「邑宰」則當冠以邑名。如《論語·雍也》：「季氏使閔子騫為費宰。」「子游為武城宰。」《先進》：「子路使子羔為費宰。」《子路》：「子夏為莒父宰，問政。」《史記·仲尼弟子列傳》：「子賤為單父宰，反命於孔子。」《孔子家語·相魯》：「孔子初仕為中都宰。」《辯政》：「子貢為信陽宰。」「宰」前都分別有邑名「費」、「武城」、「莒父」、「單父」、「中都」、「信陽」。特別是《孔子家語·致思》的「子路為蒲宰」，《史記·仲尼弟子列傳》明確說是：「子路為衛大夫孔悝之邑宰。」《後漢書·肅宗孝章帝紀》說：「昔仲弓季氏之家臣。」邢昺疏：「仲弓為季氏宰問政者，冉雍為季氏家宰而問政於夫子也。」〔註6〕所謂「家臣」、「家宰」，都是指「家相」而非「邑宰」。

上博藏楚簡《仲弓》篇簡一開端就是：「季桓子使仲弓為宰。」「宰」前沒有邑名，當為「家相」。這證明李如圭、邢昺的解釋是正確的，而皇侃的「往費為季氏采邑之宰」說難以成立。

〔註3〕原註：程樹德. 論語集釋〔M〕. 北京：中華書局，1990.882.
〔註4〕原註：儀禮集釋（卷十七）〔M〕. 文淵閣《四庫全書》經部禮類儀禮之屬.
〔註5〕原註：儀禮集釋（卷十七）〔M〕. 文淵閣《四庫全書》經部禮類儀禮之屬.
〔註6〕原註：論語注疏（卷十三）〔A〕. 十三經注疏〔C〕. 何晏集解，邢昺疏. 北京：中華書局，1980.2506.

　　元金履祥考證:「季氏其時四分公室而有其二,是有魯國之半,又專魯國之權,則其宰亦未易為。然其為季氏宰,不見於傳記,豈不久而去之耶?」〔註7〕可見「仲弓為季氏宰」的時間有欠清楚。……

　　據《左傳・定公十二年》「仲由為季氏宰」說,子路為季桓子宰,在前498年。仲弓亦為季桓子宰,只能在魯定公五年(前505年)至魯哀公三年(前492年)的13年之內。而孔子棄官去魯,在魯定公十三年(前497年)春〔註8〕。因此,從魯定公十三年(前497年)春至魯哀公十一年(前484年)「孔子歸魯」前,孔子並未在魯,「季桓子使仲弓為宰,中弓〔註9〕以告孔子」之事決不會發生在這一段時間內,而只能在魯定公五年(前505年)至魯定公十三年(前497年)春的八年之內。

　　據《左傳》,至定公八年(前502年)十月「陽虎為政,魯國服焉」。因此,「季桓子使仲弓為宰」只能在這以後至魯定公十三年(前497年)春孔子棄官去魯前。而「仲由為季氏宰,將墮三都」,《左傳》的記載是在魯定公十二年(前498年)夏。而《公羊傳・定公十二年》記載:「孔子行乎季孫,三月不違,曰:『家不藏甲,邑無百雉之城。』於是帥師墮郈,帥師墮費。」是年《左傳》又載:「冬十二月,公圍成,弗克。」「墮三都」由夏至冬這一段時間,為「季氏宰」的,應該是子路,而不會是仲弓。而魯定公十二年冬至魯定公十三年春,如果「季氏宰」不是子路,就更不會是仲弓了。因為這時季桓子對孔子的態度已發生了變化。先是「齊人歸女樂」,不顧孔子的反對,「季桓子受之,三日不朝」。後又郊祭「燔肉不至」。因此,「季桓子使仲弓為宰」的時間可壓縮在魯定公八年(前502年)十月至魯定公十二年(前498年)夏的四年之內。也就是說,仲弓「為季氏宰」應該早於子路。

　　……

　　對仲弓章「先有司」的理解,也是眾說紛紜。

　　孰是孰非,楚簡《仲弓》篇的第八簡和第九簡的有關解說頗值得參考:

〔註7〕原註:論語集注考證(卷七)〔M〕. 文淵閣《四庫全書》經部論語類.

〔註8〕原註:《孟子・告子下》:「孔子為魯司寇,不用,從而祭,燔肉不至,不稅冕而行。」《史記・孔子世家》:「桓子卒受齊女樂,三日不聽政;郊,又不致膰俎於大夫。孔子遂行。」江永《鄉黨圖考》:「孔子去魯,實在十三春。魯郊嘗在春。」

〔註9〕原文作此,疑係誤文,當為「仲弓」。

仲弓曰：「……夫『先有司』為之如何？」仲尼曰：「夫民安舊而重遷，□□□□□有成，是故有司不可不先也。」〔註10〕

「夫民安舊而重遷」以上為簡八，「有成」以下為簡九。簡九前端殘損，根據簡八和簡十的字數，估計殘損五字左右。

陳劍認為：「古書『安土重遷』多見，簡文『安舊而重遷』或與之義近。不過簡文討論的是『先有司』的問題，『遷』也可能是『變化』之意而非『遷徙（居處）』之意。」〔註11〕

案：「安舊而重遷」即「安故重遷」。《說苑‧修文》：「《傳》曰：『觸情縱欲，謂之禽獸；苟可而行，謂之野人；安故重遷，謂之眾庶；辨然通古今之道謂之士；進賢達能，謂之大夫；敬上愛下，謂之諸侯；天覆地載，謂之天子。』」「故」就是「舊」。《管子‧立政》：「勸勉百姓，使力作毋偷，懷樂家室，重去鄉里，鄉師之事也。」「懷樂家室」即「安舊」、「安故」。「重去鄉里」即「重遷」。「重」是不輕易、難之義。《漢書‧孔光傳》：「上重違大臣正議，又內迫傅太后，猗違者連歲。」顏師古注：「重，難也。」簡文「安舊而重遷」，本指懷樂家室，難離鄉里，引申為樂於守舊而不輕易變化。簡文的「民」，就是《傳》之「眾庶」，《管子》之「百姓」。孔子認為老百姓是樂於守舊而不輕易贊成變革的，所以「仲弓為季氏宰」，「為政」要想革新，「有司不可不先也」，管事的不能不率先垂範。

簡文的解釋，實際告訴了我們三點：

第一，「先有司」即「有司不可不先也」。因此，王肅、皇侃、邢昺、朱熹、金履祥為代表的「為政當先任有司」諸舊注都是錯誤的，而李光地、楊伯峻的「以身為有司倡也」最為接近。

第二，「有司」不但指仲弓手下的「屬吏」，也應該包括仲弓在內。因為與「有司」對舉的不是仲弓，而是「民」；「有司不可不先也」是基於「民安舊而重遷」來的，不是針對仲弓來的。從這一點而言，李光地、楊伯峻的「以身為有司倡也」也有小誤。而李澤厚的「首先注意幹部」說則有可取之處。

第三，從「民安舊而重遷」而「有司不可不先也」來看，孔子並非樂於守舊而不輕易贊成變革者，而是儘管有人們習慣性地反對，他還是主張為政

〔註10〕原註：「遷」從陳劍《上博竹書〈仲弓〉篇新編釋文（稿）》（簡帛研究網2004年4月19日）釋，李朝遠釋文作「舉」（馬承源主編：《上海博物館藏戰國楚竹書（三）》，269頁）。

〔註11〕原註：陳劍. 上博竹書《仲弓》篇新編釋文[EB/OL]. http://www.bamboosilk.org/ADMIN3/HTML/chenjian01.htm,2004-04-19.

者在改革上應率先垂範。從簡七的「舉賢才，宥過赦辠」來看〔註 12〕，其想改革的不止是季氏的弊政，實質也包括了「世卿世祿」的西周舊制和「五刑之屬三千」的嚴刑苛法。這一點，可以說是那些將孔子視為頑固保守派的人們所始料不及的。〔註 13〕

崔海東：本章「先有司」三字過簡，古來注家皆難還復其豐富內涵。《上博簡‧仲弓》整理面世後，與本章義旨相同然內容詳細得多，晁福林先生對之有詳細考證，解開其中義奧，不贅〔註 14〕。

故「先有司」義為：為政者必須先順應民意而選拔「有司」。〔註 15〕

代生：此節的關鍵是「先有司」一句。「有司」，或曰眾職，或曰群吏，差別不大，而對「先」字的解讀可謂眾說紛紜：……

……幸運的是，上海博物館藏戰國楚竹書《仲弓》篇記載了仲弓向孔子問政的事情，其中包含《論語‧子路》仲弓章的內容，又比其詳盡、豐富，這為解答學者的疑義提供了新的資料。現將陳劍先生的釋文引用如下（釋文用寬式，下同）：

> 仲弓曰：「敢問為政何先？☑【5】☑仲尼☑〔曰：〕「老老慈幼，先有司，舉賢才，宥過赦罪。【7】（罪）政之始也。」仲弓曰：「若夫老老慈幼，既聞命矣。夫先有司，為之如何？」仲尼曰：「夫民安舊而重遷【8】早使不行，妥扈☑【14】☑有成，是故有司不可不先也。」仲弓曰：「雍也不敏，雖有賢才，弗知舉也。敢問舉才【9】如之何？」仲尼曰：「夫賢才不可掩也。舉而所知。而所不知，人其舍之諸？」仲弓曰：「宥過赦罪，則民何懲（？）【10】……」〔註 16〕

〔註 12〕 原註：「宥過赦辠」的釋讀從陳劍說，詳見陳氏著《上博竹書〈仲弓〉篇新編釋文（稿）》。

〔註 13〕 廖名春：《楚簡〈仲弓〉與〈論語‧子路〉仲弓章讀記》，《淮陰師範學院學報（哲學社會科學版）》2005 年第 1 期，第 1～2、3～4 頁。

〔註 14〕 原註：晁福林. 從上博簡仲弓篇看孔子的「為政」思想〔J〕. 齊魯學刊，2004，（6）.

〔註 15〕 崔海東：《楊伯峻〈論語譯注〉義理商榷》，《合肥師範學院學報》2014 年第 1 期，第 58 頁。

〔註 16〕 原註：陳劍：《〈上博（三）‧仲弓〉膡義》，《戰國竹書論集》，上海，上海古籍出版社，2013 年版，第 265～266 頁。陳先生指出：「簡 14 與簡 8 連讀，從黃人二、楊芬先生之說」，「簡 14 與簡 9 拼合，從趙炳清、周鳳五先生之說。」按，【】內所引數字為簡序。

……

值得注意的是，2011 年公佈的上博簡第八冊《顏淵問於孔子》篇中也有「先有司」的記載，該篇竹簡殘損散亂較多，拼合困難，在原整理者的基礎上，復旦、吉大古文字專業研究生聯合讀書會（簡稱「讀書會」）的學者對竹簡編排進行了大幅度調整：

> 顏淵問於孔子曰：「敢問君子之入仕也有道乎？」孔子曰：「有。」顏淵：「敢問何如？」孔子曰：「敬（儆）有過而【1】〔先〕有司，老老而慈幼，豫絞而收貧，祿不足則請，有餘則辭。【12A】敬（儆）有過，所以為緩也；先【2B】〔有〕司，所以【2A】得青＝；老老而慈幼，所以處仁也；豫絞而收貧，所以取【11】親也；祿不足則請，有餘【12B】則辭，所以揚信也。蓋君子之入仕也如此矣。」顏淵曰：「君子之入仕也，回既聞命矣，敢問【5】……」〔註17〕

「讀書會」的拼合與調整，得到了較多學者的贊同，從字形上看補為「先有司」是沒有問題的。

……

綜上可知，《仲弓》篇為我們提供了孔子與仲弓對話的背景和詳細內容，《顏淵問於孔子》也有孔子「先有司」的記載，材料雖然不斷豐富，學者的解讀卻仍難統一。

……

通過討論可知，以上釋「先」諸說似不能同時貫通《論語》、上博簡《仲弓》和《顏淵問於孔子》三種文獻，因此還需另尋他法，重新解讀。

清華簡《繫年》第四章記載分封史事時說：

> 周成王、周公既遷殷民於洛邑，乃追念夏商之亡由，旁設出宗子，以作周厚屏，乃先建衛叔封於康丘，以侯殷之餘民。〔註18〕

與此可以參照的是《左傳》定公四年有相關記載：「昔武王克商，成王定之，

〔註17〕原註：復旦吉大古文字專業研究生聯合讀書會：《〈上博八・顏淵問於孔子〉校讀》，「過」字係該篇討論帖中鄭公渡等學者所釋。復旦大學出土文獻與古文字研究中心網站，2011 年 7 月 17 日，http://www.gwz.fudan.edu.cn/Web/Show/1592#_edn17。敬讀為儆，係陳偉先生所釋，見陳偉：《〈顏淵問於孔子〉內事、內教二章校讀》，簡帛網，2011 年 7 月 22 日，http://www.bsm.org.cn/show_article.php?id=1521。按【】內數字為簡序，文字為擬補內容。

〔註18〕原註：李學勤：《清華大學藏戰國竹書》（貳），上海，中西書局，2011 年版，第 144 頁。

選建明德，以蕃屏周。……分康叔以大路、少帛、綪茷、旃旌、大呂，殷民七族，陶氏、施氏、繁氏、錡氏、樊氏、饑氏、終葵氏。」在文獻中，「選建」為習語，李天虹先生認為，《繫年》中的「先」應讀為「选（選）」：

> 古音「先」是心母文部字，「選」是心母元部字。「選」的聲旁「巽」也是心母文部，與「先」音同。《說文》毿：「從毛先聲，讀若選。」可見「先」、「選」二字古音非常接近。……這樣，所謂「先建」，當可讀為「選建」，與《左傳》定公四年敘周分封事用詞相同。「選建」，與簡文「旁設」，也可對應。跟讀「先」為本字相比，文義似更為順暢。〔註19〕

由於此處的「先」未表示「先後」之義，從文義的角度看李先生的解釋更通暢，也得到了不少學者的認可。〔註20〕既然先與选（選）可通，那《論語》等文獻中的「先有司」，是否可以讀為「選有司」？《說文》：「選，擇也」，又釋「擇，柬選也」，可知選有司義為擇選有司。我們不妨將這一釋義代入上述文獻進行解析。

在《論語·子路》篇中，「先」讀為「選」，「選有司」並無不妥，《仲弓》篇言「是故有司不可不先也」，理解為「有司不可不選也」同樣也順暢，還能疏通上下文義：

> 仲弓曰：「若夫老老慈幼，既聞命矣。夫先有司，為之如何？」
> 仲尼曰：「夫民安舊而重遷，【8】早使不行，妥尾☒【14】☒有成，
> 是故有司不可不先也。」〔註21〕

仲弓所問實際上是強調「先有司」的重要作用，該篇竹簡拼合雖有爭議，但文義尚可知曉，即強調民安舊重遷，擇選合適的有司能做到「有成」，有司的職責在於管理、疏導民眾，不必解釋為有司身先士卒等等。上引《顏淵問於孔子》篇說：「先〔有〕司，所以得青＝。」情指民情，古代統治者非常重視體察民情，「吏者，承流宣化，道民情者也」〔註22〕，此說可謂中的，作為有

〔註19〕原註：李天虹：《小議〈繫年〉「先建」》，簡帛網，2012 年 6 月 14 日，http://www.bsm.org.cn/show_article.phpid=1710。

〔註20〕原註：蘇建洲、吳雯雯、賴怡璇：《清華二〈繫年〉集解》，臺北，臺灣萬卷樓圖書股份有限公司，2013 年版，第 208～209 頁。

〔註21〕原註：陳劍：《〈上博（三）·仲弓〉賸義》。

〔註22〕原註：毛應龍：《周官集傳》，《叢書集成續編》第八冊經部，上海，上海書店，1994 年版，第 431 頁。這是他在討論《周禮》「達吏」時引《論語》所言「先有司」時提出的。

司，不能高高在上，遠離民眾，其責任就是瞭解民情；不合適的有司難以體察民情，獲得民意，容易與民產生隔閡。

結合以上解讀可以看出，釋「先」為「選」恰能貫通文獻。在其他文獻中，孔子的這種思想實際也有體現，《論語・為政》篇說：「哀公問曰：『何為則民服？』孔子對曰：『舉直錯諸枉，則民服；舉枉錯諸直，則民不服。』」這一章所講實際上就是「選有司」。因為「直」和「枉」都是對官吏即有司而不是對普通民眾的評價，《史記・孔子世家》云：「魯哀公問政，對曰：『政在選臣。』季康子問政，曰：『舉直錯諸枉，則枉者直。』」可見，「政在選臣」即是司馬遷對上引哀公問政的總結，可以看出，孔子強調為政要「選臣」，即選有司。關於此點，清人劉寶楠論之甚詳：

> 春秋時，世卿持祿，多不稱職，賢者隱處，雖有仕者，亦在下位，故此告哀公以舉措之道，直者居於上，而枉者置之下位，使賢者得盡其才，而不肖者有所受治，亦且畀之以位，未甚決絕，俾知所感奮而猶可以大用。故下篇告樊遲以「舉直錯諸枉，能使枉者直」，即此義也。

此說甚確，魯國在春秋時期「猶秉周禮」，宗法血緣關係濃重，在官吏選撥〔註23〕、任用上也多以出身為標準，選撥出來的官僚良莠不齊，難以履行「治民」之職責。關於此點，有學者論述道：「春秋時期魯國私家選官與公臣仕進原則互有同異，魯公臣仕進以親親原則為主，其世所重任者多為公子、公孫等公族子弟。直至春秋中後期魯政為三桓所世襲，異姓雖有偶任重職者，然殊為特例而已。……春秋之魯私家選官原則雖以賢能與親舊並舉，然以親舊原則選任的宗法型家臣還佔有重要地位。尤其是私家重要職官尚多為同姓氏或世臣所擔任，具有濃厚的宗法性特徵。」〔註24〕孔子的主張，正是針對這一弊端而言，所謂「先有司」實際上是討論官吏即有司的擇用問題。面對「世卿持祿」的貴族政治局面，孔子無力徹底改變，只能在此基礎上進行改革，其中的重要舉措就是讓「直者居於上，而枉者置之下位」。孔子強調要「整頓吏治」，與當時的政治現狀密切相關。

按，《禮記・大學》篇中有言：「見賢而不能舉，舉而不能先，命也。」命，學者讀為慢、怠慢之義，可從。但對「先」字的解釋頗多，……筆者認

〔註23〕原文作此，疑當為「選拔」，作者此文中下同。
〔註24〕原註：謝乃和：《略論春秋時期魯國家臣制度》，載《東北師大學報》（哲社版）2010 年第 4 期。

為，改字解經雖然可通，但假若以上討論「先」讀為「選」成立，選訓為擇用，此句意在說明舉薦出賢才而不能合理擇用，似更切合文獻。

通過《繫年》「先建」、《論語》「先有司」、《禮記》「舉而不能先」三句的討論可知，在表示「擇選」、「擇用」之義時，「先」應讀為「選」。〔註25〕

13.3　子路曰：「衛君待子而為政，子將奚先？」
子曰：「必也正名乎！」
子路曰：「有是哉，子之迂也！奚其正？」
子曰：「野哉，由也！君子於其所不知，蓋闕如也。名不正，則言不順；言不順，則事不成；事不成，則禮樂不興；禮樂不興，則刑罰不中；刑罰不中，則民無所錯手足。故君子名之必可言也，言之必可行也。君子於其言，無所苟而已矣。」

趙宗乙：愚意於「必也正名乎」，當詳讀《荀子‧正名篇》。《荀子‧正名篇》從正名的原因，正名的原則，正名的方法諸方面詳細加以論證，其所正之「名」，大致相當於今義語言中的「詞」，或者說是邏輯中的「概念」。其「正名」的基本理由是認為「名」的問題就是政治的問題，要解決政治問題，必須首先解決「名」問題。這和孔子「必也正名乎」的觀點是完全一致的，或者說《荀子‧正名篇》就是要完善孔子「必也正名也〔註26〕」這一重大命題。〔註27〕

崔海東：此「正名」並非糾正名分上的用詞不當，而是撥亂反正，恢復西周根據「策名委質」而定的君臣之權利義務。「名」之實質是「策名委質」，於周制中，「策名」係君授予臣以名位、封建的身份，「委質」則是臣通過某種特殊的禮儀，表明自己對君的承諾，由此建立契約性君臣關係〔註28〕。此如孟子云「孔子……出疆必載質」（《孟子‧滕文公下》）。

故本章義為：孔子說：「一定要撥亂反正，重新確立君臣間權利義務之契約。」〔註29〕

〔註25〕代生：《孔子為政「先有司」思想再探》，《孔子研究》2017年第4期，第55、56～57、58～60頁。
〔註26〕原文作此，疑當為「必也正名乎」。
〔註27〕趙宗乙：《「片言」、「正名」正解——讀〈論語〉札記二則》，《泉州師範學院學報》2011年第1期，第67頁。
〔註28〕原註：姚中秋. 華夏治理秩序史‧封建〔M〕. 海口，海南出版社，2012：13.
〔註29〕崔海東：《楊伯峻〈論語譯注〉義理商榷》，《合肥師範學院學報》2014年第1期，第58頁。

苟東鋒：孔子所談的是一種超越時空的本末意義的先後，他認為治國之本在於正名。依子路所想，針對衛國的具體政事，孔子勢必會採取一些政策，他要問孔子的是根據其輕重緩急，在時間上應該以哪個先行。再說子路的性格，孔子說：「由也果，於從政乎何有？」（《論語・雍也》)《論語》中，子路一般給人的印象也是「行行如也」，（《論語・憲問》)「無宿諾」（《論語・顏淵》），可見，他是個果敢性急的人。所以我們有理由相信，子路針對衛國政事而對孔子的發問，必是時間意義上從哪件事情幹起。

前此所論，均屬通過文本語境的分析而旁敲側引地尋找關於正名的信息。綜而述之，主要有兩點：其一，就正名的定位而言，與子路希望尋找的為政急務不同，孔子通過正名所指點的乃是為政之本。其二，就正名的涵義而言，或許並非如字面意思那樣，是一個廓清名分或者澄清用語的簡單工作，而是孔子經過了深思熟慮的施政綱領。

總而言之，正名章問答雙方所理解的「名」意思很清楚，主要是前孔子時代的思想家普遍談論的政治倫理意義的名分義。至於經學家提出的名言義，也需要統攝於名分義。正名言的實質是正名分，只有從名分義出發，才能讀懂孔子的正名。

……在此意義下，「言順」可以從兩個角度理解：一種是（某件事）講起來通順、有道理；另一種是（某個人）說的話有道理或容易通行。前者的「言」為動詞，意為講起來、說起來，後者的「言」作名詞，意為講的內容和意思。一個是形式地說，一個是內容地說，兩者的側重點不同。從「名正」而後「言順」的立場來看，應該取後一種理解。亦即一個人的名分被正當地確定之後，那麼他所說的話就能夠順利、順暢地被人接受，從而貫徹執行。〔註30〕

寧全紅：劉寶楠非常正確地指出：「『事不成』，『禮樂不興』，『刑罰不中』，皆推言『名不正，則言不順』之失。」〔註31〕欲更為準確地把握「名不正，則言不順」，還需要瞭解孔子此言的具體背景。簡而言之，衛靈公在位期間，世子蒯聵因為殺母之事敗露而出奔宋國，其黨羽也全部被驅逐。衛靈公死後，在其夫人的主持下，衛人立蒯聵之子輒為國君。然而，正如

〔註30〕苟東鋒：《〈論語〉正名章疏解》，《杭州師範大學學報（社會科學版）》2017
　　　年第 1 期，第 4、5、7 頁。
〔註31〕原註：劉寶楠. 論語正義〔M〕. 中華書局，1990：523.

全祖望所言，蒯聵的世子之位並未遭衛靈公廢黜，「天下有世子而不應嗣位者乎？」〔註32〕又，「豈有其子得嗣位為諸侯而其父遂不必有所受而稱為世子之禮？」〔註33〕當為君者出奔在外而應為臣者佔據君位於內，父亡命於外而子享受榮華富貴於內，名之不正，莫甚於此！因此，在衛君有意讓他執政之際，孔子將「正名」作為首要事務！孔子意識到，如果「名不正」的局面不改變，衛國勢必面臨「言不順」，「事不成」，「禮樂不興」以及「刑罰不中」等嚴重後果。

「名不正」何以可能導致「言不順」？「順」，無人敢於違抗之意。比如，「師眾以順為武。」〔註34〕杜預注：「順，莫敢違。」〔註35〕又如……換言之，君的存在就是為了發號施令，臣於君則應「敢不唯命是聽」。這是君臣之間的正常情形。在不當為君而為君的情形下，臣下不能認同，故而可能不順其之言。……「言不順，則事不成」較易為人所理解。「言不順」之「言」緊承「名不正」，與其主語同。「名不正」所指為衛國國君故事，因此，這裏的「言」是指國君之言，國君之言即政令。「事」則當作「政事」解。……大意為，若臣子不服從，甚至敢於違抗國君之政令，則國君之政事不大可能得以順利推行，更不可能取得成效。

「事不成」，何以可能導致「禮樂不興」？為此，首先應正確理解「禮」。春秋時期，禮有本末之別：

> 公如晉，自郊勞至於贈賄，無失禮。晉侯謂女叔齊曰：「魯侯不亦善於禮乎？」對曰：「魯侯焉知禮？」公曰：「何為？自郊勞至於贈賄，禮無違者，何故不知？」對曰：「是儀也，不可謂禮。禮所以守其國，行其政令，無失其民者也。今政令在家，不能取也。有子家羈，弗能用也。奸大國之盟，陵虐小國。利人之難，不知其私。公室四分，民食於他。思莫在公，不圖其終。為國君，難將及身，

〔註32〕原註：全祖望. 鮚埼亭集. 孔子正名論〔A〕. 續修四庫全書（1430 冊）〔C〕. 上海古籍出版影印嘉慶十六年刻本，2002，108.

〔註33〕原註：全祖望. 鮚埼亭集. 孔子正名論〔A〕. 續修四庫全書（1430 冊）〔C〕. 上海古籍出版影印嘉慶十六年刻本，2002，108.

〔註34〕原註：孔穎達等. 春秋左傳正義（卷二十九）〔M〕. 中華書局影印阮元刻本，1980：1931.

〔註35〕原註：孔穎達等. 春秋左傳正義（卷二十九）〔M〕. 中華書局影印阮元刻本，1980：1931.

不恤其所。禮之本末，將於此乎在，而屑屑焉習儀以亟。言善於禮，

不亦遠乎？」君子謂：「叔侯於是乎知禮。」〔註36〕

……也就是說，「君令臣共」是禮的本質屬性和內在要求。若得以遵循，則國君理所當然地能夠「守其國，行其政令」。反之，若政令為臣民違抗，政事無法推行，則違背「君令臣共，父慈子孝」之禮。長此以往，禮樂自然而然地不興。……之所以將「樂」置於其中，是因為從《左傳》的大量記載來看，「樂」須符合禮之規範。比如，「王雖弗遂，宴樂以早，亦非禮也。」又如，孔子指責季氏：「八佾舞於庭，是可忍也，孰不可忍也？」季氏僭用天子的禮儀，是禮崩以後樂必然壞的有力例證。

「禮樂不興」，何以可能導致「刑罰不中」？……在《論語》中，「中」常用作不偏不倚，無過不及。比如，「中庸之為德也，其至矣乎！」又如，「允執其中。」它們表面上可以支持孔疏，實際上，在「中」表達這類意義的場合，《論語》、《孟子》以及《中庸》等都是在哲理的層面予以使用。儘管孔孟通常關注和討論的是現實政治問題，不能否認可以由此出發合理推導出刑罰應當「不偏不倚」或者「無過不及」，進而得出刑罰當避免「淫」、「濫」的結論。……比較合理的解釋應該是，「刑罰不中」之「中」為去聲，「當」也。比如，「斯豈刑中之意哉？」顏師古注：「中，當也。」〔註37〕因此，「刑罰不中」，意思就是刑罰不當。

……

狐突明確指責懷公之刑罰為「淫」、「濫」〔註38〕，「淫」、「濫」究竟何指？它們與「中」之間是否存在必要關聯？關於「淫」，《說文·水部》載：「淫，侵淫隨理也。」在典籍中，「淫」常引申為「過」。比如，「淫生六疾。」〔註39〕杜預注：「淫，過也。」〔註40〕進而引申為刑獄之「濫」。比如，「刑淫三獄」。李賢注：「淫，濫也。」〔註41〕「濫」常用於形容水超越邊界之意，

〔註36〕原註：孔穎達等. 春秋左傳正義（卷四十三）〔M〕. 中華書局影印阮元刻本，1980：2041.

〔註37〕原註：班固. 漢書〔M〕. 中華書局，1962，1103.

〔註38〕指狐突「刑之不濫，君之明也，臣之願也。淫刑以逞，誰則無罪」一語。

〔註39〕原註：孔穎達等.《春秋左傳正義》（卷四十一），中華書局影印阮元刻本，1980. 2025.

〔註40〕原註：孔穎達等.《春秋左傳正義》（卷四十一），中華書局影印阮元刻本，1980. 2025.

〔註41〕原註：（中國臺灣）商務印書館影印文淵閣四庫全書（252 冊）〔M〕. 149.

亦引申為刑之過也。比如,「不僭不濫。」〔註42〕又如,「賞不僭而刑不濫。」〔註43〕因此,無論「淫」也好還是「濫」也好,在形容「刑」之際,都是指超越正常的界限,也就是人們所公認的規範。叔向云:「昔先王議事以制,不為刑辟……」〔註44〕大意為,在事件發生以後,先王們以「制」為依據商議制裁的辦法,而不制定刑法。也就是說,「制」為西周春秋時期刑罰實施的依據。人們對於王依據「制」而決定實施什麼樣的刑罰不得而知,不過,人們可以根據「制」知道什麼可為而什麼不可為,這樣就可以避免刑罰加於身,也就是知道如何「措手足」。因此,孔子所謂「刑罰不中」應當是指,在人們的行為並未違「制」的情形下,統治者任一己之意而實施刑罰。像這樣實施的刑罰超越「制」所確立的正常界限,故而不當,甚至有「淫」、「濫」之嫌。……〔註45〕

13.4 樊遲請學稼。子曰:「吾不如老農。」請學為圃。曰:「吾不如老圃。」

樊遲出。子曰:「小人哉,樊須也!上好禮,則民莫敢不敬;上好義,則民莫敢不服;上好信,則民莫敢不用情。夫如是,則四方之民襁負其子而至矣,焉用稼?」

郭睿康:首先是對話的緣起,也就是樊遲為什麼要學種莊稼。如果我們先從這一章的文字來分析,可以看出,樊遲是在向孔子訴說自己的志向。朱熹《集注》引楊時的〔註46〕之言也說:「樊須遊聖人之門,而問稼圃,志則陋矣。」《論語》中與此相同的章節還有「張學干祿〔註47〕」、「子路問政」等等,都是弟子在向孔子訴說自己的志向。而這些章節大多是沒有語境的,但我們可以根據《論語》中的其他章節來推測和補充這些語境。例如《雍也第六》中說:

　　顏淵、季路侍。……

〔註42〕原註:孔穎達等. 毛詩正義(卷二十～四)〔M〕. 中華書局影印阮元刻本,1980.628.

〔註43〕原註:孔穎達等. 春秋左傳正義(卷三十七)〔M〕. 中華書局影印阮元刻本,1980.1991.

〔註44〕原註:孔穎達等. 春秋左傳正義(卷四十三)〔M〕. 中華書局影印阮元刻本,1980.2043.

〔註45〕寧全紅:《「禮樂不興,則刑罰不中」新解》,《中華文化論壇》2017 年第 10 期,第 52～55 頁。

〔註46〕原文作此,疑原文此處多一「的」字。

〔註47〕原文作此,疑當為「子張學干祿」。

再如《先進第十一》中說：

> 子路、曾皙、冉有、公西華侍坐。……

由於這兩章語境比較清楚，都是孔子在與弟子們講學時所說。孔子讓弟子們分別說出各自的志向，並且孔子自己也會參與其中，說出自己的志向，而這些志向包括各個方面，如德行、人際、從政等等。由此可以推測，在孔門師生的日常教學活動中，訴說和討論各自的志向是一項「常規教學項目」。因此我們有理由認為，樊遲學習種地的願望，就是在這樣的日常討論中所提出的。

並且，仔細玩味這段話，可以發現這段話並非出自樊遲自己的記錄，而是由其他弟子記下來的。原因在於：首先，樊遲出去之後孔子所說的話，樊遲自己必定是不知道，即便知道，也是後來經別人轉述的；其次，這段話的內容是孔子在批評樊遲，而且批評得很嚴厲，樊遲不太可能把批評自己的話記下來傳給後人。由此可知，這段對話發生的時候，必然有其他人在場，且極有可能就是在與樊遲一起聽孔子講學。

總之，這段對話發生的場景應該就是在孔門師生「坐而論道」的時候。那麼既然是坐而論道，面對樊遲的提問，為何孔子不直接對樊遲講清楚，反而只以自己不如老農老圃來拒絕呢？筆者認為，這主要是孔子的教育理念使然。孔子雖然以「誨人不倦」為己任，但對於教學問答也有自己的尺度，他說：「不憤不啟，不悱不發。」（《論語・述而第七》）也就是說，學生不是誠心有所求而自己無法解答的，孔子也不會迫切地去對他講授。換言之，學生有何問題，老師便至〔註48〕做出相應的回答，學生若不追問，老師也不必自己說出來。在這裏，樊遲只是問學種地的問題，孔子便直接回答自己不能，而樊遲沒有繼續追問，孔子也就不再深入解答。……

……「小人哉樊須」這段話是孔子自己主動說的，還是別人問孔子後孔子才說的。我們現在看到的《論語》原文，「樊遲出」後面緊接著就是「子曰」，所以給人的感覺似乎是孔子主動說的。但當時的情況未必如此。我們同樣可以在《論語》的其他章節找到佐證。如上文提到的「子路、曾皙、冉有、公西華侍坐」一章，……

曾皙在其他三位弟子離開後，又向孔子追問了孔子對於他們所說的志向的評價，而孔子也分別作出了回答。再如上文所舉「子路問聞斯行諸」一章，

〔註48〕原文作此，疑此「至」字為衍文，當刪。

顯然也是在孔子與前兩位弟子問答之後，公西華又向孔子追問其對於前兩人的教誨內容。且這兩段話顯然都是發生在在〔註49〕孔子講學的過程中。可見，類似情況在孔子講學的過程中，也是常有的事。而「樊遲請學稼」這一章中孔子的話，極有可能也是在這種情況之下說出的，是孔子對於其他弟子追問的回答。〔註50〕

13.18 葉公語孔子曰：「吾黨有直躬者，其父攘羊，而子證之。」孔子曰：「吾黨之直者異於是：父為子隱，子為父隱。——直在其中矣。」

王弘治：「隱」字古籍中一般可訓為「匿」、「蔽」，這也是「隱」留存在現代漢語詞彙語義當中的主要義項。但在古籍訓詁當中，這並非唯一義項。……特別應該注意的是，「隱」一般也可以被認為是「檃」的假借字。

「檃，栝也。」「檃，亦作櫽，亦假借作隱。」〔註51〕

檃栝，是古代用來矯治原木使之正直的工具。《荀子・非相》楊倞注：「檃栝，正曲木之木也。」徐鍇《說文解字繫傳》云：「檃，即正邪曲之器也。」又云：「檃，古今皆借隱字為之。」

檃栝本為一種實用勞動工具，在先秦諸子著作當中，其詞項又被引申為矯治糾正的意思。在《荀子》當中，檃栝凡五見，從中可以清楚地看到詞義引申的端倪。

> 善者於是間也，亦必遠舉而不繆，近世而不佣，與時遷徙，與世偃仰，緩急嬴絀，府然若渠匽檃栝之於己也。
>
> 故檃栝之生，為枸木也；繩墨之起，為不直也。
>
> 直木不待檃栝而直者，其性直也。枸木必將待檃栝烝矯然後直者，以其性不直也。
>
> 乘輿之輪，太山之木也，示諸檃栝，三月五月，為幬采，敝而不反其常。君子之檃栝，不可不謹也。
>
> 且夫良醫之門多病人，檃栝之側多枉木，是以雜也。

〔註49〕原文如此，其中一「在」字為衍文，當刪。

〔註50〕郭睿康：《〈論語〉中的語境還原與文意理解——以「樊遲請學稼」章為例》，《北方文學（下旬）》2017年第4期，第226～227頁。

〔註51〕原註：段玉裁：《說文解字注・木部》，上海：上海古籍出版社，1988年，第264頁。

「櫽栝」在《韓非子》中又作「隱栝」，其用例如下：

　　夫棄隱栝之法，去度量之數，使奚仲為車，不能成一輪。

　　自直之箭、自圜之木，……隱栝之道用也。……射者非一發也。

韓非受學於荀子，相關的一些概念應該是有所繼承的。

櫽栝作為「矯正人的行為」的意義還見於其它文獻，例如《尸子》：「孔子曰：『自娛於櫽括之中，直己而不直人，以善廢而不邑邑，蘧伯玉之行也。』」《尸子》中這段直接以孔子的口吻道出了「櫽栝」與「直」之間的語義關係，對本文的主要觀點而言彌足珍貴。與此條相類似的引述還見於《韓詩外傳》和《大戴禮記》。

雖然在《說文》中，櫽與栝是可以分別單獨互訓的，然而在上述引文中，櫽栝或者隱栝卻是以一個雙音節詞的面目出現的。古漢語當中有大量的聯綿詞，如逍遙，望洋，首施……雙音節聯綿詞的意義，與其文字的字面意義無關。因此，從雙音節「櫽栝」還無法直接證明「隱」即表示「矯治」、「糾正」的意思，我們必須找到「隱」字單獨使用的有關例子。以下兩段文字可以提供這方面的證明：

　　嗚呼！邦伯師長，百執事之人，尚皆隱哉。〔註52〕

　　晏子曰：今夫車輪，山之直木也，良匠揉之，其圓中規，雖有

　槁暴，不復嬴矣，故君子慎隱揉。〔註53〕

雖然大多數學者認為《尚書》中屢有漢魏以來的偽作，但《盤庚》三篇的真實性向來是很少受到懷疑的。此處據孔傳的解釋，「隱」的意義是「言當庶幾相隱括共為善政」，即相互矯正修正的意思。

《晏子春秋》此章與《荀子·大略》相仿，都講的是晏子為曾參送行的故事。而《荀子》中所用的「櫽栝」，此處為「隱揉」。

《漢書·公孫弘傳》：「臣聞揉曲木者不累日。」顏師古注：「揉謂矯而正之也。」

「揉」字是一個單音節詞，此處充當自由語素，因此隱揉不是一個聯綿詞，從而可以間接說明「隱」也可以單獨使用表示「矯正」的意思。

最後一個需要在語義層面上掃清的障礙是假借。

〔註52〕原註：《尚書·商書·盤庚下》。
〔註53〕原註：《晏子春秋·內篇雜上·曾子將行晏子送之而贈以善言》。

　　許慎《說文解字》解釋「六書」時說:「假借者，本無其字，依聲託事，令長是也。」因此也有人認為假借字與本字之間，僅僅是聲音的耦合接近，在意義上的關聯不大。比如甲骨文中常用虛詞「其」假借自今天「簸箕」之「箕」字，兩者並無意義聯繫。而「檃」與「隱」也是假借的關係，如果兩者之間同樣是這種語音偶合〔註54〕關係，我們也同樣無法準確指認《論語》的「父為子隱」的「隱」字一定是「檃」字的假借或者通假，因為既然「隱瞞」似乎是「隱」的本義，為什麼我們一定要考慮假借的可能呢?

　　筆者認為，「矯治」一義同樣也是「隱」的本義。我們首先要突破前人關於「假借」的說法，準確地說「隱」和「檃」之間是六書當中「轉注」的關係。「轉注者，建類一首，同義相受，考老是也。」轉注字間一般是同義或近義的關係，由於古代語音的遷移變化，使得原來的一個詞分化為後來的兩個形式。《說文解字》中分析「檃」的字型〔註55〕認為它是形聲字，從木從隱省聲。而漢字中一大部分形聲字義符的產生與詞的意義引申有關，比如「竟」有終止的意思，那麼「境」字是表示土地所達到的極限位置。而「檃」字從木，與之相類。我們同樣可以把這種形聲字聲符增生的現象視為「轉注」。

　　……

　　在辨析清楚「隱」字另一重訓詁含義之後，我們就能夠為「親親相隱」章的意涵提供另一種訓釋的可能:如同檃栝可以使不規則的木料成為良匠手中的可用之材，父親是在潛移默化之中端正兒子行為的榜樣;又如同矯正曲木需要柔和的外力作用與相應的施力時間，兒子也應該採取不過火的行動來糾正父親的不當行為。孔子所謂的「直在其中」即是在傳統的倫理關係內塑造親子彼此正直的人格。訴諸於刑法的「直」，並非真正地發自自我良知的「直」，遠不是孔子理想中「直」的原貌，這與孔子「道之以刑，齊之以政〔註56〕」和「道之以德，齊之以禮」的差別觀點是完全一致的。〔註57〕

〔註54〕原文中「耦合」、「偶合」共存，疑有誤。

〔註55〕原文作此，疑當為「字形」。

〔註56〕原文作此，疑當為「道之以政，齊之以刑」。

〔註57〕王弘治:《《論語》「親親相隱」章重讀——兼論劉清平、郭齊勇諸先生之失》，《浙江學刊》2007年第1期，第94～96頁。

　　李為政：我們知道，孔子是主張「過則勿憚改」（《泰伯》），「見其過而內自訟」（《公冶長》），「不貳過」以及「過而不改，是謂過矣」（《衛靈公》）的，……可見孔子是贊成知錯就改而反對文過飾非的。攘羊（即偷羊）顯然是一種「過」，孔子對它當然是持否定態度並主張攘羊者對自己的這種行為予以糾正的，而決不可能要求親親相隱，否則就與孔子的一貫思想自相矛盾。……

　　要弄懂「父為子隱，子為父隱」的真正含義，關鍵在於弄懂「隱」的意義。其實這個「隱」並非「隱瞞」之義，而是「審度」之義。《漢語大字典》所收的「隱」字條下有「審度」這一義項，並給出了豐富的古訓和例證：《爾雅·釋言》：「隱，占也。」郭璞注：「隱度。」邢昺疏：「占者視兆以知吉凶也，必先隱度。故曰：『隱，占也。』」……這裏所謂的「度」「隱審」「隱度」均為「審度」之義。再看《禮記·少儀》：「軍旅思險，隱情以虞。」鄭玄注：「隱，意也，思也。虞，度也。當思念己情之所能以度彼之將然否。」這裏的「隱」是「思念，思考」的意思，但顯然是由「審度」義引申出來的。「隱」的「審度」義同「隱瞞」義一樣，是由「隱」的本義「隱蔽，隱藏」通過隱喻的方式引申出的一個新義；但不同的是，「隱」的「審度」義相對於「隱瞞」義來說是個僻義，在使用頻率上遠低於後者。從上述例證來看，大概「審度」義在先秦以後就很少再獨立使用了，但也並未消失──作為構詞語素同別的語素構成複音詞，如「隱卜（猜詳〔註58〕，猜測）」「隱心（審度，忖度）」「隱校（審訂校勘）」……等。由此可知，《論語》時代的「隱」完全有可能作「審度」解。

　　如果「隱」解作「審度」的話，那麼全句話便可翻譯成「父親替兒子審度（他的偷竊行為），兒子替父親審度（他的偷竊行為）」。也就是說，父親或兒子中有一方偷竊，另一方就對這種偷竊行為進行審度分析，得出原因後再告知對方，使之覺悟，從而達到讓對方避免再犯同樣錯誤的目的。孔子認為如果一個人（包括自己的親人）犯了錯誤，最重要的是讓他明白為什麼會犯這種錯誤，從而避免下次再犯同樣的錯誤，而不是單純地讓他受到懲罰。這既符合孔子「過則勿憚改」「不貳過」的做人態度，也符合其「孝」「仁者愛人」的人文精神，這樣一來，自然就「直在其中矣」。可見，以「隱」為「審度」義來理解「父為子隱，子為父隱」，文從字順，既有訓詁學上的支持，又有哲學上的支持。〔註59〕

〔註58〕原文作此，疑當為「猜想」。
〔註59〕李為政：《「父為子隱，子為父隱」新解》，《衡水學院學報》2008 年第 6 期，第 46～47 頁。

　　林桂榛：孔子的「父為子隱，子為父隱」是隱自己，是為親屬而隱自己，隱自己的語言或所知，是一種消極不作為的「不顯」，用現在口語來表述就是「知情不說」，用古代詞彙來表述就是「應言不言」，用現在的法律術語來表述就是跟「沉默權」聯繫在一起的「沉默」或「隱默」。而許多批判孔子「相為隱」主張的人，不是誤解或歪曲該「隱」字，就是陷入集約主義而理解不了公正的一個基本前提或要義——無傷害。

　　孔子「父為子隱，子為父隱」之「隱」係隱默之義，此隱默不作為、隱默不語的「相為隱」不僅具有深刻的倫理意義，而且具有深刻的法律及政治意義。孔子主張不作為性質的沉默之「隱」，實是以家庭內部正義和個體權利來反對以告親為榮、為絕對正義，同時他並不支持作偽證及湮滅證據、藏匿犯人的積極庇親行為，僅僅是「相為隱」的「隱」而已（此處的「隱」不存在隱藏、藏匿、窩藏他人義）。〔註60〕

　　廖名春：王弘治將《論語・子路》篇「父為子隱，子為父隱」之「隱」讀為「檃」，訓為「矯正」，看起來匪夷所思，其實從古漢語的語言習慣看，非常正常。

　　首先，古文獻中「隱」與「檃」通用，當屬常例。

　　「檃栝」一詞，《荀子》書多見。如《荀子・性惡》篇：

　　　　故枸木必將待檃栝、烝矯然後直，鈍金必將待礱屬然後利，今

　　人之性惡，必將待師法然後正，得禮義然後治。

　　楊倞注：「檃栝，正曲木之木也。烝，謂烝之使柔。矯，謂矯之使直也。」

　　……

　　《淮南子・修務》：

　　　　木直中繩，揉以為輪，其曲中規，檃括之力。

　　「檃括之力」即「檃栝之力」。這裏「檃栝」也被寫成「檃括」。

　　葛洪《抱朴子・酒誡》：

　　　　是以智者嚴檃括於性理，不肆神以逐物。

　　劉勰《文心雕龍・熔裁》：

　　　　蹊要所司，職在鎔裁，檃括情理，矯揉文采也。

<hr />

〔註60〕林桂榛：《何謂「隱」與「直」？——〈論語〉「父子相為隱」章考》，《孔子研究》2009 年第 3 期，第 58～59 頁。

這裏的「檃括」，都應讀為「檃栝」。「嚴檃括於性理」，即對於「性理」要嚴格規範。「檃括情理」與「矯揉文采」相對，「檃括」即「矯揉」，也是規範的意思。

文獻中更多的則是將「檃栝」寫作「隱括」。如《說苑・雜言》：

> 東郭子惠問於子貢曰：「夫子之門何其雜也？」子貢曰：「夫隱括之旁多枉木，良醫之門多疾人，砥礪之旁多頑鈍。夫子修道以俟天下，來者不止，是以雜也。」

此條記載亦見於上舉《荀子・法行》，只不過將「檃栝」寫作了「隱括」。

⋯⋯

《大戴禮記・衛將軍文子》：

> 外寬而內直，自設於隱栝之中，直己而不直於人，以善存，亡汲汲，蓋蘧伯玉之行也。

同是這一段話，「隱栝」《韓詩外傳》卷第二作「隱括」，《孔子家語・弟子行》亦作「隱括」，《尸子・勸學》則作「檃栝」。孔廣森《補注》：「揉曲者曰隱，正方者曰栝。」王聘珍《解詁》：「隱讀為檃。」這裏的「隱栝」，讀為「檃栝」，猶如「規矩」。

⋯⋯

除「隱括」之說外，文獻習見中的「隱揉」、「隱審」、「隱實」、「隱核」諸說中的「隱」也都是「檃」的借字。

如《晏子春秋・內篇雜上》：

> 今夫車輪，山之直木也，良匠揉之，其圓中規，雖有槁暴，不復贏矣，故君子慎隱揉。

⋯⋯

《晉書・張輔傳》：

> 故述辯士則辭藻華靡，敘實錄則隱核名檢，此所以遷稱良史也。

⋯⋯

《晉書・宣帝紀》：

> 時邊郡新附，多無戶名，魏朝欲加隱實。

又《庾冰傳》：

> 又隱實戶口，料出無名萬餘人，以充軍實。

　　此「隱」與「核」同義，「實」也即「核」，「隱實」也是「隱核」。這種審核、核實意義上的「隱實」，「隱」本字就是「檃」。

　　《爾雅・釋言》：「殷、齊，中也。」徐朝華今注：「『殷』，通『隱（yǐn）』。『隱』，隱栝，矯揉彎曲的竹木等使之平直或成形的器具。引申為正，居中。」〔註61〕這是說，「隱」即「檃栝」，本是名詞，是「矯揉彎曲的竹木等使之平直或成形的器具」，引申為動詞，就有「正」，使不直者直，使不正者正，也就是矯正、規正、糾正的意思。

　　《爾雅・釋言》又說：「隱，占也。」郭璞注：「隱，度。」《廣雅・釋詁一》也說：「隱，度也。」所謂「度」，就是審度。這裏指用「檃栝」去審核規正。

　　⋯⋯

　　「檃」本為「正曲木之木」、「正邪曲之器」，其為木質，故字從木。名詞作動詞，「檃」遂有規正、矯正、糾正之義。這一意義上的「檃」，古人常寫作「隱」，訓為「度」。所謂「度」，也就是規範。《左傳・昭公三年》：「公室無度。」韋昭注：「無法度。」《後漢書・清河王孝傳》：「蒜為人嚴重，動止有度。」都是明證。《爾雅》郭璞注與《廣雅・釋詁一》訓「隱」為「度」，是從「檃栝」的規範、規正義而言的，引申就有了審核義了。所以，文獻習見中的「隱括」、「隱揉」、「隱審」、「隱實」、「隱核」、「隱度」之「隱」都當讀為「檃」，不是訓為規正、矯正，就當訓為檢核、審核。

　　由此可知，將《論語・子路》篇的「父為子隱，子為父隱」讀為「父為子檃，子為父檃」，訓為「父親要替兒子矯正錯誤，兒子也要替父親矯正錯誤」，從古漢語的語言學規律看，是完全可能的，并不值得大驚小怪。

　　《論語・子路》篇「父為子隱，子為父隱」章之「隱」之所以不能訓為隱匿、隱瞞，是由其義理，也就是孔子思想的內在邏輯決定的。

　　首先，從《論語》此章上下文的文義看，孔子與葉公討論的是何者為「直」的問題。⋯⋯葉公是以矛盾上交似的對外舉證為「直」；⋯⋯而孔子則以家庭內部的互相規正錯誤為「直」。兩者都是「隱（檃）」，都是矯正錯誤，規正錯誤，目的相同，所以都能稱之為「直」。但兩人手段不一，方法不同，此「直」不同於彼「直」：葉公之「黨」是以對外舉「證」，以告官的方式解決「攘羊」的問題；孔子之「黨」則是以「隱（檃）」，以家庭成員內部互相規正來解決

〔註61〕原註：徐朝華. 爾雅今注〔M〕. 天津：南開大學出版社，1994：77.

「攘羊」的問題。如果「父為子隱，子為父隱」是父子相互隱匿錯誤的話，孔子還稱之為「直」，以為「直在其中矣」，那就是以不直為直，以不正為正。……

　　其次，除此章外，《論語》關於孔子的記載中並沒有「匿過」說，更沒有相互包庇錯誤說；相反，多見的則是改過說。如《學而》篇：

　　　　子曰：「君子不重則不威，學則不固。主忠信，無友不如己者，
　　　過則勿憚改。」
　　　　……

《衛靈公》篇又載：

　　　　子曰：「過而不改，是謂過矣！」
　　　　……

　　孔子不主張父子相互隱匿錯誤，在其他的早期文獻裏也能得到證明。《左傳·昭公十四年》云：

　　　　仲尼曰：「叔向，古之遺直也。治國制刑，不隱於親，三數叔
　　　魚之惡，不為末減。曰義也夫，可謂直矣！」

　　……孔子既然許叔向「不隱於親」為「直」，又豈能以父子隱匿錯誤為「直」？
　　　　……

　　先秦儒學向來主張家國同構。……

　　但是，如果《論語》「父為子隱，子為父隱」講的是家庭裏父子相互隱匿錯誤，那推衍到國家政治層面，君臣之間也就可以相互包庇，相互隱惡了。出現了問題，發生了錯誤，從家庭到國家，從父子到君臣，不是積極地想著怎樣去解決，怎樣去改正，而只是消極地、一味地去隱匿錯誤，掩蓋問題，這雖然照顧到了人情，但又置社會的公平、政治的理性於何地？所以，從歸謬法可知，將《論語》的「父為子隱，子為父隱」講成是父子相互隱匿錯誤，只顧親情而罔顧大義，是完全不能成立的。

　　將《論語》「父為子隱，子為父隱」講成是父子相互隱匿錯誤，從邏輯上看，是陷入了一廂情願的兩難推理。因為父親偷了人家的羊，並非只有告官和隱瞞兩種選擇。告官是顧及了公義而不管親情，隱瞞則是只顧親情而罔顧公義，這兩者皆非最好的選擇。事實上，面對父親偷羊的問題，完全還可以有第三種選擇，還可以有另外的解決方案。這就是兒子可以規勸父親，將偷來的羊給人家退回去，向人家賠禮道歉。如果人家不滿意，兒子可以代父親

賠償，可以出更高的價格，做好人家的工作。這樣，「亡羊補牢，猶未為晚」，身為人子，既能不犯包庇罪，又能不傷害父親的感情，何樂不為？……

　　……孔子為代表的先秦儒家雖然重視親情、強調親親，但他們並非血緣至上主義者，他們基於家庭倫理講社會公德，基於「父子有親」講「君臣有義」。但真正到社會公德與父子私情有違時，他們還是能分清大是大非的，這就是「不成人之惡」、「從義不從父」。〔註62〕

　　梁濤：廖名春先生不同意傳統上「隱」為隱匿的通訓，而改讀為「檃」，訓為「矯正」，認為「如果『父為子隱，子為父隱』是父子相互隱匿錯誤的話，孔子還稱之為『直』，以為『直在其中矣』，那就是以不直為直，以不正為正。這就決不是『直』，而只能說是『曲』了」。廖先生注意到圍繞「親親相隱」的兩種意見雖然勢同水火，但訓詁學的基礎卻非常一致，是對孔子的誤解，有其合理之處。但他誤將「直在其中」的「直」理解為公正、正直，忽略了「直」在《論語》中的複雜性和多義性，沒有從整體上把握「直」的內涵，反而試圖在「隱」字上做文章，其做法是值得商榷的。

　　……《說文‧〔註63〕部》：「隱，蔽也。從〔註64〕。」徐灝《注箋》：「隱之本意蓋謂隔不相見，引申為凡隱蔽之稱。」《玉篇‧阜部》：「隱，不見也，匿也。」《廣韻‧隱韻》：「隱，藏也。」故隱的本意是隱蔽、隱藏，引申為隱諱、隱瞞之意。《廣韻‧隱韻》：「隱，私也。」《論語‧子路》：「父為子隱，子為父隱。」黃侃〔註65〕《義疏》引范甯曰：「若父子不相隱諱，則傷教破義。」故儘管根據《漢語大字典》，「隱」字有十餘種含義，但《論語》中「隱」字凡九見，大致不出隱蔽、隱藏和隱諱、隱瞞之意。……

　　再看「檃」字，《說文‧木部》：「檃，栝也。從木，隱省聲。」栝，檃也。從栝〔註66〕聲。」徐鍇《繫傳》：「檃，即正邪曲之器也。」段玉裁《注》：「檃栝者，矯制衺曲之器也」，「檃與栝互訓」。故「檃」與「隱」實際為兩個不同的字，含義和用法均不相同。「檃」也可省寫為「隱」的，但其本字仍是「檃」而非「隱」。……

〔註62〕廖名春：《〈論語〉「父子互隱」章新證》，《湖南大學學報（社會科學版）》2013
　　　　年第2期，第6、7、8、9～10、11頁。
〔註63〕原文作此，此處應缺一「𨸏」字。
〔註64〕原文作此，其後缺一「𨸏」字。
〔註65〕原文作此，然當為「皇侃」。
〔註66〕原文作此，當為「昏」。

……隱有審度之意。《爾雅・釋言》：「隱，占也。」郭璞注：「隱度。」邢昺疏：「占者視兆以知吉凶也，必先隱度。故曰：『隱，占也。』」《廣雅・釋詁一》：「隱，度也。」隱之所以有審度之意，可能是因為對於隱蔽、未知的事情人們往往要審度、猜測之，故曰「隱，占也」，「隱，度也」。這裏的「隱」與「隱匿」的隱是同一個字，而非「檃栝」的檃字。

當然，「父為子隱，子為父隱」的「隱」字究竟作何解？是隱匿之意，還是訓為糾正？不應僅從文字上去考察，同時還應考慮到思想因素，還應考察在早期儒家那裏，是否存在著應隱匿父母、親人過錯的思想？這同樣是一條重要的根據。其實，只要稍微翻閱一下儒家典籍，我們就可發現早期儒家是贊成隱匿父母的過錯的。如《禮記・檀弓》稱：「事親有隱而無犯……事君有犯而無隱。」這裏的「隱」只能是隱匿之意，而非糾正之意。子思主張「匿之為言也猶匿匿（昵）也」，認為「匿，仁之方也」，否則便是「不察於道也」（簡帛《五行》），也認為應為親人的過錯隱匿。至於《孟子・盡心上》中舜「竊負而逃」的故事，更是隱匿乃至庇護犯法親人之例。可見孔子之後，從孔門後學到子思、孟子，始終存在著「事親有隱」的觀念，只是對「隱」的範圍和具體方式理解有所不同而已。那麼，為什麼會出現這種情況呢？合理的解釋只能是，孔子本人就是肯定「父子互隱」的，「父為子隱，子為父隱」的「隱」字只能做隱匿講，而不能做糾正講，故孔門後學包括子思、孟子在孔子思想的基礎上做了進一步的探討和發揮。……

……孔子對於父母過錯的態度是：「事父母幾諫，諫〔註67〕志不從，又敬不違，勞而不怨。」（《里仁》）如果父母聽從了子女的進諫，這樣固然可以如廖先生所說，「兒子可以規勸父親，將偷來的羊給人家退回去，向人家賠禮道歉。如果人家不滿意，兒子可以代父親賠償，可以出更高的價格，做好人家的工作」。但問題是，如果父母對子女的進諫聽不進去，那又該怎麼辦呢？孔子說得很明確，「又敬不違，勞而不怨」，並不主張子女強迫父母去改正錯誤，更不同意將父母的過錯公之於眾。這時維護社會道義的責任恐怕只能由子女來承擔了，這就是上博簡《內禮》篇所說的「隱而任之，如從己起」，即子女隱瞞父母的過錯，而自己承擔責任。〔註68〕

〔註67〕原文作此，當為「見」。
〔註68〕梁濤：《「父為子隱，子為父隱」是父子互相糾正錯誤嗎？——〈論語〉「父子互隱」章「新證」之檢討》，《湖南大學學報（社會科學版）》2013年第4期，第21～22、23～24頁。

　　程能的：在上述眾多觀點中，針對「其父攘羊」的具體情境能夠向子女提供積極行為措施的觀點只剩下了隱匿論。但是當代大多數學者之所以不採用隱匿論，理由上文已經提及。不過在看筆者看來〔註 69〕，我們不能武斷地認定隱匿論的主張與社會公義完全相悖，而應該回到具體的歷史情境中，重新對兩者的關係加以審視。

　　……通過對現有文獻的整理分析，我們可以發現，對於「攘羊」作為一種犯罪行為的量刑標準在當時是極為嚴苛的，以《呂氏春秋・當務》對「其父攘羊」事件的記述為例：

　　　　「楚有直躬者，其父竊羊，而謁之上。上執而將誅，直躬者請代。將誅，告吏曰：『夫竊羊而謁之，不亦信乎？父誅而代之，不亦孝乎？』荊王乃不誅。孔子曰：『異哉直躬之為信也。一父而載取名焉。』故直躬之信，不如無信。』」

　　……除了這個例子之外，我們還可以再舉戰國法家李悝在《法經》中的論述：「大盜戍為守卒，重則誅，窺宮者臏，拾遺者刖。」〔註 70〕李悝生活於與孔子所處的春秋晚期相去不遠的戰國早期，他的言論也代表了當時重刑罰的普遍觀點。其中提及的刖刑不僅僅是魏國的專利，在楚國也有被使用的記錄，最為著名的例子便是昔卞和三獻和氏璧的故事中，卞和兩度遭到了刖刑。〔註 71〕……

　　就「攘羊」行為會受到的具體刑罰而言，總計上述三處例證中的刑罰，最重的刑罰是死刑，其次是刖刑，再次是墨刑。另外，《韓非子》對於「其父攘羊」也有一番記載：「楚之有直躬者，其父竊羊，而謁之吏。令尹曰：「殺之。」「以為直於君而屈於父，執而罪之。」在這裏，直躬者的結局雖然與《呂氏春秋》中的結局迥異，但是也透露出了相似的信息，即直躬者被殺的原因既然是「直於君而屈於父」，對於他陷父親於險境的處罰——死刑，父親原本應該遭受的刑罰應該與之相近。故而直躬者之父原本應該遭受的刑罰與死刑應該相差並不懸殊。總結來看，直躬者之父所遭受的刑罰極有可能大於等於刖刑，小於等於死刑。

〔註 69〕原文作此，前一「看」字似為衍文，當刪去。
〔註 70〕董說：《七國考》，中華書局，1956 年，第 366 頁。（原文此為兩條註釋中的部分內容，現將其合到一起。）
〔註 71〕原註：王先慎：《韓非子集解》，中華書局，1988 年，第 95 頁。

使父母免於酷刑之辱，是為人子女的責任。正所謂「孝有三：大孝尊親，其次弗辱，其下能養」。《史記》中緹縈救父的典故就是一個很好的例證。……

……孔子之所以不認同直躬者的做法，並不完全在於他的父親最後是否得到赦免，免於酷刑，而更是在於直躬者證父的動機——為取直名。〔註 72〕正所謂「父子一體而分，無相離之法」，〔註 73〕這裏的「直名」之「直」，也就是葉公所誇贊的直率的行為，而不是孔子心目中的「直」，即「情－理－事」的統一。這也就要求子女的行為不但出自真實的內心情感，履行子女的指責〔註 74〕，兼顧社會的公義，最後還要取得滿意的行為結果。

……在春秋時期，法律缺少對人們正當權利的保護，為了規避殘酷的肉刑，子女採取隱匿的措施對父母的人身安全加以保護，根據上文的論證，並不與社會公義相悖。〔註 75〕

黃啟祥：孔子所主張的子為父隱是兒子的一種主動擔當，它看似在家庭中產生了某種不正義，但是這種不正義所產生的不是父子之間的排斥力，而是一種吸引力，它所造成的情感落差會產生巨大的親情能量，讓父親更加親近兒子，並傾聽良知的呼喚，其結果恰恰是家庭的正義。

……「子為父隱」是為父隱而非為罪隱，換言之，是隱父而非隱罪。在孔子與葉公的對話中，直有兩種方式即「證」與「隱」。「證」是讓父親與過失一起顯出來；而「隱」則是讓自己與過失一起顯出來，它意味著人子的主動擔當。孔子所言的「隱」與「直」是一致的，一方面，「直」在「隱」中，另一方面，通過「直」而達到「隱」，而且也只有通過「直」才能最終「隱」得住。〔註 76〕

孫鵬程：我們首先考察了字典韻書和名家注本對「隱」的解釋。《說文解字》：「隱，蔽也。」《廣韻‧隱韻》：「隱，藏也，私也。」《漢語大字典》這樣解釋：「隱諱；隱瞞。」其所引之例便是此例。《論語集解義疏》皇侃引范甯曰：「若父子不相隱晦，則傷破教義。」朱熹《四書集注》說道：「父子相

〔註 72〕原註：見前引《呂氏春秋‧當務》。
〔註 73〕原註：陳立：《白虎通疏義》，中華書局，1994 年，第 234 頁。
〔註 74〕原文作此，依文意當為「職責」。
〔註 75〕程能的：《論「親親相隱」之辨及「隱」的三種層次》，《浙江學刊》2017 年第 2 期，第 91～92、94 頁。
〔註 76〕黃啟祥：《論「父為子隱，子為父隱，直在其中」》，《文史哲》2017 年第 3 期，第 132、134 頁。

隱，天理人情之至也。故不求為直，而直在其中。」劉寶楠《論語正義》說道：「隱者，《說文》云『蔽也』……鄭注『隱謂不稱揚其過失也』，蓋子事親，當時微諫，諭父母於道，不致有過誤。若不幸而親陷不義，亦當為隱匿。」以上對「隱」的解釋均為「隱瞞」。

接下來便是對其「分佈」的考察。我們考察了「隱」在《左傳》《論語》《孟子》《國語》裏的使用情況，發現共 29 篇，59 次出現「隱」字；其中用作動詞共 32 例，無一例表示「審度」義。例如：……

另，當我們拿不準某一個字詞究竟為何義，且無足夠證據證明己說時，還是應該遵照故訓，優先考慮該詞的常用義。從語言的歷史性來看，語言是變化發展的，不同時代的語言，其語義語法都會發生一定的變化。從這一點看來，漢代、魏晉學者距離《論語》時代較近，而我們距離《論語》時代則很遠，這段時間足以讓語言在各個方面都發生變化。因此，我們對《論語》時代語言的把握較漢晉學者還是有一定差距的。所以，當我們沒有足夠證據時，這裏的「隱」還應遵照故訓釋為「隱瞞」。〔註 77〕

樂愛國：把「父子相隱」的「隱」解讀為「隱瞞」，也容易引起誤解。《說文解字》說：「隱，蔽也。」可見，「隱」字的本意在於不讓人知道，是「隱蔽」、「隱匿」，不是「隱瞞」。

《論語》「父為子隱，子為父隱」所「隱」之事是「其父攘羊」。所謂「攘」，南北朝皇侃《論語集解義疏》作了注釋：「謂他人物來己家，而藏隱取之，謂之攘也。」北宋邢昺《論語注疏》疏曰：「『有因而盜曰攘』，言因羊來入己家，父即取之，而子言於失羊之主，證父之盜。葉公以此子為直行而誇於孔子也。」可見，所謂「攘羊」，是把進入自家的他人之羊竊為己有，而非直接到他人之處進行偷盜。所以，「攘羊」應屬於尚未違反法律而屬於道德上的過失，相當於貪小便宜。……

由此可見，漢唐之前的儒家學者都主張，父母有道德過失，應當在孝敬父母的前提下，「不稱揚其過失」且「不犯顏而諫」，也就是所謂「事親有隱而無犯」。這也可看作是對孔子「父子相隱」的解讀。因此「父子相隱」之「隱」，只是相對於將「其父攘羊」這樣的道德過失向外告發之「顯」而言，是要通

〔註 77〕孫鵬程：《〈論語〉疑義考釋二則》，《常熟理工學院學報》2018 年第 4 期，第 109 頁。

過不向外告發的方式，在家庭內部對父親進行道德上的勸諫，並非對父母的過失視而不見，更沒有隱瞞父母過失之意。

應當說，孔子講「父子相隱」，在很大程度上是出於對孝道、父子之道的考慮。《論語》講「孝弟也者，其為仁之本與」，鄭玄對此注云：「孝為百行之本，言人之為行，莫先於孝。」三國魏人何晏注曰：「先能事父兄，然後仁道可大成。」邢昺疏曰：「君子務修孝弟，以為道之基本，基本既立，而後道德生焉。」朱熹《論語集注》則強調「所謂孝弟，乃是為仁之本」。因此，在儒家看來，面對父母的過錯，同樣必須以孝為本，採取「父子相隱」的方式，不贊同將父親的道德過失直接向外告發而有可能對父子之道造成危害的方式。〔註 78〕

13.20　子貢問曰：「何如斯可謂之士矣？」子曰：「行己有恥，使於四方，不辱君命，可謂士矣。」

曰：「敢問其次。」曰：「宗族稱孝焉，鄉黨稱弟焉。」曰：「敢問其次。」曰：「言必信，行必果，硜硜然小人哉！——抑亦可以為次矣。」

曰：「今之從政者何如？」子曰：「噫！斗筲之人，何足算也？」

宋鋼：何晏《論語集解》鄭曰：「行必果，所欲行必果敢為之。」

按：鄭玄解「果」為「果敢」殊不妥。「果」當為「落實」、「實現」之義。

朱熹《論語集注》：「果，必行也。」「行」即是「落實」、「實現」。又，《論語集注·憲問篇》程子曰：「知之明，信之篤，行之果，天下之達德也。」「行之果」即「行必果」，程子將「行之果」列入「天下之達德」，是知「行必果」亦然。〔註 79〕

徐前師：筆者認為，此「數」〔註 80〕非「計數」、「算得上」，而是「等差」、「區別」之義。下面從詞義、異文、《論語》語境等方面試作分析。

〔註 78〕樂愛國：《朱熹對〈論語〉「父子相隱」的解讀——兼論「父為子隱，子為父隱」並非要隱瞞》，《湖北大學學報（哲學社會科學版）》2018 年第 5 期，第 22～23、27 頁。

〔註 79〕宋鋼：《〈論語〉疑義舉例》，《貴州大學學報（社會科學版）》2005 年第 2 期，第 110 頁。

〔註 80〕不少學者將此章中的「算」字解作「數」。

　　「算」與「選」上古均為心母、元部字，二者音同義通。《說文‧辵部》：「選，遣也。從辵巽。巽，遣之。巽亦聲。一曰選擇也。」段注：「《邶風》：『不可選也。』毛曰：『物有其容，不可數也。』《小雅》：『選徒囂囂』毛云：『維數車徒者為有聲也。』數與擇義通，選與算音同。《周禮》注曰：『算車徒，謂數擇之也。』」依段注，選、算同音，數與擇義通。鄭玄《周禮》注以「數擇」訓「算」，可見，鄭玄也以「算」為「擇」義，「數」非後世計算、計數之數，數亦擇，「數擇」為同義連文。

　　慧琳《一切經音義》云：「算，擇也。桑管反，謂簡擇也。《三蒼》：『算，選也。』」

　　可見，在「選擇」這一義項上，算、選、擇、數諸詞意義相通。選擇與分別二義相因，有選擇即有分別：上古「簡」、「柬」同音，均屬見母、元部，與「算」、「選」同部，其音義也相通。《說文‧水部》：「灡，澗也。」段注：「從簡者，柬擇之意。從析者，分別之意，故二字轉注。」《說文‧柬部》：「柬，分別簡之也。從束八。八，分別也。」段注：「……柬訓分別，故其字從八。」《說文‧手部》：「擇，柬選也。」段注：「柬者，分別簡之也。」《爾雅‧釋詁》：「流、差、柬，擇也。」郝懿行說：「《大戴禮‧曾子立事篇》云：『觀說之流。』盧辯注：『流，謂部分。』《漢書‧食貨志》云：『朱提銀重，八兩為一流。』流謂流別，蓋亦選擇之名，故分別人物謂之品流也。」可見，選擇與等差、分別相因相成。

　　《論語》「何足算」又作「何足選」、「何足數」。異文顯示，算、選、數諸詞意義相通。《漢書‧公孫賀傳贊》：「斗筲之徒，何足選也！」師古曰：「選，數也。《論語》云：子貢問曰：『今之從政者何如？』孔子曰：『噫，斗筲之人，何足選也！』言其材器小劣，不足數也。」潘維城《論語古注集箋》指出：「《論語後錄》謂《詩》『威儀棣棣，不可選也』。朱穆《絕交論》引『選』作『算』，是『選』與『算』同。《過庭錄》疑作『選』者為《魯論語》，其或然與？」1973 年，河北定州出土漢墓竹簡《論語》，其相應的語句是：「……之人，何足數也？」由此可知，選、算、數異文同義。

　　「數」、「選」（「算」）含「區別」之義，還見於下面的用例：《詩經‧小雅‧巧言》：「往來行言，心焉數之。」朱熹《集傳》：「數，辨也。」「辨」即區別。《周易‧節‧象》：「君子以制數度，議德行。」孔疏：「數度，謂尊卑禮命之多少。德行謂人才堪任之優劣。君子象《節》以制其禮數等差，皆使

有度。」《左傳‧桓公二年》：「夫德，儉而有度，登降有數。」杜注：「登降謂上下尊卑。」可見，「有數」即有等差、有區別。上文引《邶風‧柏舟》「威儀棣棣，不可選也」，朱熹《詩集傳》說：「選，簡擇也。……威儀無一不善，又不可得而簡擇取捨。」又《詩‧齊風‧猗嗟》：「舞則選兮，射則貫兮。」朱熹說：「選，異於眾也。」所謂「簡擇取捨」，是寓分別於選擇之中；「異於眾」即有分別。

段玉裁《經韻樓集‧野人曰父母何算焉》條：「此謂野人言『父與母何別也』。『何算』猶何別也。《疏》云：『不知分別父母尊卑也。』語甚明。……偶讀顏延年《靖節徵士誄》云：『夫實以誄華，名由諡高。苟允德義，貴賤何算焉。……諡曰靖節徵士。』此謂有合諡典，則賤與貴無異也。顏語正本《禮經》。」顯然，「父母何算」、「貴賤何算」之「算」，都應作「等差」、「區別」解。《論語》「何足算」與段君所舉兩例「何算」句法相似。「何足算」為疑問句，其相應的陳述句為「不足算」，與上文所舉《柏舟》「不可選」句式相同，意思相當。

從《詩經》、《論語》異文、《儀禮》「野人」語以及顏延年之《誄》文等材料來看，「何算」、「何選」或「何數」很可能是俗語，由於方言原因，導致詞形和語音發生變異。

從語境考察，「何足算」的意思與「斗筲」有直接關係。《說文‧斗部》：「斗，十升也。」「斗」既能容十升，其量不算少。據黃金貴先生考證，「斗」在上古是容量較大的量器。〔註81〕依鄭說，筲能容斗二升，說明「筲」的容量比「斗」還大。顯然，「斗筲」的語義指向並非少或者小。從斗、筲的容量關係來看，「斗筲」連用是為了說明二者差別不大這一狀況。所以，「何足算」就是沒什麼區別。

以問話人（子貢）的技巧與用意來看，答話人（孔子）應針對有無區別來作答，而不應以「算得了什麼」或「算不了什麼」來搪塞。子貢先問「士」，接著兩問「其次」。推尋子貢之意，是向夫子請教怎樣的人才稱得上「士」以及如何區分「士」之優劣，而他提問的主要旨趣還在於「今之從政者何如」，希望夫子對「今之從政者」下個定義，並分出優劣。陳澧說：「《論語》記門人之問有兩體，……且諸賢之問，固有所問之語，尤有所問之意。如子貢問

〔註81〕原註：黃金貴. 古代文化詞義集類辨考〔M〕. 上海：上海教育出版社，1995：1389.

『何如斯可謂之士』，豈子貢身為士而竟不知士之謂乎？此乃求夫子論古今士品之高下，故問及今之從政者。凡讀《論語》者，當知此意也。」〔註82〕就是說，子貢問「士」、問「今之從政者」，是請求夫子對其分出高低、優劣，也就是所謂「品流」，孔子說「何足算」，意謂沒有什麼區別。

綜上所述，《論語》「斗筲之人，何足算也」之「算」，以訓「區別」為宜。〔註83〕

劉育林：首先來看《論語》異文，今本《論語》皆作「斗筲之人，何足算也」，鄭玄注曰：「算，數也。」這一注解得到後世學者普遍認同，而定州漢墓竹簡《論語》相應的句子正是「……之人，何足數也」〔註84〕，《漢書‧公孫賀傳贊》：「斗筲之徒，何足選也！」顏師古注曰：「選，數也。《論語》云：子貢問曰：『今之從政者何如？』孔子曰：『噫，斗筲之人，何足選也！』言其材器小劣，不足數也。」「算」與「選」上古均為心母元部字，二者音同可義通，「算」與「數」在多數情況下都是近義詞，由此可知，選、算、數異文同義，皆可釋為「算得上」，因而，程樹德以「選」為「選舉」之意，並由此認為此章論選舉，當屬謬誤。其次，我們從語境考察，「何足算」的意思與「斗筲」有直接的關係，《說文‧斗部》：「斗，十升也。」斗既能容十升，器量不算少，據黃金貴先生考證，斗在上古是容量較大的量器。〔註85〕而依鄭玄所言，筲能「容斗二升」，說明筲的容量比斗還要大，顯然，「斗筲」的語義指向並非小或者少，而是另有所指，那麼將「斗筲之人」解為器量狹小之人當為不確。……斗筲皆為上古盛食物或糧食的容器，我們可以推測從政者極可能以此為收取租稅的工具，追逐利惠之徒，當然算不上「士」，更算不上君子。因而，劉寶楠以之比喻從政者但事聚斂，解說更為精當。〔註86〕

〔註82〕原註：陳澧. 東塾讀書記〔M〕. 北京：生活‧讀書‧新知三聯書店，1998：22.
〔註83〕徐前師：《《論語》「斗筲之人，何足算也」解》，《古漢語研究》2005 年第 4 期，第 95～96 頁.
〔註84〕原註：定州漢墓竹簡論語〔M〕. 北京：文物出版社，1997：61.
〔註85〕原註：黃金貴. 古代文化詞義集類辨考〔M〕. 上海：上海教育出版社，1995：1389.
〔註86〕劉育林：《《論語》歧解成因類析及選例辨正》，曲阜師範大學，2009 年碩士學位論文，第 35 頁.

13.21　子曰：「不得中行而與之，必也狂狷乎！狂者進取，狷者有所不為也。」

孫景龍：我以為，這段語錄既不是談得人而教，也不是說與人結交，而是發表選拔人才、舉薦幹部的意見。「與」通「舉」，推舉，拔用。「中行」者，賢之至，「狂狷」者，賢之次。「不得中行而舉之」，退而求其次，也一定要「舉」狂狷者，標準不能再降了。「狂者進取」，像宰予、子張之徒，雖然偏激，狂放不羈，但有自己執著的追求，有追求就有可取；「狷者有所不為」，像冉求、仲由之輩，雖然也有缺點，算不上大臣，「可謂具臣矣」，然「行己有恥」，知道什麼絕對不能做，有自己一定的操守，不像那些「鄙夫」患得患失，「苟患失之，無所不至矣」（《論語·陽貨》）。「与」（繁體作「與」）和「举」（繁體作「舉」）雙聲且形似，故可用為通假，如《禮記·禮運》：「選賢與能。」〔註87〕

13.26　子曰：「君子泰而不驕，小人驕而不泰。」

鄭妞、陳雲：通過以上對「泰」詞義以及句式的考察，論證在先秦時期「泰」已有「泰通」之義，再加上《論語·堯曰》對其內涵的具體描述作為佐證，而且「……而不……」句式可以連接兩個相反的形容詞，《論語》中「君子」與「小人」對舉的用例所表示的意義，我們認為「君子泰而不驕，小人驕而不泰」中「泰」作為褒義詞來講更加合理。正如程樹德《論語集釋》中所說「泰者，通也」，正是由於「君子」通達，因此被別人認為似有「縱泰」，但是其本質與「驕」不同。在進行具體闡釋時，「驕」和「泰」有其相近之處，正如「和」和「同」、「周」和「比」，但是字面意思不能與其加以混淆，還是對前者進行肯定和強調，又，楊逢彬也提出「古書不可輕易否定漢儒成說」，在此我們也贊同漢儒的觀點。因此，我們認為把「泰」釋為「安詳舒泰」比較合適，「自負」義還有待商榷。〔註88〕

13.29　子曰：「善人教民七年，亦可以即戎矣。」

張詒三：據《定州漢墓竹簡·論語》，這句話是：「善人教民七年，亦可

〔註87〕孫景龍：《〈論語〉文義新解六題》，《孔子研究》2012 年第 4 期，第 28 頁。
〔註88〕鄭妞、陳雲：《「泰而不驕」中「泰」詞義考證》，《北京科技大學學報（社會科學版）》，2017 年第 4 期，第 85 頁。

以節戎矣。」〔註89〕「節」與「即」只差一個竹字頭兒，「節」的諧聲偏旁是「即」，兩字音同或音近，很容易混用，古籍中同音通假的現象很普遍。《周易・夬》中有：「有厲，告自邑。不利即戎，利有攸往。」在《馬王堆漢墓帛書・周易》中作：「有厲，告自邑。不利節戎，利有攸往。」〔註90〕可見，早期文獻中的「即戎」都是作「節戎」。兩字究竟誰是誰非呢？

愚以為，竹簡《論語》中「節戎」是對的，保存了《論語》的原貌，而「即戎」是傳寫的過程中以「即」代「節」之後，由於誤解，人們漸漸忘記了它的本字，以至於以訛傳訛的結果。就《定州漢墓竹簡・論語》的用字情況看，書寫者為了減省筆畫，常常用一個字的諧聲偏旁代替該字，如「何作可、怍作乍、位作立、佚作失、謂作胃、納作內、性作生」等，如果《論語》原卷是「節」，書寫者有可能以「即」代替，如果《論語》原本是「即」，書寫者何苦增加筆畫寫成「節」呢？所以說《定州漢墓竹簡・論語》中的「節戎」是對的，書寫者遵循了《論語》原貌，沒有貪圖減省而寫成「即」。

「即戎」當為「節戎」，《漢語大詞典》「節」字第（12）個義項為「節制、管束」，第（13）個義項是「節約、省減」；《漢語大詞典》「戎」第（3）個義項是「軍隊、士兵」，第（4）個義項是「戰爭、征伐」。

孔子主張「仁政」，反對戰爭，那麼「節戎」就是「控制、減少軍隊和戰爭」，這也正是「善人教民七年」才能產生的「仁道」結果。就「節」的用法看，早期文獻中「節用、節葬、節哀」的搭配常見：

……

把「即戎」作為「節戎」之誤，既符合孔子的一貫主張，也符合先秦的用語習慣。〔註91〕

13.30 子曰：「以不教民戰，是謂棄之。」

宋鋼：「以」當為衍字，或「教」後奪「之」字。朱熹《論語集注》：「以，用也。言用不教之民以戰，必有敗亡之禍，是棄其民也。」朱子強為之說，

〔註89〕原註：定州漢墓竹簡整理小組《定州漢墓竹簡・論語》62 頁，文物出版社 1997年 7 月第 1 版。

〔註90〕原註：鄧球柏著《帛書周易校釋》317 頁，湖南人民出版社 2002 年 6 月第 3 版。

〔註91〕張詒三：《〈論語・子路篇〉校點兩則》，《古籍整理研究學刊》2005 年第 3 期，第 64 頁。該觀點亦見於作者《孔子「教戰」思想的再探討》（《湛江師範學院學報》2013 年第 1 期）一文。

頗為煩擾。〔註92〕

張詒三：通過考察《左傳》、《論語》、《老子》、《孟子》、《莊子》、《荀子》等書，我們發現，「教」都是表示「施教」，用於主動結構，極少用於「受教、被教」義：

……

愚以為，如果只能把「教」理解成施動意義的，這句話的斷句應該是：「以不教，民戰，是謂棄之。」它的意思是：「因為不實行教化，人們互相爭鬥，這等於是拋棄了他們。」

把「以不教民戰」斷為一個分句，是把「以」作為介詞，「不教民」作為一個詞組，但是，《論語》一書「以」字共出現 211 次，介詞「以」的賓語是動賓詞組的，僅此一見。其實「以」也是連詞，義為「因為，由於」。〔註93〕例如：《左傳‧僖公十五年》：「鄭以救公誤之，遂失秦伯。」又：《史記‧張釋之馮唐列傳》：「以不能取容當世，故終身不仕。」這第二個例子，就是「以＋不＋謂詞性詞組，＋結果分句」結構，與「以不教，民戰」同構。先秦文獻中類似的例子有：

……

這是從「以」的用法來看，從「戰」的意義來看，此處「戰」並是〔註94〕「戰爭、打仗」，而是「爭鬥」。《說文》：「戰，鬥也。」如《易‧坤》：「龍戰於野，其血玄黃。」

那麼，「以不教，民戰，是謂棄之」反映了孔子這樣的政治主張：聖人要通過教化，使人民懂仁義、知禮儀，來避免爭鬥和戰爭，這樣統治者才真正擁有了他們。否則，即使在政治關係上管轄了人民，卻不能從思想意識上控制他們的話，反而是把他們拋棄了。

這符合孔子的思想，也符合儒家學派的政治主張。〔註95〕

〔註92〕宋鋼：《〈論語〉疑義舉例》，《貴州大學學報（社會科學版）》2005 年第 2 期，第 110 頁。

〔註93〕原註：漢語大詞典編撰組《漢語大詞典》（縮印本）第 458 頁，漢語大詞典出版社 1997 年 4 月第 1 版。

〔註94〕原文作此，然當為「並不是」。

〔註95〕張詒三：《〈論語‧子路篇〉校點兩則》，《古籍整理研究學刊》2005 年第 3 期，第 65～66 頁。此觀點亦見於作者《孔子「教戰」思想的再探討》（《湛江師範學院學報》2013 年第 1 期）一文。

十四、《憲問篇》新說匯輯

14.5　南宮适問於孔子曰：「羿善射，奡盪舟，俱不得其死然。禹稷躬稼而有天下。」夫子不答。

南宮适出，子曰：「君子哉若人！尚德哉若人！」

劉博、范春義：

（一）何「問」之有？

前人對此多無異議，都將其釋為「提問、詢問」，但筆者認為這種解釋是不合理的。這裏的「問」字，不屬於以上的任何一類〔註1〕，而是《論語》中的一種特殊情況，應作為「探討、問難」講。上述的四類是一種往復式的「問」，不論對方有沒有回答，但是在發言者的內心是期待回復的；然而「探討，問難」則不同，發言者更多的是提出自己的觀點，試圖說服或者責難對方，所以在心理上也並不期待對方辯駁性的答覆。在先秦其他文獻資料中也存在這種用法，例如：《周易》中乾卦：「君子學以聚之，問以辯之。」孔穎達疏：「兌象，君子以朋友講習。」《禮記・學記》：「善問者如攻堅木，先其易者，後其節目。」孔穎達疏：「問，謂論難也。」在本章中，「問」如作「探討、問難」講，那麼我們就可以理解為什麼南宮适沒有用疑問詞，而是以一種陳述的語氣，因為他根本就沒有在問問題，而是將老師平日所傳授的「仁政」與自己所掌握的知識結合在一起，用一種極其平實的陳述方式表達出來以供探討，這樣第一層疑問也就迎刃而解了。

〔註1〕作者所統計的《論語》中「問」字的用法：① 問題，詢問、提問；② 送禮；③ 探問、問候；④ 打聽。

（二）為何「不答」？

南宮适提出自己的看法以供探討，那為什麼孔子避而「不答」呢？筆者認為，這與《論語》「接聞於夫子」「相與輯而論纂」的成書過程有很大的關係。當南宮适與孔子對話時，必然還有其他弟子在場，而此條文獻正是由當時在場的某位弟子所記，他作為一個旁觀者，力圖客觀地記錄這個對話的過程，但是文字並不能完全真實地復原當時的場景。因為南宮适所提出以供探討的問題，只不過是自己的學習心得罷了，在很大程度上是在向孔子匯報自己的學習成果，所以他也沒有期待孔子給他答覆，這也是他為何說完這句話之後，就退出來了。如果他是在提問，那麼沒有得到老師的答覆，為何不繼續再問呢？這也正好印證了上文所分析的「問」字作「探討」講是正確的。

那為何南宮适說完之後，孔子沒有說話呢？《論語》中孔子在與弟子探討的過程中，很多情況下是弟子提出自己的觀點之後，孔子覺得不妥，繼而提出見識更高的觀點來引導和糾正弟子。例如：《學而篇》第15則：子貢曰：「貧而無諂，富而無驕，何如？」子曰：「可也；未若貧而樂，富而好禮者也。」南宮适所言「賤不義而貴有德」，深深契合於儒家精神，也得到了孔子的極大認可，所以孔子對此並沒有什麼可以糾正的，而是極其贊許的態度。在《論語》的對話之中，有這樣一種慣例，對於對話雙方都已心知肚明的事實或者典故，或省略，或不言，或點到為止，這在無形中增加了我們解讀的難度。如《里仁篇》第15則：

> 子曰：「參乎！吾道一以貫之。」曾子曰：「唯。」子出，門人
> 問曰：「何謂也？」曾子曰：「夫子之道，忠恕而已矣。」

因為對彼此都已經相當瞭解，所以孔子自不必多言，點到為止，曾子便能心領神會，所以只是應答一聲，也就退下了，然而其他弟子卻不知所云，正是「悠悠心會，妙處難與君說」。這與後世禪宗在推求自身源流時所講的「拈花一笑」，頗有異曲同工之妙，佛祖拈花，迦葉會心一笑，也是不著一字，然而各自心領神會，所以也就用不著言語了。南宮适在提出自己的觀點之後，夫子或微微一笑，或輕輕頷首，或只是一個眼神的交流，南宮适就已經懂了，他知道了孔子是同意自己的看法的，所以就退了出來。然而在場的弟子，並不是當事人，他可能並沒有察覺到這些細微的動作，或者在記述的過程中，忽略了這些細節，只是注意到最終的結果——「夫子不答」，當他用這4個字

的時候，說明他的內心也充滿了疑惑，因為他可能不知道，其實夫子已經告訴了南宮适自己的看法。

（三）為何南宮适退下後孔子才評論此事？

……《論語》作為研究孔子及其弟子的第一手材料是十分重要的，筆者統計了以上人物在《論語》中出現的頻率，南宮适總共有 3 則，宰我 4 則，樊遲 5 則，子路 42 則，子貢 49 則（一則之中重複出現的不計）。從這些資料可以看出，子貢和子路出現的次數明顯多於其他弟子，這至少可以說明他們與孔子的關係更加密切，也更善於向孔子提問，所以孔子對於他們也相當瞭解，就可以當面批評和讚揚了。而南宮适出現頻率最低，這起碼說明他不善於提問，與孔子交流較少，更進一步來說，可能是在個人氣質上比較內向。所以孔子針對南宮适的個人性格和氣質，等他退出後才發表評論，這是孔子「因材施教」，針對不同個性弟子所採取的不同教育方法。

（四）為何孔子會給予南宮适如此高的評價呢？

……本則中當南宮适將正反兩組人物放在一起對比，得出靠武力不擇手段取得的成功是暫時的，只有踏踏實實地做好分內工作，積累德行，注重民生，才能最終擁有天下，而「尚德」「仁治」思想正是孔子一直所提倡的。另外，孔子對於南宮适本人的言行品德是極其讚許的，他能說出這樣的話，是知行合一的一種展現，符合孔子平日所推崇的「君子」，所以才會給予這麼高的評價。再從個人情感方面來說，南宮适作為孔子親自選定的侄女婿，他與孔子的關係與其他弟子相比，必然更近了一層。所以從他的話語「君子哉若人！尚德哉若人！」中，我們似乎能夠看出一絲的喜悅與自得。〔註2〕

14.9 或問子產。子曰：「惠人也。」

問子西。曰：「彼哉！彼哉！」

問管仲。曰：「人也。奪伯氏駢邑三百，飯疏食，沒齒無怨言。」

賈延利：《論語‧憲問》：「問子西：『彼哉！彼哉！』」「彼」字大多釋為第三人稱代詞「他」，恐非。因從內容上看，前句是有人向孔子詢問子西是怎樣的人，後面「彼哉！彼哉」是孔子回答的話。如訓為「他」，那麼，答非所問。

〔註 2〕劉博、范春義：《〈論語〉「不答」義例與「南宮适」一則試解》，《伊犁師範學院學報（社會科學版）》2016 年第 3 期，第 98～100 頁。

「彼」當作「佊」，形近而譌。後人不達，誤作第三人稱代詞。何以言之？

《廣韻・紙韻》引《論語》作「子西佊哉。」可見，原文當作「佊」。

《玉篇・人部》：「佊，邪也。」《廣雅・釋詁》：「佊，衺也。」（同「邪」。）王念孫疏云：「今《論語》作彼，馬融注云：『彼哉！彼哉！言無足稱也。』與《廣韻》所引異義。案：彼字讀偏佊之佊字，於義為長。」

章太炎《新方言・釋言》：「今人呼邪人為佊子。」

可見，孔子回答「彼哉！彼哉！」是「邪惡啊！邪惡啊」之義。這樣理解前後吻合，答問相符。〔註3〕

14.13 子問公叔文子於公明賈曰：「信乎，夫子不言，不笑，不取乎？」

公明賈對曰：「以告者過也。夫子時然後言，人不厭其言；樂然後笑，人不厭其笑；義然後取，人不厭其取。」

子曰：「其然？豈其然乎？」

陳曉強：楊伯峻先生注《憲問》第十三篇「以告者過也」中的「以」為「代詞，此」；李運富先生認為訓「以」為「此」缺乏力證，此句「以告」當為「以之告」之省〔註4〕。

（一）認為「以告者過也」中的「以告」為「以之告」之省的看法值得商榷

1.《論語》「以告」除「以告者過也」外共出現五次：「必以告新令尹」（《公冶長〔註5〕》），「巫馬期以告」（《述而》），「子服景伯以告」（《憲問》），「子路行以告」（《微子》）。《孟子》「以告」共出現十次：「有司莫以告」（《公孫丑》），「公都子以告」（《公孫丑》），「時子因陳子而以告孟子」（《公孫丑》），「高子以告」（《公孫丑》），「徐子以告夷子」（《滕文公》），「徐子以告孟子」（《滕文公》），「或以告王良」（《滕文公》），「子路以告」（《萬章》），「以告孟子」（《告子》）。綜合分析以上句子，各句基本語法形式為：（主語）+以告+（賓語）。

上語法形式中，「告」是全句謂語中心，「以告」可視為「以之告」之省，其前後主語、賓語有時省略，但省略的主語、賓語可結合具體語境補出。「以

〔註3〕賈延利：《〈論語〉析疑三則》，《孔子研究》1989年第3期，第128頁。
〔註4〕原註：李運富．《尚書》《論語》札記十則〔J〕．古籍整理研究學刊，1998，（4）．
〔註5〕原文作此，當為「公冶長」。

告者過也」的謂語中心為「過」，「以告」前後無法補出主語、賓語。因此，「以告者過也」中的「以告」和其他句中「以告」的句法功能並不一致，「以告」不應視為「以之告」之省。

2. 謂詞或謂詞性短語加「者」構成名詞性短語是漢語基本語法規律之一。如將「以告者過也」中「以告」視為「以之告」之省，則「以告者」當理解為謂詞性短語「以告」加「者」構成名詞性短語的格式。考先秦文獻，沒有將「以告」作為短語的用例。而且，對語法形式「狀語+動語+賓語」進行語法層次分析時，人們習慣於先切分動賓，再切分狀中。在「以（之）告+賓語」中，人們在語感上首先讓「告」與賓語發生關係，這說明「以」和「告」並不居於同一語意、語法層次，「以告」不直接構成短語。「告者」即「告訴這件事的人」，理解「以告者過也」時不應該割裂「告」與「者」的自然結合而勉強將不居於同一語意、語法層次的「以」、「告」先視為一個組合。

（二）楊伯峻先生將「告者」視為獨立結構，合乎「以告者過也」的語法結構層次

但是考察先秦文獻，訓「以」為「此」的例證並不常見。先秦文獻中，「以」常見的意思是「因，因為」，《論語》中不乏其例，如：「以吾從大夫之後」（《先進》），「以吾一日長乎爾」（《先進》），「君子不以言舉人，不以言廢人」（《衛靈公》），「是以君子惡居下流」（《子張》）。

《憲問》第十三篇全文為⋯⋯這段話中孔子問：「聽說公叔文子不言語、不笑、不取，是真的嗎？」公明賈答道：「因為傳話人的錯誤（你才這樣認為）⋯⋯」將「以告者過也」中的「以」理解為「因，因為」不僅文從字順，而且符合《論語》中「以」的習慣用法。因此本文綜合楊伯峻先生和李運富先生的意見，認為「以告者過也」中的「以」應作「因，因為」解。〔註6〕

14.15 子曰：「晉文公譎而不正，齊桓公正而不譎。」

劉剛：宋說〔註7〕很有道理，可惜沒能得到應有的重視，如劉寶楠就認為

〔註6〕陳曉強：《〈論語〉語法札記三則》，《甘肅聯合大學學報（社會科學版）》2006年第6期，第89～90頁。

〔註7〕由作者文中可知，宋翔鳳認為：「《漢書》所引為《魯論》，『法』字古文作『金』，今本作『正』，蓋後人罕見『金』字，遂改為『正』，《論語·憲問》兩『正』字皆當作『金』，同『法』。」（《論語發微》）

「正」字不誤，宋說乃臆測而已。〔註8〕但從古文字學的研究成果來看，「法」的古文確實可以寫作「佺（乏）」〔註9〕：

（1）有佺（法）有紀，而亦不可。（上博《用曰》簡4+19）

（2）唯作五虐之刑曰佺（法）。（上博《緇衣》簡14）

中山王方壺「乏」作「🝈」，更是與「正」字寫法形近，說明《漢書‧鄒陽傳》的「齊桓公法而不譎」確有所本，「正」「法」二字異文，并非有些學者理解的同義關係。然則《論語‧憲問篇》的原文當作：「子曰：『晉文公譎而不佺（法），齊桓公佺（法）而不譎。』」這句話到底該如何理解呢？

可能是受到顏師古《漢書‧鄒陽傳》注文的啟發，王引之解釋「譎」字云：「《說文》：『譎，權詐也。』訓『詐』則為惡德，訓『權』則亦可為美德……言晉文能行權而不能守經，齊桓能守經而不能行權。」〔註10〕雖然王氏也認為「正」字無誤，但他對文意的理解是準確的。宋翔鳳對「譎」字的認識與王引之差似。「權」者，變通之辭也，與「經」「常」相對。《孟子‧離婁上》：「男女授受不親，禮也；嫂溺，援之以手者，權也。」《易‧繫辭下》：「井以辯義，巽以行權。」王弼注：「權，反經而合道，必合乎巽順，而後可以行權也。」《鹽鐵論‧詔聖》：「高皇帝時，天下初定，發德音，行一卒之令，權也，非撥亂反正之常也。」劉寶楠指出，把「譎」理解為「權」，和漢代以來的學者多認為《論語‧憲問篇》是對「齊桓、晉文」的嘆譽之辭相合。〔註11〕

「法」本指規則、制度，《周禮‧天官‧大宰》：「以八灋治官府。」陸德明《釋文》：「灋，古法字。」孫詒讓《正義》云：「法本為刑法，引申之，凡典禮文制通謂之法。」〔註12〕《論語‧憲問篇》中的兩個「法」用作動詞，意為「遵守規則」〔註13〕。古書也有類似用法，如《左傳‧莊公二十三年》：「君舉必書，書而不法，後嗣何觀？」

〔註8〕原註：劉寶楠：《論語正義》，中華書局，1990年，第571頁。

〔註9〕原註：李學勤、劉樂賢認為「佺」是「乏」字，故假借為「灋」。參看劉樂賢：《〈說文〉「法」字古文補釋》，《古文字研究》第24輯，中華書局2002年，第464～467頁。

〔註10〕原註：王引之：《經義述聞》，上海古籍出版社，2016年，第1881頁。

〔註11〕原註：劉寶楠：《論語正義》，第571頁。

〔註12〕原註：孫詒讓：《周禮正義》，中華書局，2015年，第77頁。

〔註13〕原註：黃懷信：《論語彙校集釋》認為「法」為名詞，與「譎」不對，因此「正」當不誤。其說恐不可信。

「晉文公譎而不金（法），齊桓公金（法）而不譎」可以意譯為：「晉文公比較變通，而不太守規則；齊桓公原則性強，而不太靈活」。從《左傳》《國語》《史記》等書中二人的事跡看來，孔子對他們特點的概括是相當準確的。無論是違反晉獻公旨意而倉皇出逃，還是城濮大戰中貌似守信的「退避三舍」，以及對待秦女懷嬴的畢恭畢敬（和齊桓公怒出蔡女恰可對觀），都是晉文公「權而不法」的具體表現；而齊桓公守法之謹嚴，《史記·齊太公世家》所述之事尤其值得一提：

> （桓公）二十三年，山戎伐燕，燕告急於齊。齊桓公救燕，遂伐山戎，至於孤竹而還。燕莊公遂送桓公入齊境。桓公曰：「非天子，諸侯相送不出境，吾不可以無禮于燕。」於是分溝割燕君所至與燕，命燕君復修召公之政，納貢于周，如成康之時。諸侯聞之，皆從齊。

這不由讓人想起《左傳·宣公二年》「晉靈公不君」的故事結尾：

> 乙丑，趙穿攻靈公於桃園。宣子未出山而復。大史書曰：「趙盾弒其君。」以示於朝。宣子曰：「不然。」對曰：「子為正卿，亡不越竟，反不討賊，非子而誰？」宣子曰：「烏呼！《詩》曰：『我之懷矣，自詒伊戚。』其我之謂矣。」孔子曰：「董狐，古之良史也，書法不隱。趙宣子，古之良大夫也，為法受惡。惜也，越竟乃免。」

以越竟（境）與否作為循「法」的標準，與上文所言齊桓公割地之事，可謂有異曲同工之妙。這兩則故事也從側面證明：我們贊同宋翔鳳的說法，把《論語·憲問篇》中的兩個「正」校改為「法」是有道理的。〔註14〕

14.17 子貢曰：「管仲非仁者與？桓公殺公子糾，不能死，又相之。」子曰：「管仲相桓公，霸諸侯，一匡天下，民到於今受其賜。微管仲，吾其被髮左衽矣。豈若匹夫匹婦之為諒也，自經於溝瀆而莫之知也？」

顧頡剛：《論語·憲問篇》記孔子語云：「微管仲，吾其被髮、左衽矣！」謂如無管仲，齊桓即不得成其一匡天下之霸業，而華夏將胥淪于「夷狄」也。何謂「左衽」？何氏《集解》無釋。邢《疏》云：「『衽』，謂衣衿；衣衿向左謂之『左衽』。」朱《注》亦云：「『衽』，衣襟也。」是則「夷狄」之俗，襟

向左開，殆成定說。然人類活動，右手之用為多，襟之在右即以此故；若移于左，不便甚矣。此蓋前代學者未親見邊隅風俗，僅隨文而敷義耳。

予前遊蒙、藏諸地區，見當地人民雖衣設兩袖，而以便利工作之故，僅穿左臂。其貴族階級固不必躬親操作，而以習慣如此，雖內衣兩袖俱穿，而外衣亦僅伸左袖；非天氣嚴寒，右袖終不用也。豈特吾國邊方如是，天竺率亦如是，試觀佛、菩薩像並多袒其右臂于袈裟之外，可以知其風尚之從同。然《論語・鄉黨》：「褻裘長，短右袂。」《集解》引孔云：「短右袂，便作事。」知即在我國古代中原地區，亦以實際之需要而左、右袂不一律矣。「袂」者，袖也。

案「衽」自有襟義，而亦有袖義。拜稱「斂衽」，謂斂其兩袖而拜也，故《史記・貨殖列傳》作「斂袂」。《楚辭・招魂》狀鄭舞之容曰：「衽若交竿。」竿為長四尺餘之樂器，長袖善舞，迴轉相交，有若兩竿；若釋為襟則何由交乎！莊忌《哀時命》云：「左袪掛于榑桑，右衽拂于不周。」「左袪」「右衽」對文，「袪」即袖，「衽」亦袖也；若釋為襟則何由拂乎！故知「左衽」云者，謂惟左臂穿入袖中耳，其襟固仍在右也。《戰國策・趙策二》曰：「被髮（『被』字，他本或作『祝』，或作『翦』，今依姚本）、文身、錯臂、左衽，甌越之民也。」宋姚宏校云：「孔衍作『右臂、左衽』，右袒其臂也。」（孔衍，晉人，著《春秋後語》，依據《戰國策》等書為之，其書今佚，而尚為宋人所及見，故姚氏取以作校。敦煌寫本中尚存孔書零簡。）既已右袒其臂，則左臂在袖自可知矣。

次言「被髮」。《左傳》僖二十二年曰：「初，平王之東遷也，辛有適伊川，見被髮而祭于野者，曰：『不及百年，此其戎乎？』」《禮記・王制》曰：「西方曰戎，被髮、衣皮，有不粒食者矣。」《山海經・海外西經》曰：「白民之國……被髮。」又曰：「長股之國……被髮。」《海內北經》曰：「據比之尸……被髮。」《西次三經》曰：「玉山，……西王母蓬髮、戴勝。」是知被髮之俗本西北少數民族所固有。《後漢書・西羌傳》曰：「無弋爰劍……與劓女遇于野，遂成夫婦。女恥其狀，被髮覆面，羌人因以為俗。」此說倒果為因，被髮覆面者羌人本俗，無弋之婦仍其制耳。予遊青海，見保安族女子猶散髮。藏族婦女梳辮數十，滿披于肩背而束集于腰帶，自遠望之，儼若散髮然，蓋特小變其形耳。

又按，《左傳》宣十二年，楚莊王克鄭，「鄭伯肉袒、牽羊以逆」。杜《注》：「肉袒、牽羊，示服為臣僕。」《呂氏春秋・行論》，楚莊王圍宋，「宋公肉袒、

牽犧，委服告病曰：『大國若宥圖之，唯命是聽！』」案「肉袒」與「左衽」
本一事，左臂納于衽，右臂獨袒露也。邊俗，凡服罪者饋牲以輸誠。《三國‧
魏志‧東夷濊傳》云：「其邑落相侵犯，輒相罰責生口牛、馬。」即此風。然
初不限於東夷，西之羌、南之樊莫不如是。鄭、宋之君降楚，行此「夷」禮，
或以楚國勞動人民之俗固如是耶？

　　《漢書‧韓延壽傳》：「行縣至高陵，民有昆弟相與訟田自言。延壽大傷
之，……因入臥傳舍，閉閤思過。……此兩昆弟深自悔，皆自髡、肉袒謝。」
按髡者，剃其周圍之髮，以頂髮作辮下垂，亦即被髮也。此為奴虜之形，合
于杜《注》所謂「示服為臣僕」者。然則孔子云「微管仲，吾其被髮、左衽」，
蓋謂如無管仲成齊之霸，則諸夏覆滅，將胥淪為夷裔之奴虜耳。

　　一九五〇年五月，得童書業同志來書，對此樹異議，云：「吉林輯安縣通
溝出土六朝墓壁畫中之高句麗服飾，多作被髮、左衽狀，男、女俱同。所謂
『左衽』之『衽』乃襟非袖，與舊說合。又《北齊書‧王紘傳》：『行臺侯景
與人論掩衣法，為當左，為當右。尚書敬顯儁曰：「孔子云：『微管仲，吾其
被髮左衽矣！』以此言之，右衽為是」。紘進曰：「國家龍飛朔漠，雄步中原，……
掩衣左右，何足是非！」』是北齊亦左衽，故論掩衣法而及之。又《南齊書‧
魏虜傳》：『宏皇后生偽太子恂，……宏初徙都，恂意不樂，思歸桑乾。宏制
衣冠與之，恂竊毀裂，解髮為編，服左衽。』此可見『左衽』之『衽』確非
指袖。且北土寒，南土暖，故南人袒臂；北俗袒臂疑受佛教影響，非古制也。
尊說似祇可備一說，請酌之。」此說固有據，然高句麗壁畫中侍者實穿對襟
衣，僅結帶在左耳。又按，《吳越春秋》卷七記句踐至吳，「趨入石室。越王
服犢鼻，著樵頭；夫人衣無緣之裳，施左關之襦」，此「左關之襦」疑亦自左
繫結者，與通溝所繪皆奴隸之服也，並錄此以俟考。〔註15〕

14.23 子曰：「君子上達，小人下達。」

崔海東：正如張載所云：「上達反天理，下達徇人欲者與。」〔註16〕此章

〔註15〕顧頡剛：《顧頡剛讀書筆記》，北京：中華書局，2011 年版，第 381～383 頁。
　　　　此看法作者之前已寫過一篇札記，刊於《責善半月刊》第 1 卷第 6 期《浪口
　　　　村隨筆》，1940 年 5 月 31 日。後童書業先生對其觀點提出異議，顧先生思考
　　　　過後，仍堅持自己的觀點，遂又寫成此文。
〔註16〕原註：張載. 正蒙〔M〕//張載集. 北京：中華書局，1978：22.

之上達，即指逆覺性體，更階及道體，抵天命流行境，而非僅自畫於仁義。而下達並非僅指財利，還包括泥於具體的日常事務不能自省逆覺，此如樊遲學稼，子張干祿。另「不怨天，不尤人，下學而上達。知我者其天乎！」（14.35）其誤相類，不贅。

故本章義為：孔子說：「君子上返於天命之大道，小人陷溺於私欲與俗務。」〔註17〕

14.34 或曰：「以德報怨，何如？」子曰：「何以報德？以直報怨，以德報德。」

陸衛明、曹宏、林靜選：此句中的「以直報怨」應作怎樣的解釋？李零先生認為，這裏的直應讀為值，對等的意思，「就是以和怨對等的東西報怨，也就是以怨報怨」〔註18〕。南懷瑾更形象地說：「你打我一拳，我還你一腳；你對我不好，我不理你，這很直嘛！」〔註19〕其實，這裏的「直」不應作如是觀。對此，筆者覺得還是回歸到朱熹的說法較為準確。他說：「於其所怨者，愛憎取捨，一以至公而無私，所謂直也。」〔註20〕就是說，對待怨恨自己的人，要以「至公而無私」的態度來對待。這裏的「直」即是正直的意思。具體地說，如何做到以直報怨呢？這要建立在反思的基礎之上，分別對待。如果是自己的過錯，該道歉的道歉，該負責的負責。如果是對方的過錯，該譴責的譴責，該出手的出手。即以正直的行為對待傷害過自己的人，這些均是「以直報怨」的題中應有之義。〔註21〕

14.35 子曰：「莫我知也夫！」子貢曰：「何為其莫知子也？」子曰：「不怨天，不尤人，下學而上達。知我者其天乎！」

孫景龍、劉旭芳：我以為，「何為其莫知子也」應於「何為」之後點斷，標點為「何為？其莫知子也！」子貢所問，是問對策，問辦法，不是問原因。

〔註17〕崔海東：《楊伯峻〈論語譯注〉義理商榷》，《合肥師範學院學報》2014年第1期，第58頁。
〔註18〕原註：李零. 喪家狗〔M〕. 太原：山西人民出版社，2007：262.
〔註19〕原註：南懷瑾. 論語別裁（下）〔M〕. 上海：復旦大學出版社，1993：685.
〔註20〕原註：朱熹. 四書集注〔M〕. 上海：上海古籍出版社，1995：187.
〔註21〕陸衛明、曹宏、林靜選：《關於〈論語〉的若干疑難問題闡析》，《西安交通大學學報（社會科學版）》2016年第4期，第120～121頁。

子貢知道其中的原因，無須問。《史記・孔子世家》載：孔子在陳絕糧，知弟子有慍心，乃召子路、子貢、顏淵而問曰：「《詩》云：『匪兕匪虎，率彼曠野。』吾道非耶？吾何為於此？」「子貢曰：『夫子之道至大也，故天下莫能容夫子。夫子蓋少貶焉。』」子貢提出的策略是「少貶焉」，但與夫子不合。《論語》中這段話正可與《史記》互參。這樣點斷，成為倒裝語句，意思是「其莫知子也，何為？」「莫知子」是已成之實，無須強調，故將「何為」提前，表示強調，意思是「怎麼辦」？言外之意，是否「少貶焉」。孔子的回答是「不怨天，不尤人，下學而上達」。師徒之間誠懇對話，推心置腹，可見其親密關係。〔註 22〕

14.36 公伯寮愬子路於季孫。子服景伯以告，曰：「夫子固有惑志於公伯寮，吾力猶能肆諸市朝。」

子曰：「道之將行也與，命也；道之將廢也與，命也。公伯寮其如命何！」

楊逢彬、陳建棟、胡柳映：這一篇中子服景伯說的兩句話斷句有歧異。何晏《集解》在「固有惑志」後出注，曰：「孔曰：『季孫信讒，恚子路。』」可見《集解》是在「固有惑志」後斷句。而朱熹《四書集注》在「肆諸市朝」後才出注，並言「夫子，指季孫，言其有疑於寮之言也」。後人依據「其有疑於寮之言」，則多斷句為「夫子固有惑志於公伯寮」。當今較有影響的注本中，楊伯峻《論語譯注》、錢穆《論語新解》、潘重規《論語今注》、李澤厚《論語今讀》、杜道生《論語新注新譯》等都以「夫子固有惑志於公伯寮」連讀而不斷開。楊伯峻（2009：155）〔註 23〕譯為：「他老人家已經被公伯寮所迷惑了。」

以我們所見，在「固有惑志」後斷句的只有孫欽善《論語本解》和李零《喪家狗——我讀論語》。另外，分析《論語》句法的名著許世瑛（1973：260）〔註 24〕也是此十字連讀。我們贊成斷開之說。理由如下：

1）《史記・仲尼弟子列傳》引子服景伯的話為「夫子固有惑志，繚也，

〔註 22〕孫景龍、劉旭芳：《〈論語〉讀解辨疑八則》，《承德民族師專學報》2009 年第 1 期，第 14 頁。

〔註 23〕指楊伯峻《論語譯注》（中華書局，2009）。

〔註 24〕指許世瑛《論語二十篇句法研究》（臺北：開明書店，1973）。

吾力猶能肆諸市朝」。不但在「固有惑志」後點斷，而且可以明顯看出，「繚也」正是「於公伯寮」的改寫。

以下幾點是語言內部的證據，更具說服力。

2）「有志」「有……志」的結構，一般其後都不接「於」字介賓結構。一般來說，動詞謂語後接「於」字介賓結構在《論語》時代是很常見的。如：「以逞寡君之志，若何？……匹夫逞志於君而無討，敢不自討乎？」（《左傳》僖公三十三年）前句為「逞寡君之志」，不帶「於」字介賓結構；後句為「逞志於君」，帶有「於」字介賓結構。又如：

　　若欲得志於魯，請止行父而殺之。（《左傳》成公十六年）

　　爾死，我必得志。（《左傳》哀公十一年）

前一例接「於」字介賓結構而後一例無之。我們統計，《左傳》中「得志」共計出現 25 次，其中 12 次後接「於」字介賓結構；5 次後接「焉」字，如「苟得志焉，無恤其他」，而「焉」是「於之」的合音；只有 8 次後面無「於」字介賓結構。但是，「有……志」「有志」後接「於」字介賓結構卻極為罕見。我們在《左傳》《國語》《孟子》中共找到 25 例含有「有……志」「有志」的句子，其中只有《國語‧吳語》的 1 例後接「於」字介賓結構：「孤將有大志於齊，吾將許越成，而無拂吾慮。」另有一例後接「焉」字：「右師視速而言疾，有異志焉。」（《左傳》成公十五年）其餘 23 例都不接「於」字介賓結構，也不接「焉」字。例如：

　　我以銳師宵加於鄖，鄖有虞心而恃其城，莫有鬥志。（《左傳》桓公十一年）

　　子有四方之志，其聞之者吾殺之矣。（《左傳》僖公二十三年）

　　夫出晝，而王不予追也，予然後浩然有歸志。（《孟子‧公孫丑下》）

　　君其何德之佈以懷柔之，使無有遠志？（《國語‧周語中》）

這 25 例之外，另有兩例「無……志」的例子，也不接「於」字介賓結構：

　　絳無貳志，事君不辟難，有罪不逃刑。（《左傳》襄公三年）

　　子家弗聽，亦無悛志。（《左傳》襄公二十八年）

綜上所述，應以在「夫子固有惑志」後點斷為宜。

3）根據第 2 點所引各例句歸納，「志」的意義為「想法」。「惑志」即「迷亂的想法」「糊塗的想法」。有的古漢語詞典「志」有「志向」義而無「想法」

義，恐怕不妥。其實，「想法」是涵蓋「志向」的。採用義素分析法分析可知，志向 ＝〔想法〕＋〔大的〕＋〔堅定〕，即「大的、堅定的想法」。第 2 點所引各例中，「大志」可以解釋為「大的志向」，但貳志、歸志、異志、他志、死志、去志等詞組中的「志」很難理解為「志向」，而理解為「想法」，則滯礙頓消。⋯⋯王力等（2005：503）〔註25〕中「志」的第一個義項為「心意」，近之。

4）「諸」為「之於」二字的合音字，而代詞「之」一般不指代謂語後的「於」字介賓結構的賓語。我們在研究《雍也》「博學於文，約之以禮」是否如毛奇齡《論語稽求篇》所說後句的「之」是指代前句的「文」時指出，代詞「之」指代前面出現過的成分時，一般指代主語、謂語動詞的賓語，或整個句子所指的事物；我們未見「之」指代介詞的賓語，至少在《論語》一書出現的幾百例代詞「之」中，未見此種用法。一般認為，介賓結構的賓語在句中不是表述的重點，不是強調的對象。這與我們未見「之」指代介詞賓語，應該不會是偶然的巧合。而如果讀為「夫子固有惑志於公伯寮，吾力猶能肆諸（之於）市朝」，「之」指代的又是「公伯寮」而非「夫子」，那就正好是指代介詞賓語了。這與我們的考察是不相符的。正因為後句的「之」一般不指代處於非強調對象位置上的介詞賓語，所以，從語感上看，「之」更像指代「夫子」，但子服景伯顯然不會將「夫子」「肆諸市朝」。而將「於公伯寮」斷開置於後句，則完全不同了。何樂士（1989：80）〔註26〕認為，「於」字結構前置，「大都出現在表示強調的句子中」。例如：

　　　狄之廣莫，於晉為都。晉之啟土，不亦宜乎？（《左傳》莊公二十八年）

　　　晉人曰：「於姬姓，我為伯。」（《左傳》哀公十三年）

　　正由於「表示強調」，所以「於」字結構可以單獨為一句。「於公伯寮，吾力猶能肆諸市朝」正是這樣的句子。正因為此，太史公才能將它改寫為「繚也，吾力猶能肆諸市朝」。

　　5）如果讀為「夫子固有惑志於公伯寮」，從語法結構和詞義上分析，也得不出「他老人家已經被公伯寮所迷惑了」的意思。如果要得出「夫子已經被公伯寮所迷惑了」的意思，介詞「於」在此句只能用以引進施事者，同時也是被動句的標誌。但是，一方面，介詞「於」表被動一般都緊接動詞，「於」

〔註25〕指王力等《古漢語常用字字典》（商務印書館，2005）。
〔註26〕指何樂士《左傳虛詞研究》（商務印書館，1989）。

和謂語動詞之間沒有賓語。我們常見到「勞心者治人，勞力者治於人；治於人者食人，治人者食於人」（《孟子‧滕文公上》）之類「於」字緊接謂語動詞的句子，罕見「勞力者治……於人」「治人者食……於人」之類句子；另一方面，若要引進施事者，充當謂語者必須是與主語、賓語可以建立廣義施受關係的行為動詞、關係動詞、狀態動詞，「有」卻是存在動詞。張猛（2003：40）〔註27〕指出：「行為動詞……通常主語是施事，賓語是受事。……表示動作的施事的成分如果要出現在行為動詞的後面，必須通過介詞『於（于）』引進。……關係動詞在語義功能和結構形式上都與行為動詞相似。」而「夫子固有惑志於公伯寮」的「有」是存在動詞。在存在動詞作謂語的句子中，表示擁有者或存在者的成分通常處於主語的位置上，表示所擁有者或供其存在者的成分通常處於賓語或補語的位置上。也就是說，存在動詞與主語賓語之間並非廣義的施受關係，自然也就不可能通過介詞「於」引進施事成分於動詞之後。我們通過對《左傳》中1206個存在動詞「有」的全面考察，情形也確實如此。至此，可以明確地說，「夫子固有惑志於公伯寮」決不能譯為「他老人家已經被公伯寮所迷惑了」。

6）有鑒於此，「夫子固有惑志於公伯寮」的「於」誠如許世瑛（1973：260）中所分析的，只能「相當於白話的『對於』」。於是，「夫子固有惑志於公伯寮，吾力猶能肆諸市朝」譯為現代漢語就是「他老人家固然對於公伯寮有糊塗想法，但我的力量還能把他的屍首在街頭示眾」。後句的「他」，如前文所說，在語感上，無論原文或譯文，都是「夫子」而非「公伯寮」。但顯然，子服景伯是不可能說出這種話的。要想表達「夫子固然已經被公伯寮所迷惑了」或類似意思，一般會寫成「夫子固惑於公伯寮」，例如：

今謂君惑於我，必亂國。（《國語‧晉語一》）

丈人智惑於似其子者，而殺其真子。夫惑於似士者而失於真士，此黎丘丈人之智也。（《呂氏春秋‧慎行論》）

因為「惑」屬於狀態動詞，自然可以通過介詞「於」引進施事。

以上六點，足以證明標點為「夫子固有惑志，於公伯寮，吾力猶能肆諸市朝」是正確的。〔註28〕

〔註27〕指張猛《左傳謂語動詞研究》（語文出版社，2003）。

〔註28〕楊逢彬、陳建棟、胡柳映：《〈論語〉「夫子固有惑志於公伯寮」解》，《中國語文》2016年第4期，第487~489頁。

14.39　子擊磬於衛，有荷蕢而過孔氏之門者，曰：「有心哉，擊磬乎！」既而曰：「鄙哉，硜硜乎！莫己知也，斯己而已矣。深則厲，淺則揭。」

子曰：「果哉！末之難矣。」

王功龍：《論語・憲問》中的「深則厲，淺則揭」，原是《詩經・邶風・匏有苦葉》中的詩句。對此句的解釋歷來眾說紛紜，莫衷一是。

分歧主要是由於對於「厲」和「揭」的訓釋不同。先看《毛傳》的說法，「以衣涉水為厲，謂由帶以上也。揭，褰衣也。遭時制宜如遇水，深則厲，淺則揭矣。」《毛傳》的說法一直影響到後來的各家注釋。《爾雅・釋水》：「以衣涉水為厲。」李巡注曰：「不解衣渡水曰厲。」《論語・憲問》篇引《詩經》「深則厲，淺則揭」一句，包咸注曰：「以衣涉水為厲。」《說文解字》曰：「涉，徒行厲水也。」從《說文解字》來看，「涉」是渡水的通名，不論深淺與否，皆可稱之為「涉」。「厲水」是「涉水」的一種，特指穿著衣服涉水。《說文解字》在解釋「厲」字詞義後又出一個異文「砅」。《說文解字》云：「砅，履石渡水也」，引《詩經》作「深則砅」。後人戴震在《毛鄭詩考正》一書中認為「厲」此處釋為「梁」，證據是《說文解字》引詩作「砅」。「濿」下又云「砅或從厲」，《經典釋文》曰：「厲，本或作濿。」則《詩經》中「深則厲」可解作「深則砅」了，即水深可以踏石等渡過。在《詩經・衛風・有狐》章有「有狐綏綏，在彼淇梁」「有狐綏綏，在彼淇厲」兩句，其中「淇梁」、「淇厲」並稱，可證「厲」也有「梁」義。其後人們為「厲」是否有「梁」義有爭論，但無論履石渡水與不履石渡水，都是徒涉，則「厲」為徒涉是無疑的了。《楚辭・九嘆》：「橫汨羅以下濿」，「櫂舟杭以橫濿兮」，王逸注曰：「濿，渡也。」《列子・說符篇》曰：「有一丈夫方將厲之」，張湛注曰：「涉水也。」蔡邕《述行賦》：「乘舫舟而泝湍流兮，浮清波以橫厲。」蘇軾《和桃花源詩》：「高山不難越，淺水何足厲。」根據以上的注釋訓解可知，「厲」即徒涉過水。

再看「揭」字。《廣雅・釋詁》：「揭，舉也。」王念孫《廣雅疏證》曰：「《說文》：『揭，高舉也。』《小雅・大車篇》云：『西柄之揭。』《莊子・胠篋篇》云：『脣竭則齒寒。』『竭』與『揭』通，凡物之上舉者皆謂之揭。」《莊子・胠篋》篇《經典釋文》引《三蒼》曰：「揭，舉也。」《淮南子・精神訓》：「揭钁臿，負籠土」，高誘注曰：「揭，舉也。」張衡《思玄賦》：「振余袂而就車兮，脩劍揭以低昂。」「揭」的高舉義與「擔」、「負」、「扛」義相通，故《廣雅・釋詁三》又曰：「揭，擔也。」《史記・滑稽列傳》：「數賜縑帛，擔

揭而去。」《小爾雅・釋言》曰:「何、揭,擔也。」《詩經・侯〔註29〕人篇》:
「何戈與祋。」《詩經・無羊篇》:「何簑何笠。」《毛傳》並注曰:「何,揭也。」
說明「揭」字有荷負義。《文選・過秦論》李善注引《三蒼》曰:「揭,立舉
也。」

　　根據以上的古代訓釋,我們認為古人所說的揭衣,是認為水深不可以厲,
則解脫下衣服負在背上,裸行過水,稱之為揭。此即《毛傳》、《爾雅》所說
的以衣涉水為厲和鄭玄所說的服衣由膝以上為厲。從詩意來看,說的是水深
不可以穿衣而渡,卻要打濕了衣服而厲,水淺無須脫下衣服背到背上,反而
要解脫下衣服而揭之,比喻人辦事顛倒,不明事理,不合事宜等。《論語・憲
問》:「鄙哉硜硜乎!莫己知也,斯己而已矣。深則厲,淺則揭。」荷蕢的意
思是說孔子不識時宜,如同水深不可厲卻厲渡之,水淺用不著揭衣卻揭衣而
渡之。

　　「深則厲,淺則揭」的「則」是個轉折連詞,楊伯峻《古漢語虛詞》中
說:「『則』字可以用『而』字。本是順承之詞,卻用作反接之詞。」舉例曰:
「竭力以事大國,則不得免焉。」(《孟子・梁惠王下》)——盡力來向大國貢
獻,卻不能夠免於被侵犯。關於「則」作轉折連詞用,例證是相當多的。《論
語・子路》:「欲速則不達。」《左傳・僖公三十三年》:「公使陽父追之,及諸
河,則在舟中矣。」……「深則厲,淺則揭」的「則」正是作「卻」來解釋。

　　古人常以渡水來比喻權衡利害,因事制宜。《晏子春秋・外篇十七》:「今
日吾譏晏子,猶裸而訾高撅者也。」「撅」字即「揭」字之假借。朱駿聲《說
文通訓定聲・泰部》曰:「撅假借為揭。」是說我今天譏笑晏子,就如同赤裸
卻要譏笑高舉起衣服的人一般。《禮記・內則》曰:「不涉不撅。」鄭注曰:「撅,
揭衣也。」《墨子・公孟》也說:「是猶裸者謂撅者不恭也。」由此可見《論
語》中的荷蕢也是借用「深則厲,淺則揭」的比喻來表達對孔子的看法的,
所以孔子在後面說:「真堅決呀,沒有辦法說服他了。」

　　根據以上理由,我們認為「深則厲,淺則揭」是說孔子不明事理,倒行
逆施的話語。〔註30〕

〔註29〕原文作此,當為「侯」。
〔註30〕王功龍:《說「深則厲,淺則揭」》,《文史知識》1992 年第 10 期,第 100〜102
　　　　頁。

14.40　子張曰：「《書》云：『高宗諒陰，三年不言。』何謂也？」子曰：「何必高宗，古之人皆然。君薨，百官總己以聽於冢宰三年。」

王泗原：亮陰，自漢以來習用為天子居喪之代語，實誤。朱熹《論語注》：「諒陰，天子居喪之名。」非是。

亮陰之字不一，皆以音同通用。

　　　亮陰（《尚書‧無逸》）

　　　諒陰（《論語‧憲問》）

　　　諒闇（《呂氏春秋‧重言》，《漢書‧師丹傳》，《禮記‧喪服四制》）

　　　梁闇（《尚書大傳‧毋逸》）

　　　涼陰（《漢書‧五行志中》之下）

……《論語》所記子張之問（亦見於《禮記‧檀弓下》，惟無諒陰字），亦疑於人不可以三年不言，何況為君？孔子姑以聽於冢宰三年之事解之，以明三年不言之無廢其政。且三年喪亦豈為殷代所有？惟新君初立，不即親政，百官總己以聽於冢宰耳。孔子之言固非謂諒陰為居喪，諒陰固但為信默之意也。後人蓋以《論語》有君薨語，遂以諒陰為居喪之名，失之矣。又所謂君薨百官總己以聽於冢宰三年，古之人皆然者，實亦未為通例。果為通例，何以卿士有無所稟令之患，而武丁云恐言之不類耶？果為通例，何以子張未之知也？〔註31〕

14.42　子路問君子。子曰：「修己以敬。」

曰：「如斯而已乎？」曰：「修己以安人。」

曰：「如斯而已乎？」曰：「修己以安百姓。修己以安百姓，堯舜其猶病諸？」

于扶仁：《譯注》〔註32〕譯：「修己以敬」為：「修養自己來嚴肅認真地對待工作。」譯「安人」為：「使上層人物安樂。」並注曰：「這個『人』字顯然是狹義的『人』，沒有把『百姓』包括在內。」

〔註31〕王泗原：《古語文例釋（修訂本）》，北京：中華書局，2014 年版，第 210、212 頁。

〔註32〕指楊伯峻《論語譯注》。

今按：「修己以敬」應如後儒所謂「涵養須用敬」之意，與「工作」無關。「人」字當指「朋友九族」（孔安國說），「安人」即是「齊家」（劉寶楠說）。《譯注》顯然還是認為「人」與下文「修己以安百姓」的「百姓」對言，因而不包括「百姓」。但細審文意，正如朱熹所說，「人」是「對己而言」，並非和「百姓」對言。「修己以敬」、「修己以安人」、「修己以安百姓」，是孔子在子路的一再追問下，對怎樣做一個君子所做的層遞式答覆。如果沒有子路的不斷追問，「安人」與「安百姓」都不會說出，從而也就根本談不上「人」與「百姓」對言的問題。實際上，「己」、「人」、「百姓」之間，是如下一種關係：「己」是圓心，「人」是一個半徑較小的圓，「百姓」是一個半徑較大的圓。要想成為一個君子，根本在「修己」；在此基礎上，進一步的要求是「安人」，即「齊家」；最高的境界則是「安百姓」，但這是「堯舜尤〔註33〕病諸」的事，一般人談不到。這是孔子的思想，也是後世儒家一貫的思想。而楊說的「使上層人物安樂」的觀點，不論在孔子思想中，還是後世儒家思想中，都找不到根據。〔註34〕

14.43 原壤夷俟。子曰：「幼而不孫弟，長而無述焉，老而不死，是為賊。」以杖叩其脛。

高敏：此章的難解句是「長而無述」。皇侃《論語集解義疏》解為：「壤少而不以遜悌自居，至於年長猶自放恣無所效述也。」邢昺《論語注疏》解為：「原壤幼少不順弟於長上，及長，無德行，不稱述。」劉寶楠《論語正義》解為：「無述者，言無德為人所稱述也。」孫欽善《論語本解》認為：「述：即『述而不作』之述，指傳述學問。」

筆者認為，「述」為「循」義。許慎《說文》：「述，循也。」《書·五子之歌》：「五子咸怨，述大禹之戒以作歌。」孔《傳》：「述，循也。」《詩·邶風·日月》：「胡能有定，報我不述。」毛《傳》曰：「述，循也。」鄭《箋》云：「不循，不循禮也。」陸德明《釋文》：「述，本亦作術。」俞樾《群經平議·詩一》：「然則不術猶不道，言報我不以道也。」《漢語大詞典》據《詩·邶風·日月》詩及《群經平議·詩一》所解，釋「述」為「正道」。由此可知，

〔註33〕原文作此，然當為「猶」。
〔註34〕于扶仁：《〈論語譯注〉商兌》，《煙臺師範學院學報（哲學社會科學版）》1994年第4期，第75頁。

無述，即不循禮、無正道的意思。原壤「幼而不孫弟」，今又「夷俟」（叉開兩腿坐著），正是「不循禮」、「無正道」之表現。按今天的話講，就是：小時候不敬長，年長了還沒個正經，你這個老不死的，簡直是個禍害！這樣理解頗順文意。如果理解為「述而不作」之「述」，顯悖文意：年輕時的「不孫弟」是就德行而言，年長時的「夷俟」也是無德之表現，不可能扯到「傳述學問」上。倘若孔子責其年長沒做出學問，那麼前面則應責其「幼而不學」，如此方能相諧。劉寶楠「稱述」說似難成立，因為漢代以前，「述」字似乎還沒有「稱述」「稱道」之義。〔註35〕

〔註35〕高敏：《〈論語〉疑難句歧解辨正》，《孔子研究》2011 年第 4 期，第 72 頁。

十五、《衛靈公篇》新說匯輯

15.2　在陳絕糧，從者病，莫能興。子路慍見曰：「君子亦有窮乎？」子曰：「君子固窮，小人窮斯濫矣。」

張詒三：筆者認為，此處「固」當通「居」。從字形看，兩字都從「古」得聲，古音接近。按上古音，「固」見母魚部，擬音〔ka〕；「居」見母魚部，擬音〔kǐa〕〔註1〕。兩字聲母相同，韻部都是魚部，主要元音接近，具有同音通假的可能和條件。

古文獻中，「固」和「居」都可通「錮」，《文選・曹植〈求通親親表〉》：「禁固明時。」李善注：「錮與固通。」《方言》：「鈉、董，錮也。」錢繹《箋疏》：「錮與固同。」《呂氏春秋・圜道》：「人之竅九，一有所居則八虛。」朱駿聲《說文通訓定聲》：「居，又為錮。」可見，「固」和「居」古音相近，可以通假。那麼，「固窮」當為「居窮」，具體意義見下文。

那麼，「居窮」何義？《說文・尸部》：「居，蹲也。從尸古聲。」本意為「蹲坐，坐」，後來引申出「居住」、「住所」、「處在、處於」等義項。據《漢語大詞典》，「居」有「安定、安處」義，例如《詩經・大雅・生民》：「上帝居歆，胡臭亶時。」鄭玄箋：「上帝則安而歆享之。」《呂氏春秋・上農》：「輕遷徙，則國家有患，皆有遠志，無有居心。」高誘注：「居，安也。」另有故訓材料：《詩經・大雅・公劉》：「匪居匪康。」朱熹《集注》：「居，安；康，寧也。」《玉篇・尸部》：「居，處也，安也。」《莊子・齊物論》：「何居乎？」成玄英疏：「居，安處也。」準此，「居窮」意思就是「安窮」、「安處窮」。「貧」

〔註1〕原註：郭錫良：《漢字古音手冊》，北京，商務印書館，2010 年版，第 149、182 頁。

和「窮」上古意思不同，經濟困難叫「貧」，時運不濟叫「窮」。《論語》中明顯體現出「安貧」思想，如以下幾章：

......

「貧」和「窮」雖然意思不同，但卻密切聯繫，「貧」應是「窮」的結果和表現，「窮」是「貧」的根源和原因。君子既然要「安貧」，自然也會「安窮」。所以，「君子固窮」是「君子居窮」，「回也其庶乎居空」是「回也其庶乎居窮」〔註2〕。「君子固窮（居窮）」言君子之「安窮」共性，「回也其庶乎居空（居窮）」言顏回秉君子之特質，可謂互相貫通。《史記・伯夷列傳》有「然回也屢空，糟糠不厭，而卒蚤夭」，司馬遷在「屢空」之後補充了「糟糠不厭」，或許司馬遷也正是按「居窮」來理解「屢空」的，不然他為什麼在《論語》原文的「回也屢空」之後，補充「糟糠不厭」一句呢？

孫欽善把「君子固窮」譯為「君子安於窮困」，楊朝明注「固窮」為「甘於處貧困，不失氣節」，兩家訓釋都符合文義，只是沒有闡明理由。另外要明確的是，《論語》中的「居窮」，意思是「安窮」，但這個「安」指「安處」。就是說，孔子及其弟子是勇於進取和積極入世的，並不「甘心於貧」、「甘心於窮」的處境而安於現狀、不思進取，而是「安處於貧」、「安處於窮」，不被「貧」和「窮」擾亂方寸。即是說，君子在貧困或時運不濟時，仍然保持平和進取之心，保持樂觀向上的人生態度，不被貧窮的外部環境擾亂內心，依然保持君子的人格品質、道德修養和精神境界。〔註3〕

張詒三：我們認為，《說文解字》中引《論語》「濫」作「嚂」，反映了《論語》原貌。或者說，《論語》的本來面貌是「小人窮斯嚂矣」，因「嚂」字罕見，流傳過程中遂用「濫」為借字。

段玉裁於《說文》「嚂，過差也」下注曰：「差忒者，不相值也。凡不得其當曰過差，亦曰『嚂』。今字多以『濫』為之。《商頌》『不僭不濫』，傳曰：『賞不僭，刑不濫也。』左氏曰：『賞僭則懼及淫人，刑濫則懼及善人。』其字皆可作『嚂』，『濫』行而『嚂』廢矣。」段玉裁於「嚂」或「濫」解釋可

〔註2〕《論語・先進》篇第十九章「回也其庶乎屢空」一句，《定州漢墓竹簡・論語》「屢」作「居」。據此張先生認為，「居」既然可以因形近訛為「屢」，那麼「空」亦可以因音近而為「窮」之假借。故有「『回也其庶乎居空』是『回也其庶乎居窮』」之說。

〔註3〕張詒三：《〈論語〉「固窮」「屢空」索解》，《孔子研究》2016年第6期，第54、55～56頁。

謂詳盡,即「不得其當」,那麼在「小人窮斯爁矣」一句中,「爁」義為「不得其當」,當是指小人的言行「不得其當」,就是說,小人在窮困之境中,可能說出不當的話、做出不當的事,也就是經受不住窮困之境的考驗。

綜上,「君子固窮,小人窮斯爁矣」,是說:君子禁得住(或挺得住)窮困之境,小人處於窮困之境就要(言行)失當了。〔註4〕

15.3 子曰:「賜也,女以予為多學而識之者與?」對曰:「然,非與?」曰:「非也,予一以貫之。」

蔣國保:本章之難解僅在於「予一以貫之」。在這個句中,「予」是孔子自稱,「以」作「用」解,「之」代指「多學」,「貫」或解為「貫穿」,或解為「貫串」,或解為「貫徹」,或解為「貫通」。但這些解釋都談不上疑難,則這一句之疑難僅僅在於對其中的「一」字可以有多種解釋,難以確定哪一種解釋正確。對於「一」,有解為「一個基本觀念」,有解為「一個基本看法」,有解為「有個一」,有解為「主心骨」,有解為「一個基本觀點」,有解為「一個東西」,有解為「一個根本的東西」,不一而足。可歸納這些解釋,很容易看出,它們有一點卻驚人地相同,即它們都是虛說「一」,而不是實說「一」。問題是,要正確理解孔子此話,虛說「一」是難以奏效的。……孔子這句話,是要告訴他的學生,他不是靠笨辦法(死記硬背)學習掌握了很多知識,他是用「一」來貫通學習所掌握的知識,從而使它們構成合理的學術體系。這個「一」決不能虛指,它定是實說,否則,他的學生聽了他的教誨,仍然無法學老師的做法。

……這句似在講學習在方法上要注意確立統貫的思想原則。「一以貫之」就是孔子所強調的「吾道」。「一以貫之」,在不同的事上具體含義不同,在此章指的是求知的學習方法。這就是以「約」統「博」,博中求「約」。《論語》三次講「博學於文,約之以禮」,孔子亦強調不能舉一反三、不能「告諸往而知來」,則不教。這都足以證明孔子的確提倡「一以貫之」的學習方法。偶爾讀王弼的《論語釋疑》,發現他對此章這樣解:「貫,猶統也。夫事有歸,理有會。故得其歸,事雖殷大,可以一名舉;總其會,理雖博,可以

〔註4〕張詒三:《〈論語〉疑難訓釋二則》,《古籍整理研究學刊》2018年第3期,第20頁。

至約窮也。譬猶以君御民，執一統眾之道也。」〔註5〕此解與我解相吻合，實乃一大樂事！〔註6〕

15.11 顏淵問為邦。子曰：「行夏之時，乘殷之輅，服周之冕，樂則《韶》、《舞》。放鄭聲，遠佞人。鄭聲淫，佞人殆。」

駱瑞鶴：其中，「樂則韶舞」四字不甚好解。何晏《集解》云：「韶，舜樂也。盡善盡美，故取之。」俞樾於其《平議》中另出新解云：

「舞，當讀為武。《周官·鄉大夫》『五曰興舞』，《論語·八佾》引作「興武」；莊十年《左傳》經文『以蔡侯獻舞歸』，《穀梁》作『獻武』，皆古人舞、武通用之證。『樂則韶舞』者，則之言法也，言樂當取法《韶》、《武》也。……」

誠如俞氏所論，古「舞」「武」二字可通。但是，作為專有名詞——周初樂名的「武」，古書不寫作「舞」，考先秦兩漢古籍，得例不下二十。如：

(1)《論語·八佾》：「子謂《韶》盡美矣，又盡善也，謂《武》盡美矣，未盡善也。」

(2)《左傳·襄公二十九年》：「（季札）見舞《大武》者，曰：『善哉！周之盛也，其若此乎！』」《史記·吳太伯世家》同。

(3)《公羊傳·昭公二十五年》：「設兩觀，乘大路，朱干玉戚以舞《大夏》，八佾以舞《大武》，此皆天子之禮也。」

……

《論語》字少，不應前文作「武」而後文改作「舞」。據《逸周書·諡法》，「剛強直理曰武，威強敵德曰武，克定禍亂曰武」，「武」是與「文」對舉的概念，周樂取名為《武》，是因此樂表現周初武德的，所以樂名不寫作「大舞」而諡號不寫作「舞王」。俞樾讀「舞」為「武」，作為樂名，並無直接證據。

《論語·述而》：「子在齊聞《韶》，三月不知肉味，曰：『不圖為樂之至於斯也？』」

可見他服膺《韶》樂、潛心咀嚼的入迷程度。他後來將《韶》《武》比較，仍然認為《韶》樂「盡美盡善」而《武》樂雖美，但未能達到極善境界，這可

〔註5〕原註：樓宇烈. 王弼集校釋〔M〕. 北京：中華書局，1980：622.

〔註6〕蔣國保：《〈論語〉新解三則》，《徐州工程學院學報（社會科學版）》2015年第2期，第21、22頁。

能是嫌它以「武」為主，而「文」則不足。在孔子之前，吳季札也對《韶》《武》進行過比較評論，《左傳・襄公二十九年》文云：

⋯⋯

⋯⋯季札與孔子的看法是一致的。根據當時的樂論思想和審美標準，若他們二人的看法不錯的話，那麼《韶》樂的確是代表了當時宮廷舞樂的最高水準。因此，當「顏淵問為邦」時，孔子推崇《韶》而不及《武》，是可以理解的。何晏「盡善盡美，故取之」這一注腳，很符合孔子的意思。

所謂「樂則《韶》舞」，「舞」只是舞蹈之舞。俞氏讀為「武」，使與「韶」並列，也可能顧及到既說「樂」，則不能再說「舞」。這是不必要的。古人論樂，未有不及舞者。「樂」作為整體觀念，其中包括聲樂（音樂）、歌唱、舞蹈諸方面。歌、舞當起於原始社會，聲樂或許晚些，但也不會太遲，所謂擊節而歌，擊節是最早的聲樂。《呂氏春秋・古樂》：「昔葛天氏之樂，三人操牛尾以歌八闋。」此雖係傳聞，但可見樂中有歌舞，其來有自。進入文明社會，「樂」更包括歌、舞在內，儒家特定的「樂」尤其如一此。《荀子・樂論》云：「故聽其雅頌之聲，而志意得廣焉；執其干戚，習其俯仰屈伸，而容貌得莊焉；行其綴兆，要其節奏，而行列得正焉，進退得齊焉。」又云：「君子以鐘鼓道志，以琴瑟樂心，動以干戚，飾以羽旄，從以磬管，故其清明象天，其廣大象地，其俯仰周旋有似於四時。」論「樂」而及於干戚羽旄、俯仰屈伸、綴兆行列，很清楚地表現舞蹈是「樂」的一個方面。所以，《禮記・樂記》給「樂」下了一個定義，認為：「感於物而動，故形於聲；聲相應，故生變，變成方，謂之音；比音而樂之，及干戚羽旄，謂之樂。」「樂」是實質，而聲樂、歌舞則是表現「樂」的形式。孔子認為「樂」於治國有用，並嚴格把握「樂」的標準，因而提出「樂則《韶》舞」的見解。「樂則《韶》舞」，前後互文，謂樂舞則用《韶》那樣的樂舞。《荀子・樂論》：「舞《韶》歌《武》。」意謂舞《韶》歌《韶》，舞《武》歌《武》，並非舞《韶》而不歌《韶》。〔註7〕

15.21 子曰：「君子求諸己，小人求諸人。」

劉精盛、吳青峰：楊先生《論語譯注》翻譯為：「君子要求自己，小人要求別人。」我們認為，把「求」解釋為要求，有不準確之嫌。「求」字當

〔註7〕駱瑞鶴：《〈論語〉「樂則韶舞」古義》，《古漢語研究》1990 年第 1 期，第 54～55 頁。

從孔穎達疏皇侃疏訓為「責」，於義為長。君子嚴於律己，寬以待人，小人返是〔註8〕，待人待己不僅僅是要求而已，這種對己的嚴，待人的寬，體現在行為規範上就是出了問題，犯了錯誤，捫心自問，先尋求自身的原因，而小人則是怨天尤人，責諸他人，《論語‧憲問》孔子言自己：「不怨天，不尤人，下學而上達，知我者其天乎！」《中庸》：「在上位不陵下，在下位不援上，正己而不求於人，則無怨。上不怨天，下不尤人。」此「求」字義同，如訓為「要求」則不準確，求字與下文怨、尤同義。下文引孔子之言：「射有似君子，失諸正鵠，反求諸其身。」言君子行事如射箭，射不中，反過來從自身尋求原因，《論語‧學而》曾子所謂「吾日三省吾身」也。《大學》：「君子有諸己而求諸人，無諸己而後非諸人。」求與非對文義近，求，責也。

　　《呂氏春秋‧貴公》「上志而下求」高誘注：「求，猶問也。」《易‧艮》：「止求諸身，得其所止。」孔穎達疏：「求，責也。」我們認為求由尋求義引申有問義，問是尋求原因，不是學問之問，則問有責求義，故有複合詞責問、問責。

　　綜上所述，「君子求諸己，小人求諸人」之求當訓責求，其義於古訓有據，由尋求義引申而有責求義也不難理解，楊先生釋為「要求」，恐是一時不察而致誤，因為「求」訓為要求，句子顯得語意不完整，如果「求」是要求的意思，或者表述為君子怎樣要求自己、小人怎樣要求別人（如加限定詞「嚴」），或者表達為君子要求自己怎麼做、小人要求別人怎樣做，才是準確的表達。〔註9〕

15.22 子曰：「君子矜而不爭，群而不黨。」

　　王功龍：但我們翻查了大量先秦古籍，都沒有「矜」字作「矜莊」、「矜持」等意義的，相反，卻感到在先秦時代，「矜」不是一個褒義詞，是一種受到貶斥的德行。僅舉幾例如下：

　　……

　　從現存的古典文獻來看，「矜」有「矜莊」、「矜持」字義的用法都是在漢代以後才出現的。《周禮‧地官‧保氏》「二曰賓客之容」注引漢鄭眾曰：「賓

〔註8〕原文作此，疑當為「反是」。
〔註9〕劉精盛、吳青峰：《楊伯峻先生〈論語譯注〉三則商榷》，《學術界》2007年第2期，第110頁。

客之容，嚴恪矜莊。」《後漢書・張湛杜林傳贊》：「杜林據古，張湛矜莊。」我們在先秦時代只見到一例：《荀子・非相》：「談說之術：矜莊以蒞之，端誠以處之，堅強以持之，譬稱以喻之……。」此處的用法是褒義的用法，但只是因為「莊」字的莊重義而連類而及的用法，單獨的「矜」在先秦時代從未有此種用法，且此只一例。

查《說文・矛部》曰：「矜，矛柄也，從矛今聲。」段玉裁注曰：「《方言》：『矛，其柄謂之矜。』《釋名》曰：『矛，冒也，刃下冒矜也。……矜本謂矛柄，故字從矛，引申為戈戟柄。故《過秦論》『棘矜』即『戟柄』。字從令聲，令聲古音在真部，故古假矜為憐，《毛詩・鴻雁》傳曰：『矜，憐也。』言假借也。《釋言》曰：『矜，苦也。』其義一也。若『矜誇』、『矜持』、『矜式』。《公羊》傳：『矜矜以言堅強』。《苑柳》傳：『矜，危也。』皆自矛柄之義引申之。蓋矛柄最長，直立於地，……故諸義皆由是引申。」由是可見作為「矜莊」、「矜持」義是假借義引申。問題是「矜莊」等義並非孔子語義，前文已從文獻語言論及。

《說文》：「兢，競也，讀曰矜。」「競，強語也。」從文獻來看，「兢」、「競」、「矜」三字是可以通假的，《莊子・天運》：「使民心競。」《太平御覽》三六〇引「競」作「兢」。《史記・龜策列傳》：「陰兢活之。」《集解》引「徐廣曰：『兢一作競』。」「兢」與「競」通。《詩經・小雅・小旻》：「戰戰兢〔註10〕。」《左傳・宣公十六年》引「兢」作「矜」。《詩經・大雅・雲漢》：「兢兢業業。」《釋文》：「『兢』本又作『矜』。」《左傳・僖公十二年》：「戰戰兢兢。」《釋文》：「『兢』本或作『矜』。」《漢書・韋賢傳》：「兢兢元王。」顏師古曰：「兢兢，謹戒也。《文選》作『矜矜元王』。注：孔安國《尚書》傳曰：『矜矜戒慎』。今《書》作『兢兢』。」於此可見「兢」「競」「矜」三字可以通借。《論語・衛靈公》中的「君子矜而不爭，群而不黨」中的「矜」字即是「競」義，「競」字在《漢語大字典》曰：「甲骨文、金文形體象二人競技形。」《左傳・襄公十年》：「鄭其有災乎！師競已甚。」杜預注曰：「競，爭競也。」《莊子・齊物論》：「夫道未始有封，言未始有常，為是而有畛也，請言其畛：有左，有右，有倫，有義，有分，有辯，有競，有爭。此之謂八德。」郭象注曰：「並逐曰競，對辯曰爭。」陸德明曰：「有爭，爭鬥之爭。」王先謙曰：「競者對競，爭者群爭。」關於「競」的這種用法是很多的，不煩舉例，王先謙的注解

〔註10〕原文作此。

每得莊子深義，「競」為「對競」，即是雙方競爭，而非「群爭」，即符合孔子「不黨」之義。在古代文獻語言中，「競」與「爭」常常對舉而言，《左傳‧襄公二十六年》：「臣不心競而力爭，不務德而爭善，私欲已侈，能無卑乎！」可見「競」與「爭」是同義詞，而感情的褒貶不同，是與「群」和「黨」是相類的，如果釋為「矜莊」，則與語辭相背謬。《莊子‧漁父》：「人同於己則可，不同於己，雖善不善謂之矜。」成玄英疏曰：「物同乎己，雖惡而善，物異乎己，雖善可惡，謂之矜誇之人。」可見，「矜」在先秦時代並非什麼好的德行，是被人們唾棄的，孔子不可能以此德行來勉勵自己的。《論語‧陽貨篇》：「子曰：『古者民有三疾，今也或是之亡也。古之狂也肆，今之狂也蕩；古之矜也廉，今之矜也忿戾；古之愚也直，今之愚也詐而已矣。』」此處孔子認為古人有三種疾病，文中將「狂」「矜」「愚」並列，都不是什麼好的品行，更能證明孔子不會以此德行自處的。總之，我們認為孔子此段話的意思是「君子競爭向前，刻苦不懈努力，但卻不逞強爭鬥；與人合群和睦相處，卻不結黨營私」。〔註11〕

張詒三：我們認為：「矜」為「鯕」之借字，理由如下：

（1）《定州漢墓竹簡‧論語》中此句作：「君子𩼈而不爭，群而不黨。」〔註12〕是「𩼈」而非「矜」，而「𩼈」當與《說文》中的「鯕」為偏旁位置不同的異體字。《說文》：「鯕〔註13〕，魚名也，從魚其聲。」《說文解字》：「鯕，魚也，從魚罪聲。」顯然，「鯕」與「鯕」是意義相近，聲符不同的兩個字，「其」在上古的音韻地位是群母之部，「鯕」是見母文部，兩字都是牙音聲母，之部和文部可以旁對轉，故兩字屬於音近義通。

（2）「矜」是群母真部，「鯕」是見母文部，兩字都是牙音聲母，真、文旁轉，郭錫良先生為兩字的擬音分別是：矜〔gǐen〕，鯕〔koʔn〕；〔註14〕鄭張尚芳先生的擬音是：矜〔grʔn〕，鯕〔kruun〕。〔註15〕兩家構擬不同，但都反映出「矜」、「鯕」兩字上古時期讀音是很接近的。古籍中，「矜」和「鯕」常常通假，例如：

〔註11〕王功龍：《「矜而不爭」考辨》，《孔子研究》2002 年第 4 期，第 114～116 頁。

〔註12〕原註：定州漢墓竹簡整理小組《定州漢墓竹簡‧論語》第 72 頁，文物出版社，1997 年版。

〔註13〕原文作此，疑當為「鯕」。

〔註14〕原註：郭錫良著《漢字古音手冊》第 235、216 頁，北京大學出版社，1986 年版。

〔註15〕原註：鄭張尚芳著《上古音系》第 377、298 頁，上海教育出版社，2004 年版。

《詩經·大雅·烝民》:「不侮矜寡,不畏彊禦。」《左傳·昭公元年傳》引用此句詩時作:「不侮鰥寡,不畏彊禦。」可見「矜」與「鰥」通。

《禮記·禮運》:「故人不獨親其親,不獨子其子;使老有所終,壯有所用,幼有所長;矜寡孤獨廢疾者,皆有所養;男有分,女有歸。」《禮記譯解》:「矜,音官,通鰥。」〔註16〕

（3）從「鰥」的意義看:

《管子·揆度》:「匹夫為鰥,匹婦為寡。」

《孟子·梁惠王下》:「老而無妻曰鰥,老而無夫曰寡,老而無子曰獨,幼而無父曰孤。此四者,天下之窮民而無告者。文王發政施仁,必先斯四者。」根據《孟子》這段話,「鰥、寡、孤、獨」屬於「窮民而無告者」。

《爾雅·釋詁》:「痛、瘏、虺頹、玄黃、劬勞、咎、頴、瘽、瘼、鰥、戮、……,病也。」徐朝華《爾雅今注》:「鰥,處境困苦。《尚書·堯典》:『有鰥在下,曰虞舜。』處境困苦與病義通。」〔註17〕

以上幾條顯示,就外在表現說,「鰥」是一種孤苦無援的處境;就內在實質說,「鰥」是「窮民而無告」,是得不到理解而感受到的孤獨和冷落。

（4）就「爭」的意義看,《說文·四下》:「爭,引也。」段玉裁注:「凡言引者,皆謂引之使歸於己。」「矜而不爭」中,「矜」是「孤苦無援」和「憂無告」,「爭」就是在這種境況下的一種反應和態度,就是「引之使歸於己」,用現在的意義去理解,就是積極、主動地和別人拉扯與攀附。

（5）從「矜而不爭,群而不黨」看,「矜」應該與「群」相對,「群」是「眾」與「處眾」,「矜」應該是「單」與「孤獨」,把「矜」作為「鰥」的借字,正好可以和「群」相對,因為「匹夫為鰥」。那麼,「矜而不爭」就是「鰥而不爭」,就是「在孤獨困苦的時候不與別人拉扯」;正好和「群而不黨」,即「在群處的時候不結黨」相對。

這樣理解也和《論語》的一貫思想相符合:

子曰:「……人不知而不慍,不亦君子乎?」（《論語·學而》）

子貢曰:「貧而無諂,富而無驕,何如?」子曰:「可也。未若貧而樂,富而好禮者也。」（《論語·學而》）

「人不知而不慍」和「貧而樂」都和「矜（鰥）而不爭」的思想具有一致性。

〔註16〕原註:王文錦著《禮記譯解》第288頁,中華書局,2001年版。
〔註17〕原註:徐朝華著《爾雅今注》第36頁,南開大學出版社,1987年版。

　　從上下文義、古籍通假用例和《論語》的一貫思想看，把「矜而不爭」的「矜」理解成「鰥」的借字，比從字面去理解更具有優越性。〔註18〕

15.26 子曰：「吾猶及史之闕文也。有馬者借人乘之，今亡矣夫！」

　　高敏：此章歧解紛紛。包咸解曰：「古之史於書字有疑，則闕之以待知者也。……有馬者不能調良，則借人使乘習之。孔子自謂及見其文如此，至今無有矣。」（皇侃：《論語集解義疏》）邢昺《論語注疏》：「此章疾時人多穿鑿也。……古之良史，於書字有疑則闕之，以待能者，不敢穿鑿。孔子言我尚及見此古史闕疑之文。『有馬者借人乘之』者，此舉喻也。喻己有馬不能調良，當借人乘習之也。」焦循《論語補疏》：「借，猶藉也。……我有馬不能服習，藉人之能服習者，乞其代己調良，此謹篤服善之事也，與子路以車馬衣裘公諸朋友不同。史闕文屬書，借人乘屬御，此孔子為學六藝者言也。」方驥齡《論語新詮》：「『史之闕文』，必史官所藏曾書於闕上『論譽』之文是也。……『借人』即『藉人』。大概為國君宮中之雜役，猶宦官之流，……古時乘坐馬車牛車，皆有定制，『藉人』為賤役，必不可乘馬而乘之，為人所非議而書之於闕，存諸史官檔案。」胡齊臨《論語真義》：「老師說：『我這個人，就如同歷史中散失的文獻一樣，我所學的東西，有很多是史書上缺少記載的。我願將我所學的東西，貢獻給後人參考，就像將自己家養的良馬借給無馬的人乘坐一樣。如今像我這樣的人，已經很少了，幾乎沒有了。』」

　　筆者認為：古注家多以為孔子以「有馬自己不能調良而借人乘習」為喻，喻書有闕文而己不能定且暫缺之，有待別人定之。這樣理解於理尚通，但總覺曲而不直，且以「有馬」喻「闕文」，設喻欠當，不像孔子的風格。今注家考證雖深，但有失偏頗，遠離文意。此章「子曰」似可這樣標點：「吾猶及史之闕文也——『有馬者借人乘之』，今亡矣夫！」今譯過來就是：「我好像看到某部史書有缺漏的文字，原來的本子有『有馬借人乘之』這句話，今天看到的本子不見了。」如此理解，文理皆通。孔子說這話的意思是，古代史書經輾轉傳抄，往往有缺漏，提醒讀書人警戒。〔註19〕

〔註18〕張詒三：《「道之」、「齊之」與「矜而不爭」新解》，《中國文化研究》2005年第3期，第142～143頁。

〔註19〕高敏：《〈論語〉疑難句歧解辨正》，《孔子研究》2011年第4期，第71～72頁。

15.36 子曰：「當仁，不讓於師。」

陳憲猷：筆者認為，「讓」，在這裏不應解為「謙讓」，而應訓為「責讓」。《左傳・昭公 25 年》：「益宮於郈氏且讓之。」《注》云：「讓，責也。」古籍中類此訓釋很多。再看「師」字。《尚書・咸有一德》：「德無常師，主善為師。」蔡沈注云：「師，法也。」「不讓於師」中之「師」字亦應訓為「法」，指的是儒家的禮法。「當仁，不讓於師」說的是在實行「仁」的時候，不能機械地以一般禮法去要求，而應該允許「權變」。在《論語》中，孔子除闡述「仁」的一般內涵外，還提醒人們，對待「仁」，不能只知其「經」，不知其「權」，也就是說，要善於從「仁」的整體的根本的意義出發，靈活地處理向題。尤其是當遇到特殊情況時，更要從權處理，不能一概地以禮法去斥責它。〔註 20〕

15.39 子曰：「有教無類。」

趙明因：對於「教」字，今人釋為「教育」。筆者存有異議，茲對《論語》七言「教」字，依次分釋如下。

……

總上《論語》五言「教」字，皆「教化民」之屬。「教」字在《論語》中當為「為政」的政治用語，可謂無疑。

「教」字在《康熙字典》中釋為「效」、「訓」、「令」、「教」亦有「勸」、「治」、「命」、「化」、「施」、「養」等義。均為政治用語。

今人持「教」為「教育」者，在《論語》以下一章。

（六）《述而》篇：子以四教，文、行、忠、信。

孔子雖言「學文」，但未聞「學」「行、忠、信」。所以，此「四教」必不是「教育」內容。

……

如上所述，所謂「文、行、忠、信」之「四教」，當屬「教化」之意。

明儒高扶《問辨錄》卷八釋「有教無類」：

「類」是「族類」，言教之所施，不分族類。

[註 20] 陳憲猷：《〈論語〉「師」字四例新解》，《華南師範大學學報（社會科學版）》1988 年第 3 期，第 66～67 頁。

筆者按：高扶以「類」釋「族類」，可謂創見，足以靠近「有教無類」之真諦。高扶雖未明言「教」為「教化」，但「教之所施」即《說文》「上所施下所效也」之義，實為「為政」用語。

依此，「有教無類」之義當為「教化不分族類」。〔註21〕

武樹臣：理解「有教無類」的關鍵是「類」的含義。《說文解字》載：「類，種類相似，惟犬為甚，從犬類〔註22〕聲。」《玉篇·犬部》載：「類，種類也。」在春秋戰國時代，「類」字有以下幾種意義：

其一，族類。《左傳·僖公十年》載：「神不歆非類。」

其二，區別。《左傳·襄公九年》載：「晉君類能而使之。」

其三，相似、相同。《左傳·莊公八年》載：「非君也，不類。」《左傳·襄公十六年》載：「齊高厚之詩不類。」

其四，偏頗。《集韻·賄韻》載：「類，偏頗也。」《左傳·昭公十六年》載：「刑之頗類。」孔穎達疏引服虔曰：「頗，偏也，類，不平也。」

其五，事理。《禮記·學記》載：「知類通達。」鄭玄注：「知類，知事義之比也。」《孟子·告子上》載：「此之謂不知類也。」趙岐注：「類，事也。」

其六，古代祭名。《尚書·舜典》載：「肆類於上帝。」孔穎達疏：「類，祭於上帝。」

其七，法則，方法。《方言》卷十三載：「類，法也。」《尚書·泰誓下》載：「天有顯道，厥類惟彰。」孔傳載：「言天有明道，其義類惟明，言王所宜法則。」《楚辭·九章·懷沙》載：「明告君子，吾將以為類兮。」王逸注：「類，法也。」

以上述諸種含義來注釋「有教無類」，則分別有不同的說法：

其一，孔子收徒施教，沒有種族、氏族、姓氏之區別；

其二，孔子收徒施教，沒有差別；

其三，孔子收徒施教，（其內容方法）沒有一定之規；

其四，孔子收徒施教，對學生沒有偏向（厚此薄彼）；

其五，孔子收徒施教，只講道理，不講具體的事情；

〔註21〕趙明因：《「有教無類」新解》，《河南師範大學學報（哲學社會科學版）》1995年第4期，第96、97、98頁。

〔註22〕原文作此，《說文》作「頪」。

其六，孔子收徒施教，（只講儀式）不演習祭祀；

其七，孔子收徒施教，（在教學方法和教學內容上）沒有一定之規。

綜合以上解釋，雖然第一種說法頗有道理，似乎已是傳統的定論。但是考慮到孔子是一位教書的先生，因此，我認為，以第三、第七種似乎最為合理，因為它們最為接近孔子區別對象、因材施教的思想和做法。

……孔子施教沒有一個固定不變的內容，是因材而施教的。從這個意義上來解釋「有教無類」，也許才更符合孔子的本義。而「有教無類」同「學則不固」（《學而》）、「君子不器」（《為政》）的精神是一致的。〔註23〕

龐光華：眾說均非，「類」字在此不可作「種類」、「類別」之義，當解作「法」或「善」，「法」與「善」義近。「有」為接頭詞，無意義。「有教」如同「有政」。「有教無類」的句式斷不同於「有備無患」，二者不可相牽連。因為「有備無患」可以擴展為「有備則無患」，「無患」是「有備」的結果。而「有教無類」的「無類」絕不可能是「有教」的結果，從古到今都無此解釋，楊逢彬先生自己也不是這樣解釋的。因此，楊逢彬之說的困難十分明顯。本文認為孔子之意是：（當今）教育不善，或教育不合禮法。今徵引舊籍以證鄙說。

《爾雅・釋詁》：「類，善也。」《逸周書・諡法解》與《左傳・昭公二十八年》：「勤施無私曰類。」類即善。《書・太甲中》：「自底不類。」傳：「類，善也。」《書・說命上》：「怠惟恐德弗類。」傳：「類，善也。」《詩・皇矣》：「克明克類。」箋：「類，善也。」《詩・既醉》：「永錫爾類。」傳：「類，善也。」《詩・蕩》：「而秉義類。」箋：「類，善也。」《詩・桑柔》：「貪人敗類。」傳：「類，善也。」意思是貪污的人敗壞美德。《詩・瞻卬》：「威儀不類。」傳：「類，善也。」「不類」就是「不善」，與《論語》的「無類」正同。《左傳・襄公十七年》：「使諸大夫舞，曰『歌詩必類』。齊高厚之詩不類。」杜注類為義類。義與類同義，皆訓善。不類即不善、不法。《左傳・僖公二十四年》：「召公思周德之不類。」杜注：「類，善也。」則不類即不善。《左傳・昭公八年》：「民心不一，事序不類。」杜注「不類」為「有變易」。有變易即是不循法度，則「類」當訓「法」。不類即不法。《呂氏春秋・重言》：「以余一人正四方，余唯恐言之不類也。」高注：「類，善。」「不類」即「不善」。《左

〔註23〕武樹臣：《〈論語〉新解五則》，《法律文化研究》2008 年第 00 期，第 118～119、120 頁。

傳・成公二年》：「若以不孝令於諸侯，其無乃非德類也乎？」類與德近，訓善或法。「非德類」就是《論語》的「無類」。《荀子・富國》：「誅賞而不類。」不類即不善，或不合法度。《國語・楚語上》：「心類德音，以德有國。」韋注：「類，善也。」《孟子・萬章下》：「充類至義之盡也。」「充類」與「至義」同義反復，「類」同於「義」，訓善，「充類」即「盡善」。《國語・晉語四》：「正名充類。」韋注：「類，善也。」《國語・晉語五》：「若內外類。」韋注：「類，善也。」

以訓詁學言之，「類」訓「善」當以雙聲與「利」同源，當以「利」為本字。在語源學上，「類」也與「賴」同源。《廣雅》：「賴，善也。」〔註24〕《集韻》：「賴，善也。」《孟子・告子上》：「子弟多賴。」趙注：「賴，善也。」《呂氏春秋・離俗》：「則必不之賴。」高注：「賴，善也。」《戰國策・衛策》：「為魏則善，為秦則不賴矣。」高注：「賴，利也。」「賴」與「善」互文同義。王念孫《廣雅疏證》又稱「賴」與訓「善」的「戾」同源，其言曰：「故利謂之戾，亦謂之賴。善謂之賴，亦謂之戾。戾、賴語之轉耳。」〔註25〕當屬可信。

又，在訓詁學中，「類」又常訓為「法」，其實在這個意思上與「善」義近。《方言》卷七：「類，法也。」《太玄》卷三《毅》次七：「鳴不類。」注：「類，法也。」《楚辭・懷沙》：「吾將以為類兮。」注：「類，法也。」《廣雅・釋詁上》：「類，法也。」《禮記・緇衣》：「身不正，言不順，則義不一，而行無類也。」注訓「類」為「比式」，不確，當云行不善、行不法。這個「無類」正是《論語》的「無類」，《禮記》的「無類」無論如何不能解釋為「不分種類」。《逸周書・文政解》：「九慝：一、不類，二、服〔註26〕。」不類即不法，為九慝之首。《韓詩外傳》卷五：「若夫無類之說，不形之行，不贊之辭，君子慎之。」無類之說即不善之說、不合法度之說。佛典《雜阿含經》卷50：「不善不類」。不類即不善，也可釋為「不法」。《漢書・五行志下》：「事序不類，官職不則。」不類、不則皆為不法之義。「無類」與「不則」互文同義，若解「無類」為「不分種類」，就與「不則」不能相對應。《逸周書・官人解》：「規諫而不類，道行而不平，曰竊名者也。」「不類」與不平互文，即不善、不法。

〔註24〕原註：參看徐復《廣雅詁林》（江蘇古籍出版社，1998年版）12～13頁。
〔註25〕原註：見王念孫《廣雅疏證》（陳雄根標點，中文大學出版社出版，1978年）第一冊18頁。
〔註26〕原文作此，疑當為「不服」。

《荀子·非十二子》:「甚僻違而無類。」楊注:「乖僻違戾而不知善類也。」則唐朝的楊倞尚知「類」同「善」。王念孫《讀書雜志》解「類」為「法」,駁楊注。其實,善與法義近,二說皆通。可見「無類、不類」是先秦常用語。

......

《易傳》稱伏羲「俯則取法於地」。《史記·天官書》引作:「俯則法類於地。」則「法」與「類」同義反複。

《荀子·非十二子》又曰:「多言而類,聖人也。少言而法,君子也。」類與法同。《荀子·王制》:「飾動以禮義,聽斷以類。」即聽斷以法。《荀子·儒效篇》:「其言有類,其行有禮。」有類即有法。

類訓法,蓋與法律的律同源。《史記·樂書》:「類小大之稱。」《禮記·樂記》作「律小大之稱」。類與律同源。律同法,合言「法律」。......

古書中常有「不法」之說,就是「不類」的意思。考《國語·魯語上》:「祀又不法。」《史記·天官書》:「其文國〔註27〕籍禨祥不法。」《吳越春秋·闔閭內傳第四》:「不法之物,無益於人。」......

可知「類」訓「善,法」,「無類」、「不類」訓「不善、不法」,常見於典籍。孔子說的「有教無類」正是批評當時的教育不善,不合乎禮法。這才是「有教無類」的正確解釋。

古書中有沒有正確理解「有教無類」的意思的例子呢?我們找到了一個例子。《漢書·地理志下》:「巴、蜀、廣漢本南夷,......景武間,文翁為蜀守,教民讀書法令,未能篤信通德,反以好文刺譏,貴慕權勢。及司馬相如遊宦京師諸侯,以文辭顯於世。鄉黨慕循其跡。後有王褒、嚴遵、揚雄之徒,文章冠天下。繇文翁倡其教〔註28〕,相如為之師。故孔子曰『有教亡類』。」這段文章分明是說巴蜀廣漢之地的教育很壞,讀書人不信道德,好文刺譏,貴慕權勢。司馬相如也是有文無行。所以《漢書》這裏引用的「有教亡類」只能是說「教育不善,教育不合禮法」,才能與全篇意思相協調,絕不是說「教育不分人群種類,只要是人都可以教育」。〔註29〕

〔註27〕原文作此,當為「圖」。

〔註28〕原註:繇,讀為「由」。

〔註29〕龐光華:《〈論語〉「有教無類」新解》,《古籍整理研究學刊》2017年第1期,第56～58頁。

十六、《季氏篇》新說匯輯

16.1 季氏將伐顓臾。冉有、季路見於孔子曰：「季氏將有事於顓臾。」

孔子曰：「求！無乃爾是過與？夫顓臾，昔者先王以為東蒙主，且在邦域之中矣，是社稷之臣也。何以伐為？」

冉有曰：「夫子欲之，吾二臣者皆不欲也。」

孔子曰：「求！周任有言曰：『陳力就列，不能者止。』危而不持，顛而不扶，則將焉用彼相矣？且爾言過矣，虎兕出於柙，龜玉毀於櫝中，是誰之過與？」

冉有曰：「今夫顓臾，固而近於費。今不取，後世必為子孫憂。」

孔子曰：「求！君子疾夫舍曰欲之而必為之辭。丘也聞有國有家者，不患寡〔當作貧〕而患不均，不患貧〔當作寡〕而患不安。蓋均無貧，和無寡，安無傾。夫如是，故遠人不服，則修文德以來之。既來之，則安之。今由與求也，相夫子，遠人不服，而不能來也；邦分崩離析，而不能守也；而謀動干戈於邦內。吾恐季孫之憂，不在顓臾，而在蕭牆之內也。」

楊逢彬、陳建棟：其中「不患寡而患不均，不患貧而患不安」兩句，目前各《論語》今注本多認為這兩句當作「不患貧而患不均，不患寡而患不安」〔註1〕，說本俞樾《群經平議》。該書第三十一卷云：

〔註 1〕原註：例如楊伯峻：《論語譯注》，中華書局 1980 年，第 174 頁；錢穆：《論語新解》，巴蜀書社 1985 年，第 401 頁；潘重規：《論語今注》，里仁書局 2000 年，第 361～362 頁；金良年：《論語譯注》，上海古籍出版社 2004 年，第 197 頁；孫欽善：《論語本解》，三聯書店 2009 年，第 210 頁。

樾謹按,「寡」「貧」二字傳寫互易。此本作「不患貧而患不均,不患寡而患不安」。「貧」以財言,「不均」亦以財言;財宜平均,不均則不如無財矣,故不患貧而患不均也。「寡」以人言,「不安」亦以人言;人宜乎安,不安則不如無人矣,故不患寡而患不安矣。下文云「均無貧」,此承上句言。又言「和無寡,安無傾」,此承下句言。觀「均無貧」之一語,可知此文之誤易矣。《春秋繁露·度制篇》引孔子曰:「不患貧而患不均」,可據以訂正。〔註2〕

俞樾的意思是,「貧」和「均」是從財富著眼,下文「均無貧」可以為證;「寡」和「安」是從人民著眼,下文「和無寡」可以為證。又引《春秋繁露·度制篇》之異文為證,似乎鐵證如山,實則沒有多少說服力。當時語言中,「寡」謂寡少,並非限於「以人言」;「不均」謂不平均,不公平,並非限於「以財言」。例如:

多聞闕疑,慎言其餘,則寡尤;多見闕殆,慎行其餘,則寡悔。言寡尤,行寡悔,祿在其中矣。(《論語·為政》)

以能問於不能,以多問於寡。(《泰伯》)

......

絞小而輕,輕則寡謀,請無扦採樵者以誘之。(《左傳》桓公十二年)

崇明祀,保小寡,周禮也。(僖公二十一年)

彼眾我寡,及其未既濟也,請擊之。(僖公二十二年)

......

以上「寡」的例證,足證《論語》時代的語言中,「寡」的詞義為「少」,並不局限於形容「人少」。所以《王力古漢語字典》對它的解釋是「少,與『多』相對」〔註3〕。以下是「均」的例證(「均」字或作「鈞」):

故明神降之,觀其政德而均布福焉。(《國語·周語上》)

忠所以分也......忠分則均......分均無怨。(同上)

昔我先王之有天下也,規方千里以為甸服......其餘以均分公侯伯子男。(《周語中》)

布德於民而平均其政事。(《魯語上》)

〔註2〕原註:俞樾:《群經平議》,上海古籍出版社1995年,第510～511頁。

〔註3〕原註:王力等:《王力古漢語字典》,中華書局2000年,第226頁。

……

經界不正，井地不鈞，穀祿不平，是故暴君污吏必慢其經界。
（《孟子・滕文公上》）

分財不敢不均。（《墨子・尚同中》）

然而民聽不鈞，是以書多也。（《墨子・貴義》）

從以上例證看，「均」並非「以財言」。所以《禮記・雜記下》云：「眾寡均而倍焉，君子恥之。」鄭玄注：「眾寡均，謂俱有役事，人數等也。倍焉，彼功倍己也。」「眾寡均」，恰恰能說明「不患寡而患不均」是不成問題的。俞文又引《春秋繁露・度制篇》之「孔子曰：『不患貧而患不均。』故有所積重，則有所空虛矣」，說「可據以訂正」。但同樣成書於西漢的《鹽鐵論》云：「孔子曰：『有國有家者，不患寡而患不均，不患貧而患不安。』」又《漢書・食貨志》云：「不患寡而患不均，不患貧而患不安；蓋均亡貧，和亡寡，安亡傾。」不獨如此，定州漢墓竹簡《論語》此章「不患寡而患不均」雖然只剩下一個「均」字，但「不患貧而患不安」卻完整保留了下來〔註4〕。綜上，俞樾的說法明顯證據不足，不足以服人。「不患寡而患不均，不患貧而患不安」意謂不擔心寡少而擔心不平均，不擔心貧窮而擔心紛亂不安。

至於所謂「下文云『均無貧』，此承上句言。又言『和無寡，安無傾』，此承下句言」云云，實際上只有「均無貧」是照應「不患貧而患不均」的，說「和無寡，安無傾」照應「不患寡而患不安」則十分勉強。如此，不從俞說而依然讀作「不患寡而患不均，不患貧而患不安」，「均無貧」依然可以照應前面兩句。何況，俞氏自己認為「古人行文不避疏略」。

或以為俞樾「『貧』以財言，『不均』亦以財言」「『寡』以人言，『不安』亦以人言」云云，僅就此章而言。如此，該說之成立，除了下文「均無貧，和無寡，安無傾」與上兩句的照應以及《春秋繁露・度制篇》之異文，剩下的只是推論。照應之說與異文之不可恃，已見上述。我們知道，沒有書證支持的推論，要想得出「傳寫互易」的結論，是遠遠不夠的。

又杜道生《論語新注新譯》云，「貧」與「均」押韻，「寡」與「安」押韻〔註5〕。其實，「寡」為魚部字，「安」為元部字，魚、元兩部押韻極少見。

〔註4〕原註：河北省文物研究所定州漢墓竹簡整理小組：《定州漢墓竹簡〈論語〉》，文物出版社1997年，第77頁。

〔註5〕原註：杜道生：《〈論語〉新注新譯》，中華書局2011年，第151頁。

可知以押韻證成俞說，說服力不強。〔註6〕

16.7　孔子曰：「君子有三戒：少之時，血氣未定，戒之在色；及其壯也，血氣方剛，戒之在鬥；及其老也，血氣既衰，戒之在得。」

（1）血氣

張詒三：《說文·皿部》：「血，祭所薦牲血也，從皿，一象血形。」「血」的本義是祭祀時，盛在祭祀器皿裏的血液，後來泛指人和動物的血液。如《左傳·成公二年》：「郤克傷於矢，流血及屨，未絕鼓音。」由於生命的關鍵在於「血液」，所以「血」指生物的「生命、活力」，《論衡·論死》：「血者，生時之精氣也。」

《說文·气部》：「雲气也，象形。」「氣」本義是雲氣，引申指空氣、氣象等，也指人的生命體現：呼吸。《禮記·祭義》：「氣也者，神之盛也。」鄭玄注：「氣謂噓吸出入也者。」由於「氣」往往指一種不易把握的虛的東西，所以，「氣」用於人，常常偏向於指人的精神方面。《孟子·公孫丑上》：「吾善養吾浩然之氣。」其他有「氣質」「志氣」「勇氣」「傲氣」「靈氣」等詞。

「血氣」連用，是一個詞組，「血」指生物的物質基礎方面，可以理解為「生命和活力」，「氣」傾向於指生物的精神方面，可以理解為「性情和精神」。

> 夏，楚子庚卒，楚子使薳子馮為令尹。訪於申叔豫，叔豫曰：「國多寵而王弱，國不可為也。」遂以疾辭。方暑，闕地，下冰而牀焉。重繭衣裘，鮮食而寢。楚子使醫視之，復曰：「瘠則甚矣，而血氣未動。」乃使子南為令尹。（《左傳·襄公二十一年》）

> 凡有血氣，皆有爭心。（《左傳·昭公十年》）

> 今世俗之亂君，鄉曲之儇子，莫不美麗姚冶，奇衣婦飾，血氣態度擬於女子。（《荀子·非相》）

以上《左傳》和《荀子》中的幾例「血氣」和《論語》中的「血氣」，意思應該是一樣的，不是指具體的「血液」和「氣息（呼吸）」，而是抽象概念，指動物生命的物質基礎和依據，大致可以理解為「精力、活力」，《漢語大詞典》解釋《左傳》中的「血氣」一詞，是「指元氣、精力」。除此之外，還指

〔註6〕楊逢彬、陳建棟：《〈論語〉「不患寡而患不均」解》，《武漢大學學報（人文科學版）》2014年第3期，第71～72頁。

人的自然生命的人性表現，大致可以理解為「心性」「性情」等，《漢語大詞典》解釋以上《荀子》中的「血氣」是「氣質，感情」。

我們聯繫以上例子，結合《漢語大詞典》的解釋，把《論語》中的「血氣」解釋為「活力和性情」。〔註7〕

（2）戒之在色

張詒三：要準確理解這句話，我們應該聯〔註8〕「戒」和「色」在古代的意義才好。

先說「戒」：《說文‧廾部》：「警也，從廾持戈，以戒不虞。」「戒」本義為「防備、警戒」，《周易‧萃卦》：「君子以除戒器，戒不虞。」孔穎達疏：「修治戒器，以戒備不虞也。」引申為「準備」，《詩‧小雅‧大田》：「既種既戒，既備乃事。」朱熹《集傳》：「戒，飭其具也。」又引申為「告戒」，《論語‧堯曰》：「不教而殺謂之虐，不戒視成謂之暴。」可見，「戒」的意義主要是「防備、警戒」，也就是「警惕」。

至於「色」，《說文‧卩部》：「色，顏氣也。從人，從卩。」「色」在漢語中本來是指「顏色」，《尚書‧益稷》：「以五采彰施於五色作服，汝明。」引申指人的臉色、表情，《論語‧公冶長》：「令尹子文，三仕為令尹，無喜色；三已之，無慍色。」《史記‧商君列傳》：「今者王問可以為相者，我言若，王色不許我。」後來引申為指「美色」。《穀梁傳‧僖公十九年》：「梁亡。自亡也，湎於酒，淫於色，心昏，耳目塞。」

《左傳》「色」共 17 例，其中指「臉色」（如「憂色」「怨色」等）的 8 例，指「顏色」（如「五色」等）的 7 例，指「美色」僅 2 例。可見，在《左傳》等先秦文獻中，「色」主要的意思是「臉色」「表情」。

那麼，「少之時，血氣未定，戒之在色」應該翻譯為：年輕的時候，（一個人）的活力和性情都沒有穩定下來，這個時候應該警戒它表現在臉色上。

這個意思是夫子教育年輕人要善於控制自己的情欲，要「喜怒不形於色」，這既是養生之道，也是為人之道，更是處世之道。這也是針對年輕人不夠成熟，容易受外部世界刺激的影響，喜怒哀樂表現強烈的弱點而發的。

〔註7〕張詒三：《〈論語〉「君子有三戒」章索解》，《長安學術》，2018 年 6 月 4 日，
　　　　https://mp.weixin.qq.com／s／KMj5wlkseoW4SojIvBZBqQ
〔註8〕原文作此，疑其後缺一「繫」字。

　　另外，《淮南子‧詮言訓》：「凡人之性，少則猖狂，壯則暴強，老則好利。」有些學者認為，《淮南子‧詮言訓》的這句話，本於《論語》「君子有三戒」，那麼，「少則猖狂」對應「戒之在色」，就是說，《淮南子》編著者認為，「戒之在色」是針對「少則猖狂」而發的，「少則猖狂」可以解釋為年輕人容易激動、輕浮外露、不夠穩重等，「猖狂」應不可解釋為「好色」。

　　儒家很注重人的外表，「喜怒不形於色」「不動聲色」也就是內心的喜怒哀樂不輕易表現在臉色上，是穩重和矜持，也是一個人成熟的表現。

　　　　子夏曰：「君子有三變：望之儼然，即之也溫，聽其言也厲。」（《論語‧子罕》）

　　　　孔子曰：「君子有九思：視思明，……忿思難，見得思義。」（《論語‧季氏》）

　　　　《周書》數文王之德，曰：「……故君子在位可畏，……動作有文，言語有章，以臨其下，謂之有威儀也。」（《左傳‧襄公三十一年》）

　　　　上之人所遇，容色為先，聲音次之，事行為後。……其君也哉！（《韓詩外傳》卷二）

　　以上幾段文字，都是反映了先秦時期，對人的表情（色）、容止（貌）和威儀的要求。也就是對「色」的要求。或許可以作為「戒之在色」的詮解，即使是今天，那些情緒外露、嬉笑無忌的人，也給人一個輕浮和不夠穩重的印象。

　　孔老夫子讓人們「少之時」，要控制自己的「血氣」，不要動輒表現在臉色上，是讓年輕人多一些成熟和穩重。〔註9〕

　　（3）戒之在得

　　張詒三：我們認為：此處「得」當為「退」字之訛，……

　　……

　　那麼，「退」是什麼意思？《說文‧彳部》：「退，卻也。一曰：行遲也。從彳從日從夂。」看來，「退」的古義有「後退」和「行走遲緩」兩義，在「後退」義基礎上，引申出「畏縮不前」的意思：

〔註 9〕張詒三：《〈論語〉「君子有三戒」章索解》，《長安學術》，2018 年 6 月 4 日，https://mp.weixin.qq.com／s／KMj5wlkseoW4SojIvBZBqQ

《論語‧先進》：「求也退，故進之。」劉寶楠《正義》：「〔冉求〕但慮其
逡巡畏縮，而為之不勇耳，夫子所以進之。」

「求也退」的「退」，是說冉求遇事退縮，缺乏積極進取的精神，所以孔
子鼓勵他，「進之」之進，當為使動，是「使……進」之義，而「由也兼人，
故退之」的「退」，也是使動，是「使……謙讓」的意思。

這兩個「退」「進」，都不是實義動詞，都不是表示前進或後退的意思，
都是指精神層面的「消極退讓」與「積極進取」。

那麼，如果「戒之在得」確為「戒之在退」，那就是說，人到了年老的時
候，精力和性情都衰微了，要警惕精力和性情表現在畏縮和消極方面。

這樣，孔子是要告誡老年人，老年之後，仍要保持積極的人生態度，不
能消極保守，畏縮不思進取。

這樣理解，與孔子「朝聞道，夕死可矣」的終身進取精神也是一致的。
〔註10〕

16.8 孔子曰：「君子有三畏：畏天命，畏大人，畏聖人之言。小人
不知天命而不畏，狎大人，侮聖人之言。」

廖名春：可以說，將《論語》此章的「畏」字訓為「懼怕」，應當是自古
至今學界的主流意見。

不過，具體到《論語》此章，將「畏」字訓為「懼怕」，從邏輯上說並不
合適。

所謂「大人」，何晏《集解》釋作：「即聖人，與天地合其德者也。」既
然「大人」是「聖人」，是「與天地合其德者也」，作為「君子」來說，「平生
不做虧心事，夜半敲門心不驚」，有必要「畏懼」嗎？應該是親之而唯恐不及
吧！當然，按照鄭玄、楊伯峻的解釋，「這裏的『大人』是指在高位的人」，「在
高位的人」不一定有德，君子對其「畏懼」，也有可能。但「君子」「畏聖人
之言」則無論如何也說不過去。「君子」於「聖人之言」應該是親之、敬之、
信之、服之，怎麼能感到「畏懼」呢？「君子」不可能「畏懼」「聖人之言」，
連類而及，「君子」也不應該「畏懼」「大人」。這裏的「大人」舊說是指「聖
人」，是指「與天地合其德者也」，其實也就是有德有位者。有德有位之「大

〔註10〕張詒三：《〈論語〉「君子有三戒」章索解》，《長安學術》，2018 年 6 月 4 日，
　　　　https://mp.weixin.qq.com／s／KMj5wlkseoW4SojIvBZBqQ

人」以德服人，並不需要人「畏懼」。同理，孔子云：「五十而知天命。」（《論語・為政》）「不知命，無以為君子。」（《論語・堯曰》）「君子」既知「天命」，知道「皇天無親，惟德是輔」（《左傳・僖公五年》引《周書》），「民之所欲，天必從之」（《國語・周語中》、《國語・鄭語》引《泰誓》），「天視自我民視，天聽自我民聽」（《孟子・萬章上》引《泰誓》），「君子坦蕩蕩」（《論語・述而》），於「天命」又有什麼值得「畏懼」的呢？所以，將此章的「畏」字訓為「懼怕」，從文義上而言，是沒有道理的。

筆者認為，《論語・季氏》篇「君子有三畏」章的諸「畏」字都應當訓為「敬」。其理由如下：

第一，符合孔子思想的邏輯。孔子這裏的「君子」，指的是有道德的人。有德的「君子」敬重「聖人之言」，自是題中應有之義，不須贅言。有德的「君子」敬重「大人」，也就是「聖人，與天地合其德者也」，也是必然之理。有德的「君子」敬重「天命」，敬重「民之所欲，天必從之」的「天命」，也是邏輯的必然。所以，「君子有三畏」，就是「君子有三」「敬」，「君子有三」「重」：敬重「天命」，敬重「大人」也就是「聖人」，敬重「聖人之言」。反之，「小人」「狎大人」。所謂「狎」，皇侃以為「褻狎，慢而不敬也」；江熙以為「媟慢」（《論語集解義疏》卷八）。其說是。可見「狎大人」即不「畏大人」，也就是不敬「大人」，不重「大人」。「小人」「侮聖人之言」。江熙以「侮」為「輕侮」，邢昺以為「侮，謂輕慢」（《論語注疏》卷十六），都非常正確。「侮聖人之言」，即不「畏聖人之言」，也就是不敬「聖人之言」，不重「聖人之言」。同理，「小人不知天命而不畏也」，也就是「小人不知天命」而不敬天命也。從這一正一反的論證看，孔子在這裏確實是強調君子要敬重「天命」，要敬重「大人」，要敬重「聖人之言」，而不是要君子去畏懼「天命」，畏懼「大人」，畏懼「聖人之言」。

第二，有故訓的支持。「畏」訓為「敬」，故訓和古代文獻裏都有大量的證據。

《廣雅・釋訓》：「畏，敬也。」

皇侃《義疏》曰：「心服曰畏。」所謂「心服」，是心裏折服，心裏敬服。

邢昺疏：「此章言君子小人敬慢不同也。『君子有三畏』者，心服曰畏。言君子心所畏服，有三種之事也。……『小人不知天命而不畏也』者，言小人與君子相反，天道恢疏，故小人不知畏也。……故小人輕慢之而不行也。」（《論語注疏》卷十六）這裏的「此章言君子小人敬慢不同也」，所謂「敬」，

是釋「畏」；所謂「慢」，是釋「不畏」。「心所畏服」，即「心所敬服」。所以，邢昺《疏》實質已釋「畏」為「敬」了。

《禮記・曲禮上》：「賢者狎而敬之，畏而愛之。」鄭玄注：「心服曰畏。」

《大學》：「〔人〕之其所畏敬而辟焉，……之其所敖惰而辟焉，故好而知其惡、惡而知其美者，天下鮮矣。」這裏的「畏敬」就是敬重、尊敬的意思。

《大戴禮記・曾子立事》：「臨事而不敬，居喪而不哀，祭祀而不畏，朝廷而不恭，則吾無由知之矣。」王聘珍《解詁》：「畏，敬也。」

　……

第三，《論語》一書也有內證。

《論語》「畏」字十見，分別見於《子罕》篇的「子畏於匡」和「後生可畏」章、《先進》篇的「子畏於匡」、《季氏》篇的「君子有三畏」、《堯曰》篇的「子張問於孔子」等五章。楊伯峻認為除《子罕》篇「子畏於匡」章和《先進》篇「子畏於匡」章的兩個「畏」字訓為「囚禁」外，其餘三章的「畏」字都訓為「懼怕」〔註11〕。這是不能成立的。

《論語・子罕》篇載「子曰」：「後生可畏，焉知來者之不如今也。四十、五十而無聞焉，斯亦不足畏也已！」雖然宋人張栻將其「畏」字訓為「懼」（《癸巳論語解》卷五），但皇侃《義疏》卻云：「『可畏』謂有才學可心服者也。」（《論語集解義疏》卷五）所謂「不足畏」，即不足以「心服」，不足以敬重。可見，這裏的兩「畏」字也當訓為「敬」。依此，《論語》的十個「畏」字，有七個當訓為「敬」，兩個當讀為「圍」，勉強可訓為「懼」的，只有《堯曰》篇的「子張問於孔子」章的一個而已。

前賢今人也有將《論語・季氏》篇「君子有三畏」章的「畏」字理解為「敬畏」的。這有兩種情況：一是以「敬畏」為「害怕」的，如前文所引董仲舒、黃懷信的解釋即如此。這樣，「敬」和「畏」成了同義詞，「敬」也是「懼」，「畏」也是「懼」。二是以「敬畏」為「既敬重又害怕」。錢穆即云：「三畏：畏與敬相近，與懼則遠。畏在外，懼則懼其禍患之來及我。……畏大人：大人，居高位者。……故亦當心存敬畏。」〔註12〕錢先生雖然說「畏與敬相近，與懼則遠」，但從以「大人」為「居高位者」說來看，他還是以「畏」為「既敬且懼」，還是給「君子有三畏」留了一條「畏懼」的尾巴。

〔註11〕原註：楊伯峻：《論語譯注》，第262頁。
〔註12〕原註：錢穆：《論語新解》，北京，三聯書店，2002年版，第434頁。

周群振的說法又有不同。他說：「『君子有三畏』，非空虛無實之戰慄懼怕，乃心有存主之敬慎惕厲，朱子釋為『嚴憚』，依通俗的說法，便是『敬畏』——由敬生畏。」〔註13〕

其實，不管是「既敬且懼」也好，還是「由敬生畏」也好，它們給孔子「君子有三畏」說加進了「畏懼」的內涵，始終說不清「君子」要「畏懼」「聖人之言」的緣由，背離了孔子思想的邏輯，疊牀架屋，完全沒有必要。

因此，從故訓材料看，從《論語》一書的語言內證看，特別是從孔子的思想性格看，《論語‧季氏》篇「君子有三畏」章的諸「畏」字只能訓為「敬」，訓為「敬重」，而不能訓為「懼」。即便訓為「既敬且懼」或「由敬生畏」，也必然會歪曲孔子的思想。〔註14〕

16.9 孔子曰：「生而知之者上也，學而知之者次也；困而學之，又其次也；困而不學，民斯為下矣。」

宋鋼：前兩句說人之質，後兩句論學之行，似亦可通。但從句式、文氣看，「學之」、「不學」後均脫「者」字，而「民」則為衍字。〔註15〕

16.14 邦君之妻，君稱之曰夫人，夫人自稱曰小童；邦人稱之曰君夫人，稱諸異邦曰寡小君；異邦人稱之亦曰君夫人。

畢寶魁：在《春秋左氏傳》中有關於魯昭公夫人去世，孔子前去參加葬禮而三家不依照禮制規定的記載。「死不赴，故不稱夫人。不反哭，故不言葬小君。孔子與弔。」孔子可能講述這件事並談自己的看法，而弟子們心領神會將其記錄進《論語》中，委婉批評三家違禮的行為。《論語》成書時魯國還未亡，執政的依舊是三大家族，故弟子們有所隱諱而已。而孔子和弟子們長期交流溝通，達到心靈的默契，故孔子的每一句話，弟子們都能心領神會，故錄下來而不提背景。〔註16〕

〔註13〕原註：周群振編著：《論語章句分類義釋》，臺北，鵝湖出版社，2003 年版，第 59 頁。

〔註14〕廖名春：《〈論語〉「君子有三畏」章新釋》，《孔子研究》2011 年第 6 期，第 70～73 頁。

〔註15〕宋鋼：《〈論語〉疑義舉例》，《貴州大學學報（社會科學版）》2005 年第 2 期，第 110 頁。

〔註16〕畢寶魁：《讀〈論語〉與注〈論語〉》，《遼寧日報》，2015 年 3 月 23 日第 007 版。

十七、《陽貨篇》新說匯輯

17.5　公山弗擾以費畔，召，子欲往。

子路不說，曰：「末之也，已，何必公山氏之之也？」

子曰：「夫召我者，而豈徒哉？如有用我者，吾其為東周乎？」

陳曉強：「也已」是語氣詞「也」和「已」的連用，「也」表示一種堅確的語氣，「已」表示事實的已然，「也」「已」連用經常出現在陳述句句末，在表示肯定語氣的同時兼表感嘆語氣。先秦文獻中經常出現「也已」，如：《左傳·僖三十年》「臣之壯也，猶不如人；今老矣，無能為也已」；《國語·越語上》「夫越國，吾攻而勝之，吾能居其地，吾能乘其舟，此其利也，不可失也已」；《禮記·哀公問》「公曰：『敢問何謂成親？』孔子對曰：『君子也者，人之成名也。百姓歸之名，謂之君子之子。是使親為君子也，是為成親之名也已』」；《戰國策·秦三》「故以舜、湯、武之賢，不遭時不得帝王。今攻其，此君子之大時也已」。

　　……何晏《集解》引孔說注「末〔註1〕之也已」為「之，適也。無可之則止。」楊伯峻先生繼承前說並將「未之也已」句讀為「未之也，已」，翻譯為「沒有地方去便算了」。按：接合〔註2〕本句語境，「未之也已」是子路對孔子說的話，儘管子路對孔子所行感到「不說」，但將「未之也已」理解為「沒有地方去就算了」卻違背學生對老師說話的語氣。如將此句「也已」

〔註1〕原文作此，當為「末」。

〔註2〕原文作此，疑當為「結合」。

視為語氣詞,則譯文當為:「不要去了,為什麼一定要到公山氏那裏去呢?」這種理解,一方面能透露出子路的不悅的語氣和反對的態度,另一方面也符合學生對老師談話的語氣,因此,沒有必要違背先秦「也已」的習慣用法而另作它解。〔註3〕

崔海東:本章是孔子自述其理想政體。其背景為,魯定公八年(前502),魯卿季桓子之臣費邑宰公山氏據是邑判〔註4〕季氏,召孔子,孔子欲往,時年五十歲。此章之「其」同於《雍也》章「山川其舍諸」之「其」,為「豈」義。時周文疲弊,孔子實欲取而代之,創制為王,故彼時其自云:「蓋周文武起豐鎬而王,今費雖小,儻庶幾乎!」〔註5〕宋程頤云:「東周之亂,無君臣上下,故孔子曰:『如有用我者,吾其為東周乎?』言不為東周也。」〔註6〕又云:「『吾其為東周乎』,東遷以後,諸侯大夫強僭,聖人豈為是乎?」〔註7〕是為的解。

故此章義為:如吾得用,豈能在東方重復周之舊轍!(當闢地自為而王天下也。)〔註8〕

杜文君:關於本章孔子所要表達的真實意義,需要進一步探析。

首先,《史記·孔子世家》引《論語》:「公山不狃以費畔季氏,使人召孔子。孔子循道彌久,溫溫無所試,莫能己用,曰:『蓋周文武起豐鎬而王,今費雖小,儻庶幾乎!』欲往。子路不說,止孔子。孔子曰:『夫召我者豈徒哉?如用我,其為東周乎!』然亦卒不行。」借用豐鎬比費地,費地雖小,依然可以像文王、武王那樣依靠賢德,施行仁義於天下。孔子也希望借住〔註9〕狹小的費地,實現修身、治學、平天下的抱負。因為孔子已經「循道彌久,溫溫無所試,莫能己用」,他希望利用這個機會,施展自己的才能。

其次,《說苑·至公》引此以為:「孔子懷天覆之心,挾仁聖之德,憫時俗之污泥,傷紀綱之廢壞,服重歷遠,周流應聘,乃俟幸施道以子百姓,而當世

〔註3〕陳曉強:《〈論語〉語法札記三則》,《甘肅聯合大學學報(社會科學版)》2006年第6期,第91頁。
〔註4〕原文作此,疑當為「叛」。
〔註5〕原註:司馬遷. 史記〔M〕. 北京:中華書局,2013:3748.
〔註6〕原註:程頤. 遺書〔M〕//二程集. 北京:中華書局,1981:131.
〔註7〕原註:程頤. 遺書〔M〕//二程集. 北京:中華書局,1981:102.
〔註8〕崔海東:《楊伯峻〈論語譯注〉義理商榷》,《合肥師範學院學報》2014年第1期,第58〜59頁。
〔註9〕原文作此,疑為「借助」。

諸侯莫能任用，是以德積而不肆，大道屈而不伸，海內不蒙其化，群生不被其恩，故喟然而嘆曰：『而有用我者，則吾其為東周乎！』故孔子行說，非欲私身，運德於一城，將欲舒之於天下，而建之於群生者耳。」「運德於一城，舒之於天下」，即「運德於費地，舒之於天下」，這才是孔子的目的。也就是說，只要具備賢德之心，孔子就能依靠費地這個小城，把自己的仁德散佈於天下。

再次，《鹽鐵論・褒賢》篇曰：「孔子曰：『如有用我者，吾其為東周乎！』庶幾成湯、文、武之功，為百姓除殘去賊，豈貪祿樂位哉？」這也說明，孔子要借助費地除殘去賊，像文、武那樣，由一城進而達之於天下。孔子去費地並不是為了「貪祿樂位」。

最後，《論衡・問孔》引此章，謂：「公山弗擾以費畔，召，子欲往。子路不說，曰：『末之也已，何必公山氏之之也？』子曰：『夫召我者，而豈徒哉？如用我，吾其為東周乎。』為東周，欲行道也。」此「道」應是聖賢仁義之道，孔子去費地，是要像古代明君一樣用仁德治理。費地雖小，但是一樣可以像文王、武王一樣，實現文、武之功業。實現此等功業，並不是地域要有多麼大，而是必須具備文王、武王那樣的德行，依靠小城，最終運德於天下。

由此，我們可以明白，孔子去費地，並非為了貪慕地位以及榮華富貴。他的目的是想像周文王、周武王一樣借助狹小的範圍，「運德於一城，舒之於天下」，實現文武聖賢之豐功偉業。〔註10〕

17.12 子曰：「色厲而內荏，譬諸小人，其猶穿窬之盜也與？」

正色：「穿窬」在《辭源》、《辭海》等辭書中都無例外地釋為：「穿，穿牆；窬，踰垣。」此說濫觴於孔穎達。他對《論語》曾注：「窬，踰牆。」暗示「窬」、「踰」可通假。既然「窬」是「踰牆」，那麼「穿」則是「穿壁」了。於是此說千餘年以來遂為定論。然而，人們稍加吟味就會對這種說法產生懷疑。第一，孔說之前，無論《說文》、《玉篇》等字書或《易》、《詩》等典籍中，「窬」、「踰」兩字絕無通假之例，它們音同而義殊，各有所部並不相干；第二，「窬」字與「竇」字為異體字則無論是在「經」或「史」中都是肯定的。那麼「窬」應該是一個名詞，是指小洞，而且，從《史記》看來是門邊小洞或清除糞便的小洞。第三，「穿」應該像「丁氏穿井得一人」那樣是個可構成

〔註10〕 杜文君：《〈論語〉疑義辨析三則》，《湖北職業技術學院學報》2017年第4期，第55頁。

動賓詞組的動詞。那麼,「穿窬之盜」就應當順理成章地解釋為「打牆窟窿的賊」,這似乎比解釋成「穿之盜」和「窬之盜」兩者要自然合理而且也有根據得多。〔註11〕

張世珍:《論語・陽貨》第十二章「穿窬」一詞,世行諸種注本,多認為「窬」通「踰」,作「翻越」解。早在20世紀80年代,正色已作一小文《「穿窬」純係「打牆洞」》,點明此說有誤,但論述尚不詳盡,研究有待深入。現疏理古今學者之說,認為「窬」字訓義不確,為本字不誤,與「竇」同源,本義為門邊圭形小洞,即上圓或劍頭形而下方的孔洞,供貓狗類動物出入。

現十三經注疏《論語注疏》經文既為「窬」,不誤。誠如劉寶楠《正義》所言:「《釋文》:『穿踰』本又作『窬』,此誤依孔義改經文作『踰』,陸所見本已然也。」臧庸《拜經日記》也有此推論。……

《論語》有三處「踰」字:《論語・為政篇》:「七十而從心所欲,不踰矩。」《論語・子張篇》:「子夏曰:『大德不踰閑,小德出入可也。』」「叔孫武叔毀仲尼。子貢曰:『無以為也,仲尼不叮〔註12〕毀也,他人之賢者,丘陵也,猶可踰也;仲尼,日月也,無得而踰焉。』」周遠斌《論語校釋辯〔註13〕證》據上考察後,認為「《論語》三用『踰』字,說明當時已有『踰』字,這就沒有必要以『窬』來假借之了」〔註14〕。孔說之前,先秦典籍中也沒有發現「窬」「踰」通假之例。孔安國「窬牆」之說極為可能是一己之見。

王力《同源字典》收錄了「竇」與「窬」二字,認為兩者同源。在音韻上,「窬」是喻母四等字,上古歸定母,「窬」「竇」同母。「窬」屬古音侯部;「竇」屬屋部,侯屋陰入對轉。兩者不僅音近互通,在意義上也是相近的。

「窬」「竇」均從穴,與洞穴之意相關。「窬」又從「俞」聲,《說文・舟部》:「俞,空中木為舟也。」「俞」字的本義就是將一段原木挖出一洞做成船。「在漢語詞彙系統中,沿某個語詞的本字孳乳分別文,其聲符字承載語源義的情況也很普遍。」〔註15〕《說文・穴部》:「窬,穿木戶也。」可見,「窬」的本義為門邊圭形小洞,即長條形、上圓或劍頭形而下方的孔洞。有學者根

〔註11〕正色:《「穿窬」純係「打牆洞」》,《辭書研究》1986年第2期,第58頁。
〔註12〕原文作此,當為「可」。
〔註13〕原文作此,當為「辨」字。
〔註14〕原註:周遠斌. 論語校釋辨正〔M〕. 北京:人民出版社,2014:280.
〔註15〕原註:殷季明. 漢語語源義初探〔M〕. 上海:學林出版社,1998:121.

據考古出土材料，發現幾處「窬外塑有一犬，正向窬內探頭張望，似欲進入，說明窬的作用很可能是供家養貓狗類動物進出的通道」〔註16〕。「窬」立足核心義「空」，用作動詞，引申為挖空，《說文·穴部》：「窬，一曰空中也。」正同上文「俞」字說。又引申為鑿穿（牆壁）。《集韻·疾〔註17〕韻》：「窬，穿也。」《正字通·穴部》：「窬，又穴牆曰窬。《論語》『穿窬之盜』，舊注踰牆，非。又宥韻，音豆。又尤韻，音頭。音別義同，與竇通。」竇，《說文解字》：「竇，空也。」同有空義。「窬」「竇」二字互為通用之例屢見載籍。據段玉裁考證：「《儒行》：『篳門圭竇（「竇」是「窬」之誤）。』鄭（玄）云：『門旁窬也，穿牆為之如圭矣。』《左傳》『篳門圭竇』。杜（預）曰：『竇，小戶也。穿壁為戶，狀如圭形。』郭璞《三蒼解詁》云：『窬，門旁小竇也。』是則於門旁穿壁，以木衺直居之，令如圭形，謂之圭窬。」〔註18〕

　　鑒於上述，歷代已有不少學者明確表示「窬」通「踰」不當，清人考辨尤盛，如黃式三《論語後案》、戴望《論語注》、臧庸《拜經日記》等均將「穿窬」之「窬」釋為「竇」。《禮記·表記》有同《論語》相似經文：子曰：「君子不以色親人。情疏而貌親，在小人則穿窬之盜也與？」朱彬《禮記訓纂》引方性夫曰：「穿窬者，穿垣墉而為之盜也。」可見，「窬」通「踰」，值得商榷。

　　……

　　孔子將「色厲而內荏」者表裏不一的情態，比作小人中的「穿窬之盜」十分形象準確。與君子光明磊落的行為舉止相反，小人表面上道貌岸然、嚴詞厲色，實際上內心如雞鳴狗盜之徒一般，心懷鬼胎。既有為盜之心，又恐被人知曉。「穿（洞）之盜」與「踰（牆）之盜」看似均為小偷，實質上卻極為不同。強盜翻牆直入，行為過於明目張膽，小人因「內荏」畏縮有所顧慮，暗自挖洞，避人耳目。陳說〔註19〕甚為貼切。

〔註16〕原註：劉冠. 考辨漢代建築之窬〔J〕. 建築學報，2012（增刊2）：65.

〔註17〕原文作此，疑當為「侯」。

〔註18〕原註：段玉裁. 說文解字注〔M〕. 上海：上海古籍出版社，1981：345.

〔註19〕陳說，指元人陳天祥之說，其說曰：「以色厲內荏之人，譬之於諸般小人，惟其為穿窬之盜者，可以為比也。注又以『穿窬』二字分為兩事。『穿』為『穿壁』，『窬』為『踰牆』，亦為少思。蓋穿壁而入者為竊盜，踰牆而入者為強盜，二者之情狀不同。夫色厲而內荏者，外示嚴正之色以影人，內懷柔媚之心以取事，惟以隱暗中穿壁之竊盜方之為是，與彼踰牆排戶無所畏憚之強盜大不相類。況『窬』字分明以穴居上，而訓門邊小竇，竇又訓穴，『穿窬』乃穿穴也，改『窬』為『踰』，解為『踰牆』，非也。」

……據上文所論，《論語》「穿窬」之「窬」不當作通假解，自有本義，訓為門邊圭形小洞為當。〔註20〕

17.15　子曰：「鄙夫可與事君也與哉？其未得之也，患得之〔當作患不得之〕。既得之，患失之。苟患失之，無所不至矣。」

宋鋼：按：「患得」之間當奪一「不」字，既是「未得」，當患「未得」，豈有患「得」之理。

荀子曰：「小人者，其未得也，則憂不得；既已得之，又恐失之。」〔註21〕文字與《陽貨》雖略異，而意思盡同。〔註22〕

17.19　子曰：「予欲無言。」子貢曰：「子如不言，則小子何述焉？」子曰：「天何言哉？四時行焉，百物生焉，天何言哉？」

孫景龍：《說文·辵部》：「述，循也。從辵术聲。」「述」的本義是「遵循」，如《書·五子之歌》：「述大禹之戒以作歌。」《禮記·中庸》：「父作之，子述之。」《漢書·藝文志序》：「祖述堯舜，憲章文武。」其「述」都是「遵循」的意思。

子貢云「子如不言，則小子何述」，說的是如果夫子不言，弟子無所遵從，即不知怎樣做了。夫子答「天何言哉？四時行焉，百物生焉」，天什麼也不說，但四季照樣運轉無窮，萬物照樣生生不息，以解子貢之疑，其義正合。蓋夫子之意，人間自有正道，人各有志，各因其志而行，如四時行其所行，萬物生其所生，無須他人有言。孔子嘗言「誰能出不由戶，何莫由斯道也？」（《論語·雍也》）蓋有感於「天下無道久矣，莫能宗予」（《史記·孔子世家》）而出此言。〔註23〕

17.25　子曰：「唯女子與小人為難養也，近之則不孫，遠之則怨。」

金池：據考證，孔子在《論語》中共說了十八個「女」。實際上這十八個

〔註20〕張世珍：《〈論語〉「窬」字考辨》，《莆田學院學報》2016年第3期，第70、71～72、73頁。

〔註21〕原註：荀子·子道〔M〕.

〔註22〕宋鋼：《〈論語〉疑義舉例》，《貴州大學學報（社會科學版）》2005年第2期，第110頁。

〔註23〕孫景龍：《〈論語〉文義新解六題》，《孔子研究》2012年第4期，第23頁。

「女」都是「通假字」，都同「汝」，都讀「rǔ」，都不指「女人」，都是代詞。比如「子謂冉有曰：『女弗能救與？』」（《論語‧八佾》）譯為「孔子對冉有說：『你不能勸阻他嗎？』」這裏的「女」同「汝」，讀「rǔ」，譯為「你」，是個代詞。再如「子謂子夏曰：『女為君子儒，無為小人儒。』」《論語‧雍也》譯為「孔子對子夏說：『你要做君子儒，不要做小人儒。』」這裏的「女」同「汝」，讀「rǔ」，譯為「你」，是個代詞。又如「碩鼠碩鼠，三歲貫女。」（《詩經‧碩鼠》）譯為「大老鼠呀大老鼠，伺候你們這麼多年。」這裏的「女」也同「汝」，讀「rǔ」，譯為「你們」，是個代詞。由此可見，忽視春秋時期文言詞語的「通假」用法，誤讀、誤解、誤譯「女子」（汝子）為「女人」，是孔子蒙受「歧視婦女」、「辱罵婦女」、鼓吹「男尊女卑」罪名的主要原因。

實際上，生活中的孔子是一位主張「人人平等」的先師。他的「泛愛眾」（《論語‧學而》），即「廣泛地友愛眾人」就是明證。孔子不但未曾歧視女人，未曾辱罵女人，恰恰相反，在家裏他是一位敬母愛妻的模範，在外頭他是一位尊重婦女的典範。綜合起來說「唯女子與小人為難養也，近之則不孫，遠之則怨」的正確譯法是——「只有你們幾個學生和小人一樣是不好教養的，傳授給你們淺近的知識就不謙遜，傳授給你們深遠的知識就埋怨。」這樣翻譯不但合乎子生活的背景、職務和身份，而且合乎人物的境界、精神和品格。〔註24〕

畢寶魁：《史記‧孔子世家》載，孔子見過南子後，「居衛月餘，靈公與夫人同車，宦者雍渠參乘，出，使孔子為次乘，招搖市過之。孔子曰：『吾未見好德如好色者也。』於是醜之，去衛，過曹」。這裏明確記載孔子「吾未見好德如好色者也」這句話是在這種背景下說的。但沒有說明本章與這一背景事件的聯繫。我認為，孔子本章也是在這種背景下所說的。只不過不是同時說的而已。或者是離開衛國時與弟子感嘆所言。……

再歸納一下：如前文李澤厚先生所說「至於把『小人』與婦女連在一起，這很難說有什麼道理」，而宦豎和姬妾都是國君身邊爭寵之人，在這個意義上，「女子」和「小人」才可以緊密聯繫，才算是一類人，才都會「近之則不孫，遠之則怨」。同時，「養」字也正好適用於這種人際關係，因為宦豎和姬妾都是國君豢養的人。這樣理解，極其合理順暢，每個字都各得其所。

結論：孔子「唯女子與小人為難養」是在特定背景下發的感慨，是針對

〔註24〕金池：《〈論語〉中孔子說的「女子」並非指女人》，《北京日報》，2006 年 12 月 11 日第 019 版。

南子和雍渠諂媚衛靈公說的，其批評的對象是國君身邊爭風吃醋的嬪妃姬妾這樣的女子和脅肩諂笑變換花樣討好主人的宦豎這類小人，不能以偏概全，用這句話來攻擊孔子歧視誣蔑女性。〔註25〕

　　楊朝明、吳信英：在閱讀周代相關歷史文獻時，我們欣喜地發現，周初存在的一個觀念對於理解孔子「女子難養」說頗具啟發意義，這就是「小人難保」。……

　　《尚書·康誥》記周公告誡康叔之語曰：「嗚呼！小子封，恫瘝乃身，敬哉！天畏棐忱，民情大可見，小人難保。往盡乃心，無康好逸豫，乃其乂民。」當時，周公剛剛平定管叔、蔡叔與殷人勾結的叛亂，《康誥》就是在這種背景下對被封於衛地的康叔的囑告之辭。這裏，「小人」指百姓、小民。孫星衍疏引《釋詁》云：「保，康，安也。……小民不易安也。」小民不易安，應當在治理時保持一顆敬畏之心，因為「天威之明，惟誠是輔」，在民情中可以得到應驗。欲安其民，就應當重視他們，就要盡心竭誠，而不能苟安逸樂。總之，因為「小人難保」，就應當重視「小人」。

　　在《逸周書·和寤解》中同樣有「小人難保」之語。該篇記周武王的話說：「嗚呼，敬之哉！無競惟人，人允忠。惟事惟敬，小人難保。」這裏的「小人」同樣指小民、百姓。據該書序文可知，本篇是周武王將滅商時，在商郊「明德於眾」之作。武王要求眾人重視小民，不能與小民爭利。尤其重要的是，這裏說因為「小人難保」，故應「惟事惟敬」。小民很難護養，就要事事施之以敬，這正是周人傳統的「敬德保民」思想的體現。

　　查《說文解字》，其中明言：「保，養也。」可證「小人難保」就是「小人難養」。不難理解，孔子強調「小人難養」，也一定是秉承周人的牧民思想，針對各層各級「養民」者（即所謂統治或管理者）而說的。這裏的「小人」並不是指我們慣常意識中的那些「道德低下的人」！在《論語》文本中，「小人」當然有與「道德高尚的君子」相對的意義，但其中有很多卻正是指的平民、普通百姓。……

　　孔子思想與文王、武王、周公等一脈相承。由周初文獻我們知道，孔子說「小人難養」不僅不含有輕視「小人」的意義，反而是反映出他對這一群體的重視。……

〔註25〕畢寶魁：《〈論語〉「唯女子與小人為難養」本義辨析》，《遼寧大學學報（哲學社會科學版）》2010年第1期，第70、72頁。

　　……曾子說：「狎甚則相簡，莊甚則不親，是故君子之狎足以交歡，其莊足以成禮。」小人既然確實有這種不知「遠」、「近」的茫然與狹隘，君子應如何措手處理？曾子認為，既不能過分親近，也不能過分莊重而顯得疏遠，過分親近就會簡慢，過分莊重就不能親近。孔子非常贊賞曾子的言論，認為君子在處理人與人的關係時，就要不「狎甚」、不「莊甚」，以「禮」約之，以保持好的關係。這其實正是孔子言說「小人難養」的本意所在。

　　對「小人」如此，對待「女子」自然也是一樣。在《論語》該章中，「女子」與「小人」是被綁定的並列主語。梁漱溟先生說得好：孔子的那些話，包含了他「對於人類心理的認識」，「孔子學說原是從他對人類心理的一種認識而來」〔註26〕。孔子熟知歷史知識、瞭解民性，他一定認識到，商周時期女子社會地位較低，受教育程度遠遠不及男子。在經過他整理的《尚書》中，就有商紂王妃妲己「牝雞司晨，惟家之索」的說法。春秋時期的家庭結構更是男主外、女主內，女性很少參與社會公共活動。作為一個相對獨立的社會群體，她們受到歷史條件的種種局限，因而大多數女性缺少文化教育，極少社會交往，難有志向抱負，視野不能開闊。歷史上對《論語》的注解，也多從女子性別特徵著眼，遂有所謂女子「其意淺促」、「無正性」、「志不在義」、「惟酒食之議」之類的理解。其實，孔子說女子「近之則不孫，遠之則怨」，是他對女性在心理情感依賴傾向的認知，究其原因，既有文化教育問題，又有心理素質和性格問題。

　　不難理解，孔子「難養」之語是從政治管理的角度，對「養」者即君子所說的，這是春秋社會歷史實際的反映。……

　　就政治管理而言，孔子此言是說對待「女子」與「小人」都應當心存一份敬畏和戒懼。周初武王、周公說「小人難保」，絲毫沒有輕蔑「小人」之意，準此，我們也可以斷定，尊崇和效法「周政」的孔子言「女子難養」，也同樣不會帶有任何輕蔑、歧視的意味。孔子的意思是，不論為人處世還是為政治國，都必須處理好與「女子」、「小人」的關係，這對於為政者而言，是必須慎思的問題。對「女子」和「小民」，需要注意如何與他們相處或役使他們，要取得他們的擁護、理解與支持，不是輕而易舉的事情——對他們過於親近，他們就難免簡慢而不馴順；如果過於疏遠，他們則往往會產生怨

〔註26〕原註：梁漱溟. 孔子學說之重光〔A〕. 梁漱溟先生論儒佛道〔C〕. 桂林：廣西師範大學出版社，2005.

憤之情。孔子此語,或許包含有對「女子」和「小人」的重視、關注與深切體察。〔註27〕

王新龍:我認為孔子所說的「唯女子和小人難養也」中的這個「小人」就是指衛靈公,是孔子對衛靈公的辱罵之詞。後人有這樣那樣的解讀,也許是想的太多鑽牛角尖了吧!其實孔子說出那句話的時候也沒想太多,就是想罵一下衛靈公罷了。

在《史記·孔子世家》裏,提到了孔子之前的衛國之行,孔子「居衛月餘,靈公與夫人同車,宦者雍渠參乘,出,使孔子為次乘,招搖市過之。孔子曰:『吾未見好德如好色者也。』於是醜之,去衛,過曹。」大致口譯一下這段話:國學泰斗、教育首席專家孔老先生受衛國國君的盛邀,來到了衛國講學育民。但在這期間的某一天,孔老先生突然發現自己被涮了,人家根本就是拿他的身份來炫耀自己抬高自己而已,並非真正支持、歡迎他來這裏教化衛國民眾的。孔老先生很生氣!你衛靈公到底是喜歡德才多些,還是喜歡女色多些?這樣的好色無德之人怎能配作一國之君?如果君是這個樣子,那民就更不可想像了!於是乎發出了這樣的感慨:「唯女子與小人難養也,近之則不孫(遜),遠之則怨。」痛罵衛靈公夫人南子禍國殃民(我認為「女子」也是特指,見後)的同時,順便罵了衛靈公一句,說你衛靈公就是個「小人」。

……

孔子在講「唯女子與小人難養也。近之則不孫(遜),遠之則怨」這句話時,我認為他罵的就是一個特定的女子,即衛靈公的夫人南子而已。

《史記·孔子世家》裏,提到了孔子之前的衛國之行,孔子「居衛月餘,靈公與夫人同車,……於是醜之,去衛,過曹」。和上面一樣,這段話可以口譯為:孔老先生受衛國國君的邀請,來到了衛國參觀學習休養,但在這期間,孔老先生突然發現人家根本就是拿他的身份來炫耀自己抬高自己而已,並不是真正支持他來這教化衛國民眾的!尤其是那個衛靈公的老婆,竟然為了提高自己的「知名度」而公開炫耀。老夫子憤然離開之後,心情平復了,想起衛國公老婆那種仗著得寵,驕橫跋扈,亂政擾民的「無德之人」,就發出了感慨:「唯女子與小人難養也,近之則不孫,遠之則怨。」還原當時的場景,就

〔註27〕楊朝明、吳信英:《孔子「女子難養」說新論》,《理論學刊》2010年第2期,第112、113頁。

事論事，孔子罵的就是一個特定的女子，即南子而已。〔註28〕

　　廖名春：《論語》此章的「女子與小人」是一個偏正結構，「女子」是中心詞，「與小人」則是後置定語，是修飾、限定「女子」的。因此，這裏的「女子」不可能是全稱，不可能是指所有的女性，而只能是特稱，特指那些「像小人一樣」的「女子」，「如同小人一樣」的「女子」。這種「女子」「如同小人」，其實質就是「女子」中的「小人」，就是「女子」中的「無德之人」。

　　為了強調，孔子特意在「女子與小人」前加上一個語氣詞「唯」字，突出強調只有這種「像小人一樣」的「女子」才是他視為「難養」的對象。這樣，自然就排除了其它的女子，排除了非「如同小人一樣」的女子。〔註29〕

　　田曉：在「唯女子與小人為難養也」一句後面，孔子生動的解釋了此處「難養」的是哪一類小人。即，「近之則不遜，遠之則怨。」對這類人親近了，他們便忘了禮數分寸，對人不夠尊重；但是如果你疏遠了這類人，他們又會因此而心生怨懟。顯然，這類「小人」是屬於「質勝文」的「野」人。即這類人由於缺乏禮數教養，行為常常只遵從內心的私情私怨，從而顯得不夠莊重，難以相處。在孔子生活的時代，由於女子的特殊生理心理特徵以及生活範圍的限制等原因，她們很可能在禮儀教化方面有所欠缺，從而行事容易感情用事。「近之則不遜，遠之則怨。」就是孔子對當時大多數女性在性格上「質勝文」的生動描寫。然而，這些客觀事實是由多種原因造成的，孔子也只不過說了句大實話。〔註30〕

〔註28〕王新龍：《〈論語〉「君子」、「小人」與「女子」淺釋》，《新西部（下旬・理論版）》2011年第21期，第121、122頁。

〔註29〕廖名春：《「唯女子與小人為難養也」疏注及新解》，《人文雜誌》2012年第6期，第115頁。

〔註30〕田曉：《孔子的女性觀——兼論「唯女子與小人難養也」》，《懷化學院學報》2018年第2期，第60～61頁。

十八、《微子篇》新說匯輯

18.7　子路從而後，遇丈人，以杖荷蓧。

子路問曰：「子見夫子乎？」

丈人曰：「四體不勤，五穀不分。孰為夫子？」植其杖而芸。

子路拱而立。

止子路宿，殺雞為黍而食之，見其二子焉。

明日，子路行以告。

子曰：「隱者也。」使子路反見之。至，則行矣。

子路曰：「不仕無義。長幼之節，不可廢也；君臣之義，如之何其廢之？欲潔其身，而亂大倫。君子之仕也，行其義也。道之不行，已知之矣。」

（1）四體不勤，五穀不分。孰為夫子？

羅繼祖：朱熹《集傳》以此語為丈人責子路之詞，誤，今人又以為丈人隱譏孔子亦誤。蓋丈人自謂年衰四體不勤，甚至五穀亦不能分別，爾之師為誰又安能知？若謂為隱譏孔子，孔子嘗自謂「吾少也賤，故多能鄙事」，況古人不仕則農，於農事知識非若後世文人之不辨菽麥者比，至四體不勤，當孔子時士農久有分工，謂丈人責孔子不當捨農而為士，亦豈人情，恐丈人無此絕高覺悟也！且丈人既隱譏孔子，又何為延子路止宿，殺雞為黍，見其二子，眷眷如彼耶？孔子稱為「隱者」，則丈人者殆逃名遁世之流歟？〔註1〕

〔註1〕羅繼祖：《楓窗脞語》，北京：中華書局，1984 年版，第 2 頁。

（2）不仕無義

劉強：

以上解讀，大同小異，無不將「不仕無義」解作「不仕不義」，而忽略了「無」和「不」在語義和用法上的顯著差別。按照現代漢語的解釋，「不」一般作副詞，用在動詞、形容詞等前面表示否定（如「人不知而不慍」「古者言之不出，恥躬之不逮也」「危邦不入，亂邦不居」）；或加在名詞或名詞性語素前面，構成形容詞（如「不法之徒」「不義之財」等）。「無」字既可作副詞，又可作動詞：作副詞用時，表示對動詞或形容詞的否定，基本可與「不」字互換（如「三年無改於父之道」「知者不惑，仁者不憂，勇者不懼」「君子不憂不懼」「內省不疚」等句中，「不」與「無」同義）；還可通「毋」，表示勸阻或禁止，意同「不要」，用法上亦可與「不」相同（如「無伐善，無施勞」「不遷怒，不貳過」等句中，「不」與「無」可互換）。但是，「無」字有一義項則為「不」字所無，即「無」字還可作動詞用，相當於「沒有」。這時的「無」就不能與「不」互換，如「邦有道，不廢；邦無道，免於刑戮」「魯無君子者，斯焉取斯？」「無適也，無莫也」「無可無不可」等句中的「無」如換成「不」，則絕不成語。

明乎此，則此章「不仕無義」中的「無義」，絕不可解作「不義」。…… 拙著《論語新識》在解讀「不仕無義」時，做了如下「新詮」：

……「不仕無義」當以解作「不仕無義之君國」為上。首先，孔子乃無適無莫、「無可無不可」之人，絕不可能以不仕為不義。其次，從詞法語義上講，「無義」並非「不義」，而是「沒有道義」，與《陽貨篇》「君子有勇而無義則亂」之「無義」意同。故「不仕無義」乃「不仕沒有道義之君國」之義。此與夫子所謂「邦有道則仕，邦無道則隱」「危邦不入，亂邦不居」並無二致。其三，夫子一生，大部分時間處於「不仕」狀態，難道皆是「不義」？顯然說不通。其實，理解此句當結合本篇「出處去就」這一主旨。「孔子行」三字反復出現，體現的正是夫子一以貫之的「不仕無義」、「從道不從君」的嚴正立場和價值判斷！且下文緊接著說「君臣之義」以及「君子之仕也，行其義也」，皆可證「不仕無義」乃「仕必合義」也。〔註2〕

〔註 2〕原註：劉強：《論語新識》，第 514～515 頁。

今天看來，這一「新詮」雖擺脫了將此句解為「不仕不義」之誤區，但解作「不仕無義之君國」，仍有「增字解經」之嫌，同樣有所未安，有欠圓融。……

……未安在哪裏？細思則在對此句中「仕」與「義」之深層內涵及其關係的理解上。

先說「義」字。「義」之為字，早見於甲骨文。《說文》釋「義」曰：「己之威儀也。從我羊。」段玉裁注：「義之本訓，謂禮容各得其宜……從羊者，與善美同意。」又，《禮記·中庸》：「義者，宜也。」《釋名》亦曰：「義，宜也。裁製事物，使各宜也。」……

孔子秉承中道，對「義」之價值多有肯認，甚至將其上升到一種立身處世的原則和智慧。《論語·里仁》曰：「君子之於天下也，無適也，無莫也，義之與比。」正如「忠恕」之間，孔子以「恕」為主；「禮義」之間，孔子則主張「義之與比」，認為天下一切事物，皆當以「義」作為選擇和判斷的首要標準。……一句話，「義」就是不執著，所謂「毋意毋必毋固毋我」或者「無可無不可」。所以，「義」不唯指向道德，同時指向智慧。具體到本章所謂「不仕無義」的「義」，所指無他，乃是「君臣之義」，……

再說「仕」字。《說文解字》訓「仕」字曰：「學也。從人從士。」段玉裁注：「學也。訓仕為入官，此今義也。古義宦訓仕，仕訓學。故《毛詩傳》五言士，事也。而《文王有聲》傳亦言：『仕，事也。』是仕與士皆事其事之謂。」又說：「學者，覺悟也。事其事則日就於覺悟也。若《論語·子張篇》子夏曰：『仕而優則學，學而優則仕。』《公冶長篇》：『子使漆雕開仕。』注云：『仕，仕於朝也。』以仕學分出處，起於此時矣。許說其故訓。」據此可知，「仕」之本訓，實「學」也，「事」也；以「仕學分出處」，正孔子所處的春秋末年時事。……

事實上，「仕」不僅可以訓作「學」，亦可以解作「行」。如《論語·述而篇》第10章：

……

……很顯然，這裏的「用之則行」，其實便是「仕」；「捨之則藏」，當然即是「隱」。順此而言，「仕」還可理解為「見」（現）。如《泰伯篇》「天下有道則見，無道則隱」，「見」即「出現」「表現」，其實亦即「有所為」之意。

綜上，「不仕無義」的「不仕」，實即「不學」「不出」「不現」「不行」「不為」，非僅「不做官」一意可以賅之！又，朱熹論《微子》全篇之宗旨說：「此

篇多記聖賢之出處，凡十一章。」〔註3〕而在具體的章節中，如「微子去之」「何必去父母之邦」「孔子行」「辟世之人」「辟人之人」「隱居放言」「入於河」「入於海」等等，皆關乎士人之出處、去就、仕隱之選擇。聯繫本章這一大背景和語境，則荷蓧丈人與上章的長沮、桀溺，皆為隱居鄉野之隱士；本章孔子對子路說「隱者也」，正是對荷蓧丈人人格類型的一個基本判斷。

本章的「不仕」，其實就是指「隱居不仕」；「不仕無義」，實即「隱居無義」。直說「隱居無義」太突兀，於是只好說「不仕無義」。「不仕」所「無」者何「義」？當然是「君臣之義」。相比之下，古代學者對此的理解反倒較為接近原義。如劉寶楠《論語正義》說：「義者，宜也。君子成己所以成物，故士必宜仕。仕即是義，亦即是道。不仕則無君臣之義，是為亂倫。」此解是為得之。

從現實人生的選擇來看，「不仕」並不意味著「隱」；對於今人而言，「不仕」還可以從學、經商、務農、做工。但在本篇和本章的語境中，「不仕」其實就是指「隱」。故「不仕無義」，即是說「隱居不仕是無義的」。〔註4〕

18.8 逸民：伯夷、叔齊、虞仲、夷逸、朱張、柳下惠、少連。子曰：「不降其志，不辱其身，伯夷、叔齊與！」謂：「柳下惠、少連，降志辱身矣，言中倫，行中慮，其斯而已矣。」謂：「虞仲、夷逸，隱居放言，身中清，廢中權。我則異於是，無可無不可。」

孫景龍：這裏「言」「行」對舉，「言」是說話，「行」是做事。「倫」與「慮」呼應，「倫」有「道理、法則」義，「言中倫」是說「言語合乎道理、法則」，那麼，「慮」的涵義似應也與「道理、法則」相近，訓為「思慮」，「考慮」，似不甚合。

我以為，這裏的「慮」與「律」通。「律」即「準則，條規」。「律」，古代審定樂音的儀器，按樂音的高低分為六律（陽律）和六呂（陰律），合稱十二律。《說文·彳部》：「律，均佈也。」《玉篇》：「六律也。」《廣韻》：「律呂也。」引申為「法式」「規律」。《爾雅·釋詁》：「律，法也。」「律」與「慮」

〔註3〕原註：〔宋〕朱熹：《四書章句集注》，第183頁。
〔註4〕劉強：《〈論語·微子篇〉「不仕無義」新詮——兼論儒學「君臣之義」的人學意涵與現代價值》，《中山大學學報（社會科學版）》2018年第3期，第99～101頁。

同聲韻，故可通假，如《禮記‧學記》：「發慮憲，求善良。」「慮憲」同義複合，「慮」通「律」。「行中慮」即「行中律」，意思是「做事合乎規矩」。說話合乎道理，做事合乎規矩，所以頗足稱道。「直道而事人，焉往而不三黜？枉道而事人，何必去父母之邦？」「中倫」之言也；「三日不怠，三月不解，期悲哀，三年憂」，「中慮（律）」之行也。然「此二人食祿亂朝，降志辱身」矣，較「不降其志，不辱其身」的伯夷、叔齊為次。「言中倫，行中慮（律）」，雖然難能，但還不是人生的最高境界，所以孔子說「其斯而已矣」。〔註5〕

〔註 5〕孫景龍：《〈論語〉文義新解六題》，《孔子研究》2012 年第 4 期，第 28～29 頁。

十九、《子張篇》新說匯輯

19.4 子夏曰：「雖小道，必有可觀者焉；致遠恐泥，是以君子不為也。」

張詒三：按：「泥」當通「邇」。「邇」與「泥」音近可通，邇，日母脂部，泥，泥母脂部；邇、泥二字同在脂部，聲母一是日母、一是泥母，章太炎有「古音娘日二紐歸泥說」，證明上古音日、泥兩聲母本為同一聲母，可見「邇、泥」上古音近。《儀禮・士虞禮》：「祝命佐食邇敦，佐食舉黍，錯於席上。」同書《特牲饋食禮》：「祝命爾敦，佐食爾黍稷於席上。」兩句中「邇敦」與「爾敦」當為同一詞，彭林注「爾敦」：「『爾』通『邇』，近。」〔註1〕是「爾」通「邇」；《晏子春秋・外篇下》：「仲尼之齊，見景公，景公說之，欲封之以爾稽，以告晏子。」《墨子・非儒下》：「孔丘之齊，見景公。景公說，欲封之以尼谿，以告晏子。」兩句中「爾稽」與「尼谿」當為一詞，是「爾」可通「尼」；《爾雅・釋丘》：「水潦所止泥丘。」《經典釋文》：「泥，乃兮反，依字作尼。」是「尼」與「泥」通。可見，「邇」、「爾」、「尼」、「泥」四字音近，可以通假。「泥」也可以直接訓為「邇」：《釋名・釋宮室》：「泥，邇也；邇，近也。」《釋名》以「聲訓」見長，此處的「泥，邇也」顯然是聲訓，同時也說明「泥」、「邇」聲近義通。《爾雅・釋詁》：「邇、幾、暱，近也。」徐朝華注：「暱」同「昵」〔註2〕，是「邇」與「昵」同義，「昵」與「泥」同諧聲，亦當為同源字。

〔註1〕原註：彭林（注譯）《儀禮》，第403頁。
〔註2〕原註：徐朝華《爾雅今注》，天津：南開大學出版社，1987年，第71頁。

　　可見，「致遠恐泥」就是「致遠恐邇」，那麼「恐」是什麼意思呢？《楚辭・離騷》：「恐年歲之不我與。」洪興祖補注：「恐，區用切，疑也，下並同。」〔註3〕「下並同」是指下文：「恐美人之遲暮」之「恐」。《廣韻・用韻》：「恐，疑也。」「疑」解釋為「恐」的也有不少：《禮記・雜記下》：「五十不致毀，六十不毀，七十飲酒食肉，皆為疑死。」鄭玄注：「疑，猶恐也。」《莊子・盜跖》：「內則疑刦請之賊，外則畏寇盜之害。」成玄英疏：「疑，恐也。」《玉篇・子部》：「疑，恐也。」《廣韻・之韻》：「疑，恐也。」《春秋繁露・一》：「宋伯姬恐不禮而死於火，齊桓公疑信而虧其地。」俞樾按：「『疑』下亦當有『不』字，……《大戴記・曾子立事篇》：『君子見善恐不得與焉，見不善恐其及己焉，是故君子疑以終身』，然則『疑』與『恐』同矣。」〔註4〕從以上各例可知，「恐」與「疑」同義，可解釋為今天的「擔心」、「恐怕」，「恐」的賓語是動作行為者不願意接受的情況，如「恐年歲之不我與」，「年歲之不我與」正是動作行為者「擔心」、「恐怕」的現象。這樣，「致遠恐邇」的意思就是「致力於遠方，懷疑近的」，把這層意思展開就是：「追求遠大目標，懷疑、擔心近的（結局）」。如此理解，正是子夏強調君子對於「小道」「不為」的原因。

　　古籍中「致遠」一詞常見，《周易・繫辭下》：「刳木為舟，剡木為楫；舟楫之利，以濟不通，致遠以利天下，蓋取諸《渙》；服牛乘馬，引重致遠，以利天下，蓋取諸《隨》。」兩例「致遠」顯然都是「到遠方去」。「致遠」有時指抽象的意思，《周易・繫辭上》「探賾索隱，鉤深致遠，以定天下之吉凶」，句中「致遠」指「思慮深遠」，意思比較抽象。

　　至於「是以君子不為也」的「為」，與《孟子・滕文公》中「有為神農之言者許行」的「為」意思一樣，是「研究」、「從事」的意思。

　　古籍中「遠」、「邇（爾）」對用的例子不鮮，且常有「×遠×邇（爾）」，可資參考：

　　　　曰：「食哉！惟時柔遠能邇。」（《尚書・舜典》）「柔遠能邇」《尚書》中凡兩見。

　　　　行道遲遲，中心有違，不遠伊邇，薄送我畿。（《詩經・邶風・谷風》）

　　　　戚戚兄弟，莫遠具爾；或肆之筵，或授之几。（《詩經・大雅・行葦》）高亨注：「爾，通邇，近也。」

〔註3〕原註：〔宋〕洪興祖《楚辭補注》，北京：中華書局，1983年，第6頁。
〔註4〕原註：〔清〕俞樾《諸子平議》，上海：上海書店，1988年，第506頁。

以言乎遠則不禦，以言乎邇則靜而正。(《周易·繫辭上》)

言出乎身，加乎民；行發乎邇，見乎遠。(《周易·繫辭上》)

故古聖王唯以審以尚賢使能為政，而取法於天。雖天亦不辯貧富貴賤、遠邇親疏，賢者舉而尚之，不肖者抑而廢之。(《墨子·尚賢中》)

無論從語境還是從意義看，此處「泥」釋「邇」，都恰當。

這樣「雖小道，必有可觀者焉；致遠恐泥，是以君子不為也」，可翻譯為：「雖然是普通的學說，也有可取的地方；要到遠方去，就懷疑、擔心走不遠，所以君子不研究（小道）。」〔註5〕

19.6 子夏曰：「博學而篤志，切問而近思，仁在其中矣。」

楊逢彬：我們以為，「篤志」是「篤於其志」之意。《荀子·修身》：「好法而行，士也；篤志而體，君子也；齊明而不竭，聖人也。」王念孫《讀書雜志》曰：「篤志而體，謂固其志而履道。」〔註6〕《左傳》昭公十三年言重耳「亡十九年，守志彌篤」。「守志篤」即「篤志」，也即「篤於其志」。「篤」意為厚實堅固，先秦及漢初時多特指思想品德方面誠而厚重，心意不改變。那一時期的文獻尤其能反映這一點：

（1）君子篤於親，則民興於仁。(《論語·泰伯》)

（2）篤信好學，守死善道。(同上)

（3）言忠信，行篤敬，雖蠻貊之邦行矣。言不忠信，行不篤敬，雖州里行乎哉？(《衛靈公》)

（4）執德不弘，通道不篤，焉能為有，焉能為亡？(《子張》)

（5）昔高陽氏有才子八人……明允篤誠，天下之民謂之八愷。(《左傳》文公十八年)

（6）是故君子勤禮，小人盡力，勤禮莫如致敬，盡力莫如敦篤。敬在養神，篤在守業。(成公十三年)

　　……

而同時期文獻，我們卻未見「篤」的賓語是「識」（記）或類似者。要之，

〔註5〕張詒三：《〈論語〉疑難訓釋二則》，《古籍整理研究學刊》2018 年第 3 期，第20～21 頁。

〔註6〕原註：王念孫. 讀書雜志〔M〕. 南京：江蘇古籍出版社，2000：639.

「篤志」為「篤於其志」，也即「堅守志向」，絕無疑義。漢代人正是這樣理解的。《漢書・敘傳》說班固「永平中為郎，典校秘書，專篤志於博學，以著述為業」可證。朱熹《集注》：「從事於此，則心不外馳，而所存自熟，故曰『仁在其中矣』。」〔註7〕近之。〔註8〕

19.7 子夏曰：「百工居肆以成其事，君子學以致其道。」

宋鋼：兩句句式完全相同，錯綜成文，「學」與「肆」同為名詞，則「學」前失動詞「進」或形容詞「篤」、「善」。〔註9〕

19.19 孟氏使陽膚為士師，問於曾子。曾子曰：「上失其道，民散久矣。如得其情，則哀矜而勿喜！」

楊逢彬、艾貴金：這一章中的「民散」，主要有三種解釋：

（1）馬融曰：「民之離散，為輕漂犯法，乃上之所為，非民之過。當哀矜之，勿自喜能得其情也。」其實，馬融是說，萬民離散，生活無著，乃為輕漂犯法之事。為，猶今之「做」。散，分散，此句指離散，即流離失所。先秦文獻中此義最為常見，不必另作他解。如：

> 凶年饑歲，子之民老羸轉於溝壑，壯者散而之四方者，幾千人矣。（《孟子・梁惠王上》及《公孫丑下》。後者「羸」作「弱」）
> 或謂之實，或謂之榮；行流散徙，不主常聲。（《莊子・天運》）
> 龍，合而成體，散而成章，乘雲氣而養乎陰陽。（同上）
> ……

（2）劉寶楠解釋馬融之說曰：「『離散』謂民心畔離，違經犯道，故以『輕漂』形之。」〔註10〕按，離散，即分離、分散，先秦兩漢文獻中常見，不可釋為「離心離德」。如：

> 父母凍餓，兄弟妻子離散。（《孟子・梁惠王上》）

〔註7〕原註：朱熹. 四書章句集注〔M〕. 北京：中華書局，1983：189.
〔註8〕楊逢彬：《〈論語〉語詞瑣記》，《古漢語研究》2011 年第 2 期，第 19～20 頁。作者此觀點亦見於楊逢彬、艾貴金《〈論語〉零拾》（《孔子研究》2011 年第 6 期）一文。
〔註9〕宋鋼：《〈論語〉疑義舉例》，《貴州大學學報（社會科學版）》2005 年第 2 期，第 110 頁。
〔註10〕原註：劉寶楠：《論語正義》，第 748 頁。

父子不相見，兄弟妻子離散。(《孟子‧梁惠王下》)

　　景公問晏子曰:「古者離散其民，而隕失其國者，其常行何如？」
(《晏子春秋‧內篇問上》)

　　　　……

　　「離散」既為分離、分散，漢代大儒馬融以「民之離散」解釋「民散」，當然是說「人民流離失所」。顯而易見，劉寶楠曲解了馬說。

　　(3) 黃家岱《娵藝軒雜著‧論語多齊魯方言述》云:「散訓犯法，與上下文義方接。揚氏《方言》:『虔散，殺也。東齊曰散，青徐淮楚之間曰虔。』虔散為賊殺義。曰『民散久矣』，用齊語也。」〔註 11〕關於所謂「文義」，俞樾《古書疑義舉例》列有「古人行文不嫌疏略例」和「舉此以見彼例」等項，楊樹達先生《古書疑義舉例續補》也列有「省句例」等項，可以參考。此章中「疏略」之處，馬融已補充得很清楚，這裏就無需贅論了。〔註 12〕

　　19.22 衛公孫朝問於子貢曰:「仲尼焉學？」子貢曰:「文武之道，未墜於地，在人。賢者識其大者，不賢者識其小者。莫不有文武之道焉。夫子焉不學？而亦何常師之有？」

　　陳憲猷:我們先看，子貢是從哪些方面去回答問題的。細繹其語，筆者認為，當包括如下主個方面的內容，即:學習的內容，乃文武之道；學習的對象，當包括賢者和不賢者；學習的態度和方法，則是兼收並蓄，大小不遺。子貢強調的是文武之道並未喪失，至於如何獲得此道，他整個答話的結論是:「夫子焉不學，而亦何常師之有？」由此可以窺見，「何常師之有」是「夫子焉不學」之遞進、補充。「夫子焉不學」，《集解》曰，「夫子無所不從學」。則「焉」，既指事，亦指人(參見周法高《中國古代語法‧稱代篇》)。此語已把孔子學習的對象和內容點明，那麼，「何常師之有」，講的應是學習態度和方法了。也就是說，孔子學習文武之道是不拘一格，不執著於一法的。這裏的「何常師之有」與《尚書‧咸有一德》中之「德無常師」義無異致，其中之「師」字均訓為「法」。〔註 13〕

〔註 11〕原註:《論語譯注》，第 203 頁。
〔註 12〕楊逢彬、艾貴金:《〈論語〉零拾》，《孔子研究》2011 年第 6 期，第 83～84 頁。
〔註 13〕陳憲猷:《〈論語〉「師」字四例新解》，《華南師範大學學報（社會科學版）》1988 年第 3 期，第 67 頁。

19.23　叔孫武叔語大夫於朝曰：「子貢賢於仲尼。」

子服景伯以告子貢。

子貢曰：「譬之宮牆，賜之牆也及肩，窺見室家之好。夫子之牆數仞，不得其門而入，不見宗廟之美，百官之富。得其門者或寡矣。夫子之云，不亦宜乎！」

楊逢彬、艾貴金：楊伯峻先生曰：「『官』字的本義是房舍，其後才引申為官職之義，說見俞樾《群經平議》卷三及遇夫先生《積微居小學金石論叢》卷一。這裏也是指房舍而言。」按，《小學金石論叢》卷一未引《論語》此例，而楊樹達先生《論語疏證》亦未提及此例。

今按，經典中「百官」常見，均指眾官吏。是故某些「官」字或指房舍而言，但「百官」為一詞或一固定詞組，有其固定的意義，不能謂指房舍而言。例如：

> 子張曰：「《書》云，『高宗諒陰，三年不言。』何謂也？」子曰：「何必高宗，古之人皆然。君薨，百官總己以聽於冢宰三年。」（《論語·憲問》）
>
> ⋯⋯
>
> 天子有日官，諸侯有日御。日官居卿以底日，禮也。日御不失日，以授百官於朝。（《左傳·桓公十七年》）
>
> 政以禮成，民是以息。百官承事，朝而不夕，此公侯之所以捍城其民也。（《左傳·成公十二年》）
>
> ⋯⋯

「百官」有時也指身體諸器官，那是由其官吏義引申而來的。如《韓詩外傳》卷二：「佚四肢，全耳目，平心氣，而百官理，任其數而已。」現代漢語仍有合成詞「器官」。《素問·靈蘭秘典論》可以證明這一引申過程：⋯⋯

除《論語》此處存疑外，我們未見先秦典籍中還有可釋作房舍的「百官」。語言是一種社會的契約，這種契約一旦形成，便成為一種「強制性的分牌」。「百官」在先秦典籍中均指眾多官吏，這就是該詞的社會契約；在契約規定的內部可以引申為身體的器官，卻未見指眾多房舍的，因而《論語》中的「百官」自不能例外。〔註14〕

〔註14〕楊逢彬、艾貴金：《〈論語〉零拾》，《孔子研究》2011 年第 6 期，第 85～86頁。

19.24 叔孫武叔毀仲尼。子貢曰：「無以為也！仲尼不可毀也。他人之賢者，丘陵也，猶可逾也；仲尼，日月也，無得而逾焉。人雖欲自絕，其何傷於日月乎？多見其不知量也。」

陳曉強：《論語》中「無以」共出現七次，依次為：《季氏》第十三篇「不學詩，無以言」「不學禮，無以立」；《子張》第十九篇「無以為也」；《堯曰》第一篇「無以萬方」，第三篇「不知命，無以為君子也；不知禮，無以立也；不知言，無以知人也」。分析這些句子，可以看出：「無以」以固定結構的形式出現，表「無從，沒有什麼可以拿來」的意思。「無以」這種用法常見於先秦文獻，如：《左傳・文公十七年》「敝邑有之，無以加也」；《孟子・滕文公》「無以供粢盛也」「無以供犧牲也」；《荀子・大略》「不富，無以養民情；不教，無以理民性」；《墨子・非命》「上無以供粢盛酒醴〔註15〕祭祀上帝鬼神，下無以降綏天下賢可之士；外無以應待諸侯之賓客，內無以食飢衣寒將養老弱」。

……

對《論語》「無以」的注釋，分歧最多的為《子張》第十九篇：「叔孫武叔毀仲尼。子貢曰：『無以為也！……』」皇侃疏「使無以為訾毀」；邢昺疏「言無用為此訾毀」；朱熹《集注》「無以為，猶言無用為此」；楊伯峻《譯注》「以，此也，這裏作副詞用」。上述諸家觀點，或將「以」講作「用」，或將「以」字講作「此」，其中共同之處是將「無以」拆作兩詞。結合上文分析，「無以」在「無以為也」中當按固定短語理解為「沒有什麼可以用來」。「為」在古漢語中的意思非常靈活，「無以為也」是子貢就叔孫武叔毀仲尼一事而言，可將之譯為「評判」。如此，則「無以為也」可解作「沒有什麼可以用來評判」，即叔孫武叔之毀不值一提。分析《子張》第十九篇全文，子貢對叔孫武叔的評價是「多（只）見其不知量也」，其不屑之情溢於言表，上述諸家觀點對「無以為也」的注釋無法反映出子貢的這種態度。將「無以為也」直譯為「沒有什麼可以用來評判叔孫武叔之言」或意譯為「叔孫武叔之毀不值一提」不但符合「無以」在先秦的習慣用法，而且也符合子貢的語氣和態度。〔註16〕

〔註15〕原文如此，當為「醴」。
〔註16〕陳曉強：《〈論語〉語法札記三則》，《甘肅聯合大學學報（社會科學版）》2006年第6期，第90～91頁。

二十、《堯曰篇》新說匯輯

20.1 堯曰：「咨！爾舜！天之曆數在爾躬，允執其中。四海困窮，天祿永終。」

舜亦以命禹。

曰：「予小子履敢用玄牡，敢昭告於皇皇后帝：有罪不敢赦。帝臣不蔽，簡在帝心。朕躬有罪，無以萬方；萬方有罪，罪在朕躬。」

周有大賚，善人是富。「雖有周親，不如仁人。百姓有過，在予一人。」

謹權量，審法度，修廢官，四方之政行焉。興滅國，繼絕世，舉逸民，天下之民歸心焉。

所重：民、食、喪、祭。

寬則得眾，信則民任焉〔此五字衍文〕，敏則有功，公則說。

劉育林：其中「雖有周親，不如仁人」歧解主要有二：

一、孔安國曰：「親而不賢不忠則誅之，管蔡是也；仁人，謂箕子、微子，來則用之。」皇侃疏：「言雖與周有親，而不為善，則被罪黜，不如雖無親而仁者必有祿爵也。」此解「周親」為周室宗親，如管叔、蔡叔；「仁人」為殷之仁人，如箕子、微子。

二、朱熹注：「孔氏（穎達）曰：周，至也。言紂至親雖多，不如周家之多仁人。」此解「周親」為至親，乃殷紂之宗親，如比干、箕子、微子等；「仁人」為周家之仁人，如呂尚等。

辨正：以上二解，均言之成理，這就需要我們仔細地比較一番哪種解釋更好。楊伯峻先生的譯文為「我雖然有至親，卻不如有仁德之人」。譯「周親」

為「至親」，與朱注同；以周武王為主語，與孔注、皇疏大致相同，綜合而言，其所承仍是歧解一，宋翔鳳也贊同此說，並言「『周親』四語，蓋封諸侯之辭也」〔註1〕，認為這是周武王在分封諸侯的時候說的。然而此二句亦見於《尚書‧泰誓》，《泰誓》是周武王伐紂時，史吏所記錄的誓師之辭，皇侃也認為「是周伐紂誓民之辭也」，倘若今所傳《尚書》不偽，則宋氏所言當為妄斷。退一步講，即便《泰誓》作偽，此語為武王分封諸侯時所言，孔注舉管蔡為例以釋「周親」，亦為不妥，管叔、蔡叔是在周成王時因作亂被誅，無論是武王伐紂時還是分封諸侯時，他們的惡行都尚未顯露，周武王不可能拿他們與殷紂所遺仁人比較。我們再從文字訓詁上看，「周親」是不是可以釋為「至親」呢？《為政》有「君子周而不比，小人比而不周」，忠信團結曰周，忠信，情之至也，故而「周親」完全可以釋為「至親」，意即忠誠信實的宗親。《泰誓》云：「受（紂）有億兆夷人，離心離德；予有亂臣十人，同心同德。雖有周親，不如仁人。」從這句話的文意順承關係來看，「雖有周親」是周武王指紂而言，「不如仁人」是武王自言，意為：殷紂雖有比干、箕子、微子等忠誠信實的宗親良臣，卻不能見用，實不如我周家，仁人都能得到重用，臣民們放手去搏吧，若有失誤，責任在我！顯然，這是誓師鼓氣的壯語，愚以朱注為優。〔註2〕

崔海東：【原文】……周有大賚，善人是富……（20.1）

【楊譯】〔註3〕……周朝大封諸侯，使善人都富貴起來……

愚按：楊說本皇侃，其云：「或云：周家大賜財帛於天下之善人，善人故是富也。」〔註4〕誤。本章是孔子歷數堯舜禹湯武王之政道，而後總述己意，俱是尊德性、重賢能之屬。此引兩句，乃武王所說。如依楊譯，則甚乖離，與前後語境完全無關。難道於孔子的道統中，為政之目的就是大封既得益集團？何晏注云：「言周家受天大賜，富於善人，有亂臣十人是也。」〔註5〕此義方是。

〔註1〕原註：〔清〕劉寶楠. 論語正義〔M〕. 北京：中華書局，1990：761.

〔註2〕劉育林：《〈論語〉歧解成因類析及選例辨正》，曲阜師範大學，2009年碩士學位論文，第35～36頁。

〔註3〕指楊伯峻《論語譯注》所做譯文。

〔註4〕原註：皇侃. 論語集解義疏〔A〕. 四庫全書第195冊〔C〕. 上海：上海古籍出版社. 1987：521.

〔註5〕原註：皇侃. 論語集解義疏〔A〕. 四庫全書第195冊〔C〕. 上海：上海古籍出版社. 1987：520.

故此句義為：周朝受天之大賜，擁有這麼多的善人。〔註6〕

王泗原：《論語・堯曰》：「所重民食喪祭。」孔安國注：「重民，國之本也；重食，民之命也；重喪，所以盡哀；重祭，所以致敬。」朱注：「《武成》曰：『重民五教，惟食喪祭。』」

按：孔注以民與食與喪與祭四者並列，此解可疑。民非與食喪祭等類，不當並列，一也。《論語》此句上下文言「民歸心」，言「得眾」，言「民任」，皆重民也，何以又別言重民？二也。朱注但引《武成》，《武成》偽書，不足為據。所引之句即採《論語》此文。採而偽裝，是以句法紊亂而不可解。偽傳解「重民五教」曰：「所重在民及五常之教。」解「惟食喪祭」曰：「民以食為命，喪禮篤親愛，祭祀崇孝養，皆聖王所重。」以民與五教並列（用連詞及），以食與喪與祭三者並列。是偽《武成》文重之受語二，一為民，一為五教，而食喪祭但云惟，無所屬。偽傳謂食喪祭皆所重，則所重者併民與五教為五。然既云「惟食喪祭」，則惟三而不得為五。偽書之進退失據如是。朱熹未明其偽而引之。然何以云惟食喪祭，未能解釋也。

竊謂《論語》此文，言所重者二：一曰民食（民之食），二曰喪祭。當讀為：所重：民食，喪祭。明此句法。甚重要。重民食，所以養生；重喪祭，所以喪死。養生為一，喪死為一，非食喪祭也。孔子曰：「生，事之以禮；死，葬之以禮，祭之以禮。」（《論語・為政》）孟子曰：「養生喪死無憾，王道之始也。」（《孟子・梁惠王上》）朱注：「然飲食宮室所以養生，祭祀棺槨所以送死。」《禮記・王制》所謂「齊（齋）喪之事」，喪與齊亦合言之，即喪祭也。《論語》此言乃以喪祭為喪死之事，視之為一，故與民食並列。孔注云四重，非也。朱注引偽《武成》，食喪祭三字與民字不屬。科舉制藝既遵朱注，遂讀民字逗，曰：所重民，食喪祭。若是，則食喪祭之句法位置益不明矣。所重者民乎，抑食喪祭乎？

重民食，自古已然。《尚書・洪範》：「八政：一曰食。」《大傳》：「食者萬物之始，人事之本也。故八政先食。」（卷三）《論語》記孔子答子貢問政，曰：「足食，足兵，民信之矣。」（《顏淵》）《漢書・藝文志》敘農家，引孔子曰：「所重民食。」即節引《論語・堯曰》文。顏注：「《論語》載孔子稱殷湯伐桀告天辭也。言為君之道，所重者在人（民）之食。」（顏云「稱殷

〔註6〕崔海東：《楊伯峻〈論語譯注〉義理商榷》，《合肥師範學院學報》2014年第1
　　　　期，第59頁。

湯伐桀告天辭」，誤。湯之辭乃自「予小子履」至「罪在朕躬」。下文「周有大賚」以下，何晏《集解》以「周」為「周家」，朱熹謂「此以下述武王事」，是也。）

重喪祭之意，可舉《大戴禮記‧盛德》之文明之，曰：「不仁愛生於喪祭之禮不明。喪祭之禮，所以教仁愛也。致愛，故能致喪祭。春秋祭祀之不絕，致思慕之心也。夫祭祀，致饋養之道也。死且思慕饋養，況於生而存乎？故曰：喪祭之禮明，則民孝矣。」

故《論語》此文，言所重者二：一曰民食，二曰喪祭也。〔註7〕

廖名春：包咸《注》為：「允，信也。困，極也。永，長也。言為政信執其中則能窮極四海，天祿所以長終。」〔註8〕照此，斷句當作：「天之曆數在爾躬。允執其中，四海困窮，天祿永終。」

但「四海困窮，天祿永終」並非吉詞，「允執其中」怎能導致「四海困窮，天祿永終」這樣的惡果呢？故朱熹《集注》云：「四海之人困窮，則君祿亦永絕矣，戒之也。」照此，斷句則應作：「天之曆數在爾躬，允執其中；四海困窮，天祿永終。」

從「為政信執其中」看，包咸《注》似乎是以「中」為「正」。皇侃《疏》明白指出：「中，謂中正之道也。」〔註9〕朱熹《集注》則以為：「中者，無過不及之名。」不但視「允執其中」之「中」與「中庸」之「中」為同義，更將其納入所謂的 16 字「心法」，說：「蓋自上古聖神繼天立極，而道統之傳有自來矣。其見於經，則『允執厥中』者，堯之所以授舜也；『人心惟危，道心惟微，惟精惟一，允執厥中』者，舜之所以授禹也。堯之一言，至矣，盡矣！而舜復益之以三言者，則所以明夫堯之一言，必如是而後可庶幾也。」朱熹相信「晚《書》」，故將《大禹謨》的「人心惟危，道心惟微，惟精惟一，允執厥中」十六字視為「道統之傳」。其實「人心惟危，道心惟微」源於《荀子‧解蔽》篇所引之《道經》，很難說是「舜之所以授禹也」。而「允執厥中」本於《論語‧堯曰》，雖說是「堯之所以授舜」「舜之所以授禹」之「傳」，但包咸、皇侃以至朱熹以來的解釋都是錯誤的。

〔註7〕王泗原：《古語文例釋（修訂本）》，北京：中華書局，2014 年版，第 26～27 頁。
〔註8〕原註：程樹德：《論語集釋》，中華書局 1990 年版，第 1349 頁。
〔註9〕原註：程樹德：《論語集釋》，第 1349 頁。

「允」，可訓為公平、恰當。《玉篇·儿部》：「允，當也。」《後漢書·虞詡傳》：「祖父經為郡縣獄吏，案法平允。」從古文字提供的信息來看，「中」本義為「表」，即「標桿」，既可觀測日影，也常用於軍中，用於合軍聚眾，教練士卒。〔註10〕因此，可引申為指揮權。《論語·堯曰》從「曆數」而言「中」，而且「中」又是可「執」的，說它本為「表旗」而代表指揮權，非常自然。所謂「天之曆數在爾躬，允執其中」，是說上天選中了你做天子，你就要公平、恰當地行使好上天賦予你的最高權力，這是正說；「四海困窮，天祿永終」，則是說如果你不好好行使上天賦予你的最高權力，搞得四海民生困窮，你的天祿也便永久完結了，這是反說，是警示。這一正一反，是說「執其中」要「允」，不能不「允」。不「允」則「四海困窮」，「四海困窮」則會「天祿永終」。所以，堯以命舜、「舜亦以命禹」的這幾句話，是說要用好手中的權力，表面上是講天意，實質表露出的是民本思想。因此，將「允執其中」的「中」訓為「中正之道」或「無過不及」，將「中庸」哲學納入堯以命舜、「舜亦以命禹」之「傳」，完全屬於誤讀。

知道清華簡《保訓》篇「中」的內涵就是「和」，知道《論語·堯曰》「允執其中」的「中」是指王權，就應該明白，不論是將中庸哲學納入堯以命舜、「舜亦以命禹」之「傳」，還是引《保訓》篇之「中」而支持朱熹的道統說，都是不可能的。〔註11〕

20.2 子張問於孔子曰：「何如斯可以從政矣？」

子曰：「尊五美，屏四惡，斯可以從政矣。」

子張曰：「何謂五美？」

子曰：「君子惠而不費，勞而不怨，欲而不貪，泰而不驕，威而不猛。」

子張曰：「何謂惠而不費？」

子曰：「因民之所利而利之，斯不亦惠而不費乎？擇可勞而勞之，又誰怨？欲仁而得仁，又焉貪？君子無眾寡，無小大，無敢慢，斯不亦泰而不驕乎？君子正其衣冠，尊其瞻視，儼然人望而畏之，斯不亦威而不猛乎？」

〔註10〕原註：李零：《說清華楚簡〈保訓〉篇的「中」字》，《中國文物報》2009 年 5 月 20 日。

〔註11〕廖名春：《孔子真精神：〈論語〉疑難問題解讀》，貴陽：孔學堂書局有限公司，2014 年版，第 238～241 頁。

　　子張曰：「何謂四惡？」

　　子曰：「不教而殺謂之虐；不戒視成謂之暴；慢令致期謂之賊；猶之與人也，出納之吝謂之有司。」

　　侯乃峰：綜上所述，據新出上博簡《從政》篇簡文可知，《韓詩外傳》中的「責」當是「貪」字之誤；《論語》中的「有司」二字，原本當是「貪」字，在傳抄過程中被誤分成「今貝」，又訛寫作「又司」，後被讀為「有司」，致使文義難解。若將《論語》中的文句據《從政》篇簡文校讀為「猶之與人也，出納之吝，謂之貪」，不僅在行文體例上與前三「惡」一致，而且從文義上說更是文從字順，這也許可以反過來證明以上的校讀意見應當是可信的。〔註12〕

　　俞紹宏、白雯雯：我們以為，侯乃峰所謂「有司」為文字訛誤這一看法應是可信的；所論「又司」為「貪」之訛、「責」為「貪」之誤，從字形上看也是可能的。下面我們將字形與文意相結合，就相關的文字訛誤問題提出另外一種可能。我們以為，所謂「有司」也有可能本為「賕」，而「責」若是誤字，有可能也是「賕」字之誤，《從政》中的「貪」也有可能是「賕」之誤字。

　　《說文》卷六「貝」部「貪，欲物也。從貝今聲」，「賕，以財物枉法相謝也。從貝、求聲」。據此則「貪」指貪求財物，是私欲；「賕」指枉法而收受財物。此外「賕」有聚斂義。……

　　《論語・堯曰》此段文字是在說明當政者施政不能有「四惡」，其中第四惡是在說當政者捨不得向國民散施財物，也就是官家斂財不施，這就是惡。好的當政者應當捨得散財於國民，用今天的話講就是當政者要捨得向國民發放紅包、發放救濟財物，要藏富於民。可見第四惡似乎與個人私欲無關。因此此處應當是「賕」字更合理，訓為聚斂，文中意指官家斂財不施。

　　關於《從政》之「貪」字。「貪」「賕」雖然在有的用法上存在相通之處，不過考慮到《從政》簡文「為利枉事，則貪（賕）」，「為利枉事」正合《說文》「賕」之訓，因此簡文中的「貪」很可能為「賕」之訛，《堯曰》古本作「賕」。「事」古籍中有「職事」「職守」「職責」之類的用法，簡文是說為了私利而不忠於職守，即枉曲職事以聚斂財富，這就叫「賕」。可能是簡文中有一個「利」

〔註12〕侯乃峰：《據新出楚簡校讀〈論語〉一則》，《中國史研究》2014年第4期，第202頁。

字，容易使人與「貪」字聯繫起來，而「賕」「貪」簡文中有時因字形訛變而形近，因此在傳抄中誤抄成了「貪」。〔註13〕

〔註13〕俞紹宏、白雯雯：《〈尚書〉〈論語〉文字考辨二則》，《民俗典籍文字研究》2017年第 1 期，第 159～160、163、164 頁。

參考文獻

一、專著

〔1〕（清）段玉裁，說文解字注〔M〕，上海：上海古籍出版社，1981。

〔2〕（清）劉寶楠撰，高流水點校，論語正義〔M〕，北京：中華書局，1990。

〔3〕程樹德撰，程俊英、蔣見元點校，論語集釋〔M〕，北京：中華書局，2017。

〔4〕顧頡剛，顧頡剛讀書筆記〔M〕，北京：中華書局，2011。

〔5〕楊伯峻，論語譯注〔M〕，北京：中華書局，2017。

〔6〕王泗原，古語文例釋（修訂本）〔M〕，北京：中華書局，2014。

〔7〕羅繼祖，楓窗脞語〔M〕，北京：中華書局，1984。

〔8〕裘錫圭，裘錫圭學術文集（甲骨文卷）〔M〕，上海：復旦大學出版社，2015。

〔9〕張光裕，澹煙疏雨——張光裕問學論稿〔M〕，上海：上海古籍出版社，2018。

〔10〕李零，喪家狗——我讀《論語》〔M〕，太原：山西人民出版社，2007。

〔11〕黃懷信，論語彙校集釋〔M〕，上海：上海古籍出版社，2008。

〔12〕高尚榘，論語歧解輯錄〔M〕，北京：中華書局，2011。

〔13〕廖名春，孔子真精神：《論語》疑難問題解讀〔M〕，貴陽：孔學堂書局有限公司，2014。

〔14〕何志華、馮勝利主編，承繼與拓新：漢語語言文字學研究（上卷）〔M〕，香港：商務印書館，2014。

二、論文

〔1〕何天傑，「食不厭精，膾不厭細」辨〔J〕，學術研究，1982，（5）：101。

〔2〕高明，盨、簠考辨〔J〕，文物，1982，（6）：71。

〔3〕車錦生，「自行束脩」別解〔J〕，社會科學戰線，1982，（3）：115。

〔4〕何琳儀、黃錫全，「瑚璉」探源〔J〕，史學集刊，1983，（1）：70。

〔5〕徐中舒，耒耜考（續）〔J〕，農業考古，1983，（2）：135。

〔6〕李啟謙，從西周的君臣關係再釋「八佾」〔J〕，學術月刊，1983，（9）：68-69。

〔7〕江浦，也談「束脩」不是學費〔J〕，齊魯學刊，1984，（3）：55。

〔8〕黃廣華，「繪事後素」辨解〔J〕，山東師大學報（哲學社會科學版），1985，（1）：43-44。

〔9〕聶振弢，「舉一隅不以三隅反，則不復也」新解〔J〕，中州學刊，1985，（3）：97。

〔10〕正色，「穿窬」純係「打牆洞」〔J〕，辭書研究，1986，（2）：58。

〔11〕唐鈺明，《論語》「畏」字正解〔J〕，學術研究，1986，（5）：58。

〔12〕劉家齊，「學而時習之」章新解〔J〕，齊魯學刊，1986，（6）：55。

〔13〕羅志田，「束脩」我見〔J〕，四川師大學報（社會科學版），1986，（6）：66-67。

〔14〕鄧宗榮，「父母唯其疾之憂」的是與非〔J〕，邏輯與語言學習，1987，（1）：40。

〔15〕黔容，為「子畏於匡」求確解〔J〕，學術研究，1987，（2）：108。

〔16〕李占德，《論語·學而時習之》新探〔J〕，曲靖師專學報，1987，（1）：58、59、60、61。

〔17〕子岡，「居不容」解〔J〕，江西師範大學學報，1987，（1）：53。

〔18〕王浩然、曾光平，《論語譯注》詞語訓釋札記〔J〕，古籍整理研究學刊，1987，（3）：13-14、15。

〔19〕黔容，「老彭」實為「老彬」〔J〕，學術研究，1987，（6）：102。

〔20〕胡曉明，談「樂而不淫哀而不傷」〔J〕，讀書，1987，（12）：113。

〔21〕陳彬、世英，談《子路曾皙冉有公西華侍坐》的一則注釋〔J〕，北京師範大學學報，1987，（6）：112。

〔22〕陳憲猷，《論語》「師」字四例新解〔J〕，華南師範大學學報（社會科學版），1988，（3）：66-67、94。

〔23〕王文仲，「束脩」衍義〔J〕，佳木斯教育學院學報，1988，（3）：23。

〔24〕黔容，對「無友不如己者」辨疑的商兌〔J〕，孔子研究，1988，（3）：124。

〔25〕鄭星象，訓詁札記六則〔J〕，福建師範大學學報（哲學社會科學版），1988年，（3）：65。

〔26〕崔積寶，《論語》首章新解〔J〕，學術交流，1988，（5）：133、134。

〔27〕王璜生，「繪事後素」辨〔J〕，南京藝術學院學報（美術與設計版），1989，（1）：30-31。

〔28〕賈延利，《論語》析疑三則〔J〕，孔子研究，1989，（3）：128。

〔29〕駱瑞鶴，《論語》「樂則韶舞」古義〔J〕，古漢語研究，1990，（1）：54-55。

〔30〕廖煥超，《論語》考辨一則〔J〕，孔子研究，1991，（4）：118-119。

〔31〕劉興林，管仲「三歸」考〔J〕，江蘇社會科學，1992，（2）：65。

〔32〕李衡眉，《論語》「三歸」另解〔J〕，孔子研究，1992，（3）：128。

〔33〕王功龍，說「深則厲，淺則揭」〔J〕，文史知識，1992，（10）：100-102。

〔34〕陳科華，「子見南子」論〔J〕，益陽師專學報，1994，（4）：79、80、81。

〔35〕于扶仁，《論語譯注》商兌〔J〕，煙臺師範學院學報（哲學社會科學版），1994，（4）：73-75。

〔36〕趙明因，「有教無類」新解〔J〕，河南師範大學學報（哲學社會科學版），1995，（4）：96、97、98。

〔37〕梁偉民，《論語·學而》首章異解新說〔J〕，紹興師專學報（哲學社會科學版），1995，（4）：24、25-27、28、29。

〔38〕廖名春，《論語》「五十以學易」章新證〔J〕，中國文化研究，1996，（1）：26-27、28。

〔39〕趙代根，《論語》「繪事後素」辨〔J〕，安徽教育學院學報（哲學社會科學版），1996，（4）：64。

〔40〕彭占清，說瑚璉、瑚、連——兼論名物詞的訓釋原則〔J〕，煙臺師範學院學報（哲學社會科學版），1997，（1）：58-59。

〔41〕郭沂，孔子學易考論〔J〕，孔子研究，1997，（2）：7、8、9-10、11。

〔42〕楊寶忠、陳劍，釋「加之以師旅」〔J〕，孔子研究，1997，（2）：115-116。

〔43〕李宗長，「攻乎異端，斯害也已」小考〔J〕，文獻，1997，（3）：262-263、265-266。

〔44〕張帆，《論語》「侍坐」難句新解〔J〕，西南民族學院學報（哲學社會科學版），1997，（4）：88-90。

〔45〕孫以昭，孔子「思無邪」新探〔J〕，安徽大學學報（哲學社會科學版），1998，（4）：59-60、61。

〔46〕樊彩萍，《論語》辨惑三則〔J〕，孔子研究，1999，（2）：118-120。

〔47〕裴傳永，朱熹《論語集注》辨誤〔J〕，文獻，1999，（3）：214-220。

〔48〕單承彬，《論語》校證一則〔J〕，孔子研究，2000，（1）：113-115。

〔49〕侯之虎，從《孝經》看《論語‧為政》「問孝」四章的原義〔J〕，淮南師專學報，2000，（2）：32、33。

〔50〕梁濤，孔子學《易》考〔J〕，中華文化論壇，2000，（4）：80-82。

〔51〕曾永勝，「寢不尸」注辨〔J〕，古漢語研究，2001，（1）：95。

〔52〕李全祥，無友不如己者過──《論語‧學而》第八則之辨〔J〕，語文學刊，2001，（2）：60-61。

〔53〕吳丕，重申儒家「使民」思想──關於「民可使由之」章的最新解釋〔J〕，齊魯學刊，2001，（4）：55、60。

〔54〕周克庸，「民可使由之」章的句讀〔J〕，晉陽學刊，2001，（4）：105、106。

〔55〕劉金榮，「食不厭精，膾不厭細」新解〔J〕，沙洋師範高等專科學校學報，2002，（3）：47-48。

〔56〕王功龍，「矜而不爭」考辨〔J〕，孔子研究，2002，（4）：114-116。

〔57〕孫永昌，《論語》「束脩」辨析〔J〕，文史雜誌，2003，（2）：63。

〔58〕李中生，《論語》「子所雅言」章辯義〔J〕，中山大學學報（社會科學版），2003，（2）：80。

〔59〕蕭月賢，從「宰予晝寢」說開去〔J〕，黃河科技大學學報，2003，（2）：94。

〔60〕李尚儒，《論語》「素以為絢」、「繪事後素」新解〔J〕，理論學刊，2003，（4）：141。

〔61〕陳劍，據戰國竹簡文字校讀古書兩則〔A〕，第四屆國際中國古文字學研討會論文集〔C〕，香港中文大學中國語言及文學系，2003：374、377、378、379。

〔62〕賴積船，《論語》「車中不內顧」新考〔J〕，古籍整理研究學刊，2003，（6）：41、42-43、44。

〔63〕鍾倫守，《論語》「子罕言利、與命與仁」新解〔J〕，當代電大，2003，（12月增刊）：29。

〔64〕陳曉強，《論語》「學而」章辨義〔J〕，甘肅教育學院學報（社會科學版），2004，（2）：52、53-54。

〔65〕劉洪波、劉凡，《論語‧里仁》：「君子喻於義，小人喻於利」新解〔J〕，古籍整理研究學刊，2004，（4）：53-54、55。

〔66〕龐光華，《論語》「君子不器」新解〔J〕，古籍研究，2004，（1）：98-101。

〔67〕李尚儒，「無友不如己者」辨疑〔J〕，求索，2004，（8）：143-144。

〔68〕吳昊，從《尊德義》篇看「民可使由之」章〔J〕，中國文字研究，2004，（00）：163。

〔69〕廖名春，楚簡《仲弓》與《論語‧子路》仲弓章讀記〔J〕，淮陰師範
　　　學院學報（哲學社會科學版），2005，（1）：1-2、3-4。

〔70〕張一平，《「後生可畏」新解》辨訛〔J〕，溫州師範學院學報，2005，（1）：
　　　76。

〔71〕宋鋼，《論語》疑義舉例〔J〕，貴州大學學報（社會科學版），2005，（2）：
　　　108、109、110-111。

〔72〕張詒三，《論語‧子路篇》校點兩則〔J〕，古籍整理研究學刊，2005，
　　　（3）：64、65-66。

〔73〕張詒三，「道之」、「齊之」與「矜而不爭」新解〔J〕，中國文化研究，
　　　2005，（3）：140-141、142-143。

〔74〕胡翼，淺談「君子不器」〔J〕，吉林師範大學學報（人文社會科學版），
　　　2005，（5）：73、74。

〔75〕徐前師，《論語》「斗筲之人，何足算也」解〔J〕，古漢語研究，2005，
　　　（4）：95-96。

〔76〕張昌紅，「繪事後素」辨〔J〕，船山學刊，2006，（1）：68-69。

〔77〕陳曉強、徐秀兵，《論語》「不憤不啟，不悱不發」解——兼談啟發式
　　　教學思想〔J〕，甘肅聯合大學學報（社會科學版），2006，（2）：77-78、
　　　79。

〔78〕周遠斌，吐魯番唐寫孔氏本《論語》「道行，乘桴於海」句淺證〔J〕，
　　　岱宗學刊，2006，（1）：23、24。

〔79〕王廣瑞，《論語》「不以其道得之」辨析〔J〕，新鄉師範高等專科學校
　　　學報，2006，（3）：147。

〔80〕陳曉強，《論語》語法札記三則〔J〕，甘肅聯合大學學報（社會科學版），
　　　2006年，（6）：89-90、91。

〔81〕徐前師，《論語》「色斯舉矣」新解〔J〕，語言研究，2006，（4）：68-69。

〔82〕金池，《論語》中孔子說的「女子」並非指女人〔N〕，北京日報，
　　　2006.12.11。

〔83〕王弘治，《論語》「親親相隱」章重讀——兼論劉清平、郭齊勇諸先生
　　　之失〔J〕，浙江學刊，2007，（1）：94-96。

〔84〕張旭，《論語》中「思無邪」新解〔J〕，浙江萬里學院學報，2007，（1）：
　　　（期刊上無頁碼標注）。

〔85〕李永，《論語》札記二則〔J〕，古籍整理研究學刊，2007，（2）：89。

〔86〕王大慶，「君子不器」辨析〔J〕，北京師範大學學報（社會科學版），
　　　2007，（2）：134、137。

〔87〕劉精盛、吳青峰，楊伯峻先生《論語譯注》三則商榷〔J〕，學術界，
　　　2007，（2）：110-111。

〔88〕趙玉敏，「思無邪」本義辨正〔J〕，學術交流，2007，（6）：156。

〔89〕廖名春，《論語》「民可使由之」章新釋〔N〕，學習時報，2007.7.16。

〔90〕陸忠發，《論語‧先進》「小子」解〔J〕，孔子研究，2007，（4）：122-123。

〔91〕廖名春，《論語》「學而時習之」章新探〔A〕，儒學與二十一世紀文化
　　　建設：首善文化的價值闡釋與世界傳播〔C〕，2007.11.30.449-450、
　　　451-452、453、454-455、457、458-460。

〔92〕廖名春，《論語‧為政》篇「道之以政」章新證〔N〕，學習時報，2007.12.17
　　　第 009 版。

〔93〕李銳，「民可使由之不可使知之」新釋〔J〕，齊魯學刊，2008，（1）：
　　　12、13-14。

〔94〕（日）柴田篤著，金培懿譯，「未知生，焉知死」再考——以《論語》之
　　　生死觀為中心〔J〕，杭州師範學院學報（社會科學版），2008，（1）：22。

〔95〕姚娟，「思無邪」新論〔J〕，商丘師範學院學報，2008，（1）：39。

〔96〕魯洪生，《論語‧侍坐》曾點之志本意考辨〔J〕，學術論壇，2008，（3）：
　　　158-160。

〔97〕武樹臣，《論語》新解五則〔J〕，法律文化研究，2008，（00）：116、
　　　117、118-119、120、122、123-124。

〔98〕王瑞來，《論語》開篇發覆〔J〕，現代哲學，2008，（5）：106、107-108、
　　　109-110。

〔99〕顏春峰，《論語‧先進》「小子」正解〔J〕，孔子研究，2008，（5）：115-116。

〔100〕廖名春，「朝聞道，夕死可矣」章新釋〔N〕，學習時報，2008.12.1。

〔101〕任鵬，從「吾與點也」到「顏淵問仁」——《論語‧先進》「侍坐」
　　　章小議〔J〕，原道，2008，（00）：278-279。

〔102〕李為政，「父為子隱，子為父隱」新解〔J〕，衡水學院學報，2008，（6）：
　　　46-47。

〔103〕林源，「歲寒，然後知松柏之後凋也」正詁〔J〕，廣州廣播電視大學學
　　　報，2008，（6）：74-76。

〔104〕楊朝明，經典新讀與孔子思想再認識〔J〕，黃河文明與可持續發展，
　　　2008，（1）：55-56、61、62、64-65。

〔105〕周遠斌，《論語‧鄉黨篇》「色斯舉矣」章校釋考異〔J〕，齊魯文化研
　　　究，2008，（00）：69-70。

〔106〕孫景龍、劉旭芳，《論語》讀解辨疑八則〔J〕，承德民族師專學報，2009，
　　　（1）：12、13、14。

〔107〕董楚平，《論語‧侍坐》真實性獻疑〔J〕，浙江社會科學，2009，（3）：
　　　77-78、79。

〔108〕畢寶魁，《論語》「不有祝鮀之佞」章本義辨析〔J〕，北京大學學報（哲學社會科學版），2009，（2）：151-152。

〔109〕錢玉趾，《論語》「事君數」、「朋友數」新解〔J〕，文史雜誌，2009，（3）：77。

〔110〕畢寶魁，《論語·公冶長篇》「無所取材」本義考論〔J〕，瀋陽師範大學學報（社會科學版），2009，（3）：69。

〔111〕劉育林，《論語》歧解成因類析及選例辨正〔D〕，曲阜師範大學，2009年碩士學位論文，22-24、25-27、28-29、30-31、32-33、34、35-36。

〔112〕林桂榛，何謂「隱」與「直」？——《論語》「父子相為隱」章考〔J〕，孔子研究，2009，（3）：58-59。

〔113〕陳飴媛，《論語》札記二則〔J〕，科技信息，2009，（20）：474。

〔114〕洪帥，《論語·先進》「小子」到底指誰——兼與陸忠發先生商榷〔J〕，船山學刊，2009，（3）：95-98。

〔115〕高如辰，《論語·先進》第二章考論〔J〕，孔子研究，2009，（5）：64。

〔116〕樂貴川，君子不器〔A〕，儒學的當代使命——紀念孔子誕辰 2560 週年國際學術研討會論文集〔C〕，2009.9.22.189。

〔117〕畢寶魁，《論語》「唯仁者能好人，能惡人」本義考〔J〕，廣東技術師範學院學報，2009，（5）：60、61。

〔118〕趙騫、彭忠德，完整理解《尊德義》後，再說「民可使由之」章〔J〕，社會科學論壇（學術研究卷），2009，（11）：84、86-87。

〔119〕張軼，神聖的禮器比喻——以「瑚璉」意象為起點淺析孔子的禮儀觀與祭祀觀〔J〕，安徽文學，2009，（12）：302。

〔120〕畢寶魁，《論語》「唯女子與小人為難養」本義辨析〔J〕，遼寧大學學報（哲學社會科學版），2010，（1）：70、72。

〔121〕張詒三，「子見南子」疑案再考〔N〕，光明日報，2010.2.8。

〔122〕周遠斌，《論語·雍也》「雖欲勿（物）用」本字考〔J〕，臨沂師範學院學報，2010，（1）：53、54。

〔123〕楊朝明、吳信英，孔子「女子難養」說新論〔J〕，理論學刊，2010，（2）：112、113。

〔124〕孔漫春，《論語·里仁》篇「事君數」章異解辨正〔J〕，中國文化研究，2010，（1）：151-153。

〔125〕畢寶魁，《論語·鄉黨》「色斯舉矣」節本義辨析〔J〕，瀋陽師範大學學報（社會科學版），2010，（4）：54、55、56。

〔126〕劉信芳，「民可使由之」的「之」是指代「民」還是指代「王」〔J〕，學術界，2010，（8）：113、115。

〔127〕吳肖惠、吳菊芳、吳成達，《論語・里仁》篇「富與貴，是人之所欲也」章淺釋〔J〕，哈爾濱學院學報，2010，（10）：96-97。

〔128〕姜南秀，《論語・為政》歧解評議〔J〕，蘭州教育學院學報，2010，（5）：51、52、53。

〔129〕崔海東，《論語》幾則新解〔J〕，理論界，2010，（11）：132、133、134-135。

〔130〕由文平，《論語》「無友不如己者」本義考辨〔J〕，社會科學輯刊，2010，（6）：262。

〔131〕馬昕、董洪利，《論語・公冶長》「吾黨之小子狂簡」章新解〔J〕，古籍整理研究學刊，2010，（6）：47、48、49、50-51。

〔132〕吳欣，也談「思無邪」〔J〕，現代交際，2010，（11）：96。

〔133〕趙宗乙，「片言」、「正名」正解——讀《論語》札記二則〔J〕，泉州師範學院學報，2011，（1）：65-66、67。

〔134〕楊逢彬，《論語》「何有於我」解——兼論所謂「不難之詞」〔J〕，武漢大學學報（人文科學版），2011，（1）：77-78。

〔135〕趙映環，《論語》新解二則——「因不失其親」、「有恥且格」〔J〕，廈門教育學院學報，2011，（1）：51-53。

〔136〕趙建成，《論語》二則考辨〔J〕，文學遺產，2011，（2）：125-127、128。

〔137〕黎千駒、黎哲，《論語》「為政」和「八佾」疑難詞語札記〔J〕，畢節學院學報，2011，（3）：91、92-94。

〔138〕楊逢彬，《論語》語詞瑣記〔J〕，古漢語研究，2011，（2）：17-20。

〔139〕高敏，《論語》疑難句歧解辨正〔J〕，孔子研究，2011，（4）：70-73。

〔140〕張俊成，《論語譯注》商榷三則〔J〕，孔子研究，2011，（4）：75-76。

〔141〕王新龍，《論語》「君子」、「小人」與「女子」淺釋〔J〕，新西部（下旬・理論版），2011，（21）：121、122。

〔142〕陳曉娟、楊賢宗，「繪事後素」辨義〔J〕，北京理工大學學報（社會科學版），2011，（4）：133-135。

〔143〕王向東，《論語》首章初探〔J〕，泰州職業技術學院學報，2011，（4）：1-2、6。

〔144〕楊逢彬、蔣重母，《論語》詞語考釋五則〔J〕，上海大學學報（社會科學版），2011，（5）：128-129、130-131、132。

〔145〕楊新勛，《論語》詁解五則〔J〕，古籍整理研究學刊，2011，（5）：46、72、73、74。

〔146〕黃懷信，《論語》引《詩》解（四則）〔J〕，詩經研究叢刊，2011，（1）：53-54、55-56。

〔147〕黃建躍，「好勇過義」試釋——兼論《論語》中的「勇」及其限度〔J〕，孔子研究，2011，（5）：84-85。

〔148〕楊逢彬，《論語》三辨〔J〕，中國哲學史，2011，（4）：124-125、127-129。

〔149〕廖名春，《論語》「君子有三畏」章新釋〔J〕，孔子研究，2011，（6）：70-73。

〔150〕楊逢彬、艾貴金，《論語》零拾〔J〕，孔子研究，2011，（6）：83-84、85-86。

〔151〕余塔山，也說「民可使由之不可使知之」〔J〕，文史雜誌，2012，（1）：53。

〔152〕楊逢彬，《論語》「至於犬馬皆能有養」解〔J〕，長江學術，2012，（2）：96-97、98-99。

〔153〕甘勇，《論語》「造次必於是」新解〔J〕，漢字文化，2012，（3）：72、73。

〔154〕孫景龍，《論語》文義新解六題〔J〕，孔子研究，2012，（4）：23、24-25、26、27、28-29。

〔155〕朱明勳，《論語》「父母唯其疾之憂」本義詁證〔J〕，內江師範學院學報，2012，（7）：81-82。

〔156〕陳洪杏，「孝弟也者，其為仁之本與」義趣辨正——以近代以來《論語》注疏為中心〔J〕，哲學動態，2012，（8）：49、50-51。

〔157〕廖名春，「唯女子與小人為難養也」疏注及新解〔J〕，人文雜誌，2012，（6）：115。

〔158〕朱楚宏、毛緒濤，《論語》釋疑二則〔J〕，長江大學學報（社會科學版），2012，（12）：71、72、73。

〔159〕侯乃峰，《天子建州》禮學字詞疏證三則〔J〕，古籍研究，2013（Z1）：69。

〔160〕張沖，《論語》「子見南子」章正詁〔J〕，棗莊學院學報，2013，（1）：97-98。

〔161〕周玉，《論語》「民可」二句新解〔J〕，運城學院學報，2013，（1）：23、24。

〔162〕周靜、黃懷信，子貢未「貨殖」考〔J〕，史學史研究，2013，（1）：126。

〔163〕廖名春，《論語》「父子互隱」章新證〔J〕，湖南大學學報（社會科學版），2013，（2）：6、7、8、9-10、11。

〔164〕郭勝團、葛志毅，《論語·顏淵》「克己復禮」章辨析——《論語》及孔子思想研究之一〔J〕，管子學刊，2013，（1）：106-108、109。

〔165〕耿振東，《論語》「三歸」考辨〔J〕，諸子學刊，2013 年，（1）：45-46。

〔166〕趙付美,孔子「思無邪」之「思」解詁〔J〕,遼東學院學報(社會科學版),2013,(2):100-101、102。

〔167〕常佩雨、金小娟,出土文獻孔子言論參照下的《論語》新解——以《子罕》首章為例〔J〕,湖北工程學院學報,2013,(4):39。

〔168〕梁濤,「父為子隱,子為父隱」是父子互相糾正錯誤嗎?——《論語》「父子互隱」章「新證」之檢討〔J〕,湖南大學學報(社會科學版),2013,(4):21-22、23-24。

〔169〕郝雨、路陽,《論語·八佾》新解〔J〕,平頂山學院學報,2013,(4):56、57。

〔170〕崔海東,楊伯峻《論語譯注》句讀商榷〔J〕,江蘇科技大學學報(社會科學版),2013,(3):25-28。

〔171〕郭祥貴、楊和為,《論語》「吾道一以貫之」解〔J〕,滄桑,2013,(5):94。

〔172〕高敏,《論語》疑難句辨惑六則〔J〕,齊魯學刊,2013,(6):10-11、12-13。

〔173〕侯乃峰,《論語·八佾》詞語札記二則〔EB╱OL〕,復旦大學出土文獻與古文字研究中心網,http://www.gwz.fudan.edu.cn╱Web╱Show╱2182,2013-11-25。

〔174〕韓高年、劉潔,《論語·先進》「陳蔡章」考辨〔J〕,晉陽學刊,2013,(6):34-36。

〔175〕程旺,孔子「五十以學《易》」辨正〔J〕,東方論壇,2013,(6):10、11、14。

〔176〕常彥,《論語》「色斯舉」章辨正〔J〕,唐山師範學院學報,2014,(1):28-29。

〔177〕崔海東,楊伯峻《論語譯注》義理商榷〔J〕,合肥師範學院學報,2014,(1):55-56、57、58-59。

〔178〕俞紹宏,《論語·雍也》「今女畫」箋識〔J〕,孔子研究,2014,(1):83-84。

〔179〕楊朝明,《論語·鄉黨》末章的意蘊〔J〕,燕山大學學報(哲學社會科學版),2014,(1):1-2。

〔180〕陸巖軍,《論語》「色斯舉矣」章新解〔J〕,孔子研究,2014年,(2):47。

〔181〕孟沖,孔子「攻乎異端」思想新論〔J〕,管子學刊,2014,(1):120-121、122、128。

〔182〕欒貴川,《論語》第一章正解〔N〕,光明日報,2014.4.29。

〔183〕楊逢彬、陳建棟，《論語》「不患寡而患不均」解〔J〕，武漢大學學報
　　　（人文科學版），2014，（3）：71-72。

〔184〕張琴，《論語》「誠不以富，亦祇以異」非錯簡說〔J〕，蘇州大學學報
　　　（哲學社會科學版），2014，（4）：60-62。

〔185〕黎紅雷，孔子「君子學」的三種境界──《論語》首章集譯〔J〕，孔
　　　子研究，2014，（3）：5、6、9-10。

〔186〕廖名春，《論語》「聽訟」章與《大學》篇的誤讀〔J〕，社會科學戰線，
　　　2014，（6）：22、23。

〔187〕朱長利，《論語》「無友不如己者」疑義辨析〔J〕，現代語文（學術綜
　　　合版），2014，（7）：143、144。

〔188〕井超，《論語》「無友不如己者」新解〔J〕，名作欣賞，2014，（26）：
　　　148。

〔189〕張思遠，《論語・先進》第一章新解〔J〕，齊齊哈爾大學學報（哲學社
　　　會科學版），2014，（5）：79-80。

〔190〕常彥，《論語》「公冶長」「雍也」篇疑義章句解讀〔J〕，華南理工大學
　　　學報（社會科學版），2014，（5）：46、47、48、49、50-51、52。

〔191〕侯乃峰，據新出楚簡校讀《論語》一則〔J〕，中國史研究，2014，（4）：
　　　202。

〔192〕張秀華《論語》「不以其道得之」解〔A〕，吉林大學古籍研究所，吉
　　　林大學古籍研究所建所三十週年紀念論文集〔C〕，上海：上海古籍出
　　　版社，2014.600-601。

〔193〕高敏，楊伯峻《論語譯注》獻疑〔J〕，孔子研究，2015，（1）：51、52、
　　　53、54-55。

〔194〕蔣國保，《論語》新解三則〔J〕，徐州工程學院學報（社會科學版），
　　　2015，（2）：19-20、21、22。

〔195〕寧全紅，《論語・顏淵》「聽訟」章新解〔J〕，孔子研究，2015，（2）：
　　　59-60、61、63。

〔196〕畢寶魁，讀《論語》與注《論語》〔N〕，遼寧日報，2015.3.23。

〔197〕劉煥文，《論語》「四子侍坐」章研究〔D〕，曲阜師範大學，2015年碩
　　　士學位論文，18、19、23-24、29-30、35、38。

〔198〕廖名春，孔子其人其書──以《論語》誤讀為中心〔J〕，人文天下，
　　　2015，（7）：17-18。

〔199〕崔海東，《論語》「吾從周」、「吾從先進」兩章舊詁辨誤〔J〕，江南大
　　　學學報（人文社會科學版），2015，（4）：13、14。

〔200〕羅凌、鄭水晶，文化元典閱讀與文本細讀──《論語》「退而省其私」
　　　解詁〔J〕，三峽論壇（三峽文學・理論版），2015，（4）：89、90-91。

〔201〕李寧，《論語》「君子不器」涵義探討〔J〕，學海，2015，（5）：62、64。

〔202〕張念，從出土文物再看「繪事後素」注解〔J〕，名作欣賞，2015，（29）：157-158。

〔203〕劉小紅，《論語》「可與共學」章分章榷議〔J〕，太原理工大學學報（社會科學版），2015，（5）：65。

〔204〕袁媛，《論語》「先進」章新解——兼論孔子人格理想的二元屬性〔J〕，荊楚學刊，2015，（5）：73-75。

〔205〕甘祥滿，《論語‧里仁》篇「吾道一以貫之」章的詮釋問題〔J〕，船山學刊，2015，（6）：73、75、77、78-79。

〔206〕樂貴川，「民可使由之，不可使知之」新解〔J〕，中國文化研究，2016，（1）：176、177-179。

〔207〕楊逢彬、李瑞，《論語》「三歸」考〔J〕，上海大學學報（社會科學版），2016，（2）：139-140。

〔208〕張華清，《論語》譯注辨析二則〔J〕，孔子研究，2016，（2）：53、54、55、56。

〔209〕程永凱，也談「無友不如己者」〔J〕，新鄉學院學報，2016，（4）：49。

〔210〕張涵蕾，《論語‧為政》中「有恥且格」之「格」字新解〔J〕，宿州學院學報，2016，（5）：48、95。

〔211〕張世珍，《論語》「窞」字考辨〔J〕，莆田學院學報，2016，（3）：70、71-72、73。

〔212〕楊逢彬、陳建棟、胡柳映，《論語》「夫子固有惑志於公伯寮」解〔J〕，中國語文，2016，（4）：487-489。

〔213〕陸衛明、曹宏、林靜選，關於《論語》的若干疑難問題闡析〔J〕，西安交通大學學報（社會科學版），2016，（4）：120-121。

〔214〕劉博、范春義，《論語》「不答」義例與「南宮适」一則試解〔J〕，伊犁師範學院學報（社會科學版），2016，（3）：98-100。

〔215〕張同勝，《論語》「寢不尸」新釋〔J〕，西部學刊，2016，（9）：42。

〔216〕牛嗣修，孔子論周公之德——從孔子對周公「使驕且吝」的評價談起〔J〕，孔子研究，2016，（5）：42。

〔217〕王晶，《論語‧述而》「五十以學《易》」考〔J〕，鄖陽師範高等專科學校學報，2016，（5）：27。

〔218〕常彥，《論語》疑義章句解讀——「自行束修以上」章新解〔J〕，甘肅高師學報，2016，（10）：10。

〔219〕袁青，《論語》「五十以學《易》」章辨正〔J〕，周易研究，2016，（6）：47-48、49、50-51。

〔220〕張詒三，《論語》「固窮」「屢空」索解〔J〕，孔子研究，2016，(6)：54、55-56。

〔221〕侯乃峰，《論語・公冶長》篇「雍也仁而不佞」章發微〔J〕，孔子研究，2016，(6)：59-60。

〔222〕周寶銀、黃懷信，從「一以貫之」到「天下有道」〔J〕，甘肅社會科學，2016，(6)：81。

〔223〕鄭濟洲、姬明華，教化即為政：《論語》「子奚不為政」章辨義〔J〕，福建論壇（人文社會科學版），2016，(12)：106、108。

〔224〕趙法生，《論語・述而》篇「五十以學《易》」章考辨〔J〕，社會科學論壇，2016，(12)：54-55。

〔225〕唐根希，子夏的反諷與孔子的批評——《論語》「賢賢易色」「君子不重則不威」兩章解詁〔J〕，南京郵電大學學報（社會科學版），2016，(4)：87。

〔226〕馬文增，《論語》六章新解〔J〕，孔廟國子監論叢，2016，(00)：139-145。

〔227〕龐光華，《論語》「有教無類」新解〔J〕，古籍整理研究學刊，2017，(1)：56-58。

〔228〕趙庸謙，《論語》「不憤不啟」章教育思想初探〔J〕，孔子研究，2017，(1)：79-81。

〔229〕苟東鋒，《論語》正名章疏解〔J〕，杭州師範大學學報（社會科學版），2017，(1)：4、5、7。

〔230〕畢桐昊，「父母唯其疾之憂」議〔J〕，哈爾濱學院學報，2017，(2)：103。

〔231〕程能的，論「親親相隱」之辨及「隱」的三種層次〔J〕，浙江學刊，2017，(2)：91-92、94。

〔232〕王澤春，「信近於義，言可復也」再議〔J〕，孔子研究，2017，(2)：86-87、93。

〔233〕王晶，《論語》「學而」章探微〔J〕，湖北職業技術學院學報，2017，(1)：64-65。

〔234〕蔡英傑，《論語》訓詁疑案的文獻學分析〔J〕，中國語言文學研究，2017，(1)：226、227、228-234、235、236。

〔235〕廖名春，《論語》新解——從出土與傳世文獻談起〔N〕，人民政協報，2017.4.10。

〔236〕黃啟祥，論「父為子隱，子為父隱，直在其中」〔J〕，文史哲，2017，(3)：132、134。

〔237〕郭睿康，《論語》中的語境還原與文意理解——以「樊遲請學稼」章為例〔J〕，北方文學（下旬），2017，(4)：226-227。

〔238〕靖軍,「巧言令色鮮矣仁」疏釋與辯證〔J〕,人文天下,2017,(10):37、40。

〔239〕俞紹宏、白雯雯,《尚書》《論語》文字考辨二則〔J〕,民俗典籍文字研究,2017,(1):159-160、163、164。

〔240〕陳延嘉,孔子「攻乎異端」與言論自由——與劉強先生商榷〔J〕,長春師範大學學報,2017,(7):13-14。

〔241〕代生,孔子為政「先有司」思想再探〔J〕,孔子研究,2017,(4):55、56-57、58-60。

〔242〕鄭妞、陳雲,「泰而不驕」中「泰」詞義考證〔J〕,北京科技大學學報(社會科學版),2017,(4):85。

〔243〕桂珍明,《論語》「夷狄之有君,不如諸夏之所亡」辯證〔J〕,貴州文史叢刊,2017,(3):59。

〔244〕楊璐,思無邪之淺探〔J〕,北方文學,2017,(24):93。

〔245〕周寶銀,《論語》「未若貧而樂」辨析〔J〕,中州學刊,2017,(9):114-115、116、118。

〔246〕馬文增,《論語》3章新解——兼談《論語》解讀中的「質疑舊說」〔J〕,現代語文(學術綜合版),2017,(10):4-6。

〔247〕寧全紅,「禮樂不興,則刑罰不中」新解〔J〕,中華文化論壇,2017,(10):52-55。

〔248〕陳鴻森,《論語》「唐棣之華偏其反而」解〔A〕,北京大學第一屆古典學國際學術研討會論文集〔C〕,北京:北京大學,2017,21。

〔249〕王傳龍,孔子「民可使由之」句的二十二種訓釋〔J〕,孔子研究,2017,(6):76。

〔250〕王逸之,貴在知禮 因文求義——「浴乎沂」新解〔J〕,孔子研究,2017,(6):60、61、62-63、65-66。

〔251〕杜文君,《論語》疑義辨析三則〔J〕,湖北職業技術學院學報,2017,(4):52-53、54、55。

〔252〕譚若麗,「六十而耳順」的釋義〔J〕,牡丹江師範學院學報(哲學社會科學版),2017,(6):103。

〔253〕陳晨捷,《論語》「侍坐」章曾點之志辨詮〔J〕,中國文化研究,2018,(1):152-154。

〔254〕田曉,孔子的女性觀——兼論「唯女子與小人難養也」〔J〕,懷化學院學報,2018,(2):60-61。

〔255〕楊曉麗,「無友不如己者」與孔子「宗周之夢」的文化解讀〔J〕,科學經濟社會,2018,(1):116、117。

〔256〕張詒三，《論語・雍也》「不貳過」索解〔J〕，孔子研究，2018，（2）：89-90。

〔257〕陳來，《論語》為什麼以「學而時習之」開篇〔N〕，北京日報，2018.4.2。

〔258〕劉強，《論語・微子篇》「不仕無義」新詮——兼論儒學「君臣之義」的人學意涵與現代價值〔J〕，中山大學學報（社會科學版），2018，（3）：99-101、102。

〔259〕張詒三，《論語》疑難訓釋二則〔J〕，古籍整理研究學刊，2018，（3）：20-21。

〔260〕崔罡，選擇孝的方式——《論語》「色難」說新解〔J〕，孔子研究，2018，（3）：37。

〔261〕梁宗華、孫忠厚，《論語》「子在齊聞《韶》」章的詮釋史考察〔J〕，孔子研究，2018，（3）：21、23。

〔262〕張詒三，《論語》「君子有三戒」章索解〔J／OL〕，長安學術，2018.6.4.https://mp.weixin.qq.com／s／KMj5wlkseoW4SojIvBZBqQ。

〔263〕楊婧，《論語》考證二則〔J〕，三江高教，2018，（2）：41-43。

〔264〕朱亞坤，《論語》「無友不如己者」的多元闡釋與實踐的哲學反思〔J〕，東南學術，2018，（4）：214、216。

〔265〕龐光華、李鳳娥、吳珺，《論語》「屢空」新考〔J〕，常熟理工學院學報，2018，（4）：105-106。

〔266〕孫鵬程，《論語》疑義考釋二則〔J〕，常熟理工學院學報，2018，（4）：108、109。

〔267〕陳峰，《論語》「溫故而知新」章詮釋與儒家師道德建構〔J〕，湖南大學學報（社會科學版），2018，（4）：53-54。

〔268〕楊逢彬，《論語》「雍也可使南面」解〔A〕，清華大學中國禮學研究中心，第四屆禮學國際學術研討會論文集〔C〕，上海金澤工藝社，2018.322-323。

〔269〕郭懿鷟，《論語・公冶長》「無所取材」之「材」考〔J〕，漢字文化，2018，（16）：100。

〔270〕樂愛國，朱熹對《論語》「父子相隱」的解讀——兼論「父為子隱，子為父隱」並非要隱瞞〔J〕，湖北大學學報（哲學社會科學版），2018，（5）：22-23、27。

〔271〕范友悅，參乎！驂乎？——「參乎」非呼曾子辨〔J〕，大眾文藝，2018，（17）：173。

〔272〕陳緒平，《論語》字義疏證舉例〔J〕，西華師範大學學報（哲學社會科學版），2018，（5）：74-76。

〔273〕張敏娜、陸衛明,《論語》「繪事後素」新解及其當代價值〔J〕,人文雜誌,2018,(10):28、29、31、32。

〔274〕杜文君、許瑾,《論語譯注》辨正三例〔J〕,南昌教育學院學報,2018,(5):110-111、112。

〔275〕楊逢彬、孫鵬程,再論《論語》「至於犬馬皆能有養」〔J〕,陝西師範大學學報(哲學社會科學版),2018,(6):122。

〔276〕李銳,由清華簡《繫年》補論「民可使由之不可使知之」〔A〕,紀念清華簡入藏暨清華大學出土文獻研究與保護中心成立十週年國際學術研討會論文集〔C〕,2018.187-188。

〔277〕張中宇,《論語》「禮讓」「去食」考釋——兼評儒家政治理想〔J〕,重慶師範大學學報(社會科學版),2018,(6):47-50、51。

〔278〕陳劍,《論語》「退而省其私」之「私」當為「和」字之誤,待刊稿。

〔279〕劉剛,《論語・憲問篇》新證一則,待刊稿。

後　記

　　此書稿是我在寫碩士論文時所做的資料長編。資料整理的過程中，我的
導師侯乃峰老師就資料收集及細節問題的處理方面提出了不少建議；成稿
後，老師通讀文稿並作了詳細的批注。感謝老師在這一過程中所給予我的幫
助。此外，本書為國家社科基金一般項目「《論語》古注新解綜合研究及數據
庫建設」（項目編號：18BZS003）階段性成果之一。